書不盡言
言不盡意
有覺聖智
完成人格

辛卯冬 二〇二年
九四嵩壽
南懷瑾

金刚经说什么

南怀瑾 著述

出版说明

《金刚经》是初期大乘佛教的代表性经典之一，也是般若类佛经的纲要书。它全称《金刚般若波罗蜜经》（经名中的"蜜"，一作"密"），一卷，由姚秦鸠摩罗什于弘始六年（四〇四年）译出。问世之后，即在社会上广泛流传，纂要、注解、夹颂、宣演、义记、采微、集解、科释、宗通、决疑、大意、直说等各种注疏达一百多种。经中主要论述了"所言一切法者，即非一切法"，一切现象（物理的和心理的）"性空幻有"的理论。本书为著名学者南怀瑾先生有关《金刚经》的讲记。作者依据梁代昭明太子的分法，将《金刚经》分为三十二品（相当于章），然后逐品做了讲解。每一品均以一首偈颂做总结，以阐发自己的研究心得。《金刚经》中的疑难之处，于中剖析得淋漓尽致。

本书繁体字版由台湾老古文化事业公司出版，于一九九二年在台湾问世。复旦大学出版社经南怀瑾先生和原出版单位授权，于二〇〇一年在中国大陆首次推出该书的简体字版。南怀瑾先生在世时，本书一直由复旦大学出版社独家出版发行。南怀瑾先生多次对复旦大学出版社的书稿进行审订、修改，并确定了最终的版本。现复旦大学出版社将此南怀瑾先生手定的经典版本再次隆重推出，作为对南怀瑾先生的纪念。

复旦大学出版社

二〇一九年十二月

前 言

南怀瑾教授在台的数十年教化岁月中，曾经多次讲解《金刚经》。因时代不同，对象不同，讲解的方式和重点也各次不同。

现在的这一本书，是一九八〇年的讲记。当时十方书院甫自成立，《金刚经》这一门课程，是为书院的学员及研究生而开，其他院校哲学系的同学，以及许多老修行们，常随众等，亦闻风而来，听讲者共约一百余人。每逢上课时间，复青大厦的十二楼，挤得水泄不通。

由于这次的听众，对佛学都有相当基础，对《金刚经》尤不陌生，故此，怀师的讲法深入骨髓，可说是叹未曾有！真正是：为上乘者说，为最上乘者说！

一九七八年怀师讲了"如何修证佛法"，两年后再讲《金刚经》。因机缘特殊，对经中的疑问及似解难解之处，剖析得淋漓尽致。读后虽不悟，亦得其门矣！

感谢永会师及圆观师先行录音记录，再由刘雨虹女士整理并加标小题；宏忍师及李素美小姐等多人帮忙校对，在此一并致谢。

由于《金刚经》的超越哲学及宗教的特性，怀师定了一个平凡的书名"金刚经说什么"。

师曰平凡，即非平凡，是名平凡。

台湾老古文化事业公司　编辑室

再版说明

这本书在初版时，有些急就章，以致版面、字体等，多处都不尽理想，虽计划重新校编，却未料七年后始克如愿。

在这七年中，这本书得到读者们的巨大共鸣，不但在台港畅销，更在大陆畅销，由此可见《金刚经》千余年来在中国文化中的重要地位。

经文中有一句说："云何应住？云何降伏其心？"

这句话通达儒家以及任何学派的修养教化。类似的还很多，所以说《金刚经》是超越宗教的，也是最上乘的。

又因《金刚经》的经文难懂，而南老师的讲解出神入化，浅显易明，所以受到读者们的欢迎。

有读者曾对经文提出异议，《金刚经》的译文版本有好几种，大同小异，这本书所采用的，是鸠摩罗什的译本。

本书再版过程中，李淑君细心校正，使书中微末细节处，更加清晰明了，功不可没。其他帮忙的人也很多，在此一并向他们致谢。

刘雨虹　记
一九九九年十一月台北

目 录

出版说明   1
前言   1
再版说明   1

超越宗教的大智慧   1
实相般若   2
境界般若   3
文字般若   4
方便般若   6
眷属般若   7
无坚不摧   8
鸠摩罗什和武则天   9

第一品　法会因由分   12

佛这样说   13
那个时候   13
舍卫国的讲堂   15
千二百五十人   16
世间与大千世界   17
吃饭穿衣   19
乞士生活威仪   21

第二品　善现启请分　23

- 善现须菩提　24
- 如来　菩萨　26
- 六祖和《金刚经》　29
- 善护念　30
- 寻愁觅恨　31
- 金刚眼和发心　32
- 无权威　无主宰　33
- 此心如何住　34
- 止住的持名念佛　37
- 百千三昧的定境　38
- 三步曲　40
- 如何住和无所住　41

第三品　大乘正宗分　43

- 一切众生　43
- 谭子《化书》　44
- 有色无色的众生　46
- 有想无想的众生　47
- 鸿福　清福　48
- 罗汉的涅槃　50
- 佛的涅槃　52
- 四相和我的观念　53
- 三轮体空布施　55
- 快乐痛苦皆无住　56
- 转化十二类生　57
- 说三十二品偈颂　58
  - 第一品偈颂　59

第二品偈颂　　60
　　第三品偈颂　　61

第四品　妙行无住分　　63
　　第一等和次等　　63
　　无所住　　64
　　不住色　　65
　　不住声香味　　66
　　内触妙乐的菩萨　　67
　　雁过长空　　68
　　功德和福德　　69
　　东方佛西方佛　　71
　　阿育王的沙子　　73
　　周利盘陀伽的扫帚　　75
　　　第四品偈颂　　76

第五品　如理实见分　　78
　　非相和空　　78
　　法报化　体相用　　80
　　莲花生　　82
　　身相的执着　　83
　　　第五品偈颂　　85

第六品　正信希有分　　87
　　文喜和文殊　　87
　　烧佛像的和尚　　89
　　五百年后　　90
　　善行　功德　智慧　　91

净信和无所住	93
真　非真	96
何处是岸	97
第六品偈颂	99

第七品　无得无说分　　　　　　　　100

得什么　说什么	100
程度的差别	102
入世出世平等	103
圣贤之别	104
第七品偈颂	104

第八品　依法出生分　　　　　　　　107

一切佛与《金刚经》	108
佛法非佛法	109
第八品偈颂	110

第九品　一相无相分　　　　　　　　112

见思惑	112
谁不嗔　谁不痴慢疑	115
话说再来人	116
不来行吗	117
三界的天人	117
解结去惑	119
初果的罗汉	120
迦叶起舞　毕陵慢心	121
二果三果作什么	123
罗汉的前途	124

世上的第一名　　126
　　　　第九品偈颂　　128
　　小偷与越狱的人　　129

第十品　庄严净土分　　131
　　心空及第归　　131
　　庄严佛土在哪里　　132
　　打火机　　134
　　因师而瞎的眼　　135
　　　　第十品偈颂　　136

第十一品　无为福胜分　　137
　　不可数的福　　137
　　受持四句偈　　139
　　资粮　　141
　　　　第十一品偈颂　　141

第十二品　尊重正教分　　143
　　放《金刚经》的地方　　143
　　《金刚经》放在何处　　144
　　　　第十二品偈颂　　146

第十三品　如法受持分　　148
　　再说大智慧　　148
　　黄山谷与晦堂　　150
　　黄山谷与黄龙死心悟新　　152
　　微尘　外色尘　内色尘　　153
　　你我的三十二相　　155

夹山大师	157
夹山见船子	158
大的功德	160
第十三品偈颂	160

第十四品　离相寂灭分   162

解悟　喜极而泣	164
信心清净	165
希有的功德	166
谁是五百年后希有人	168
为什么我不是我	169
如何见佛	170
难得的人	171
什么是忍辱	172
忍辱的榜样	174
达摩与苏格拉底	176
忍辱的功夫	177
无所住的心	179
如何布施	180
佛怎么说话	182
无实亦无虚	183
无量无边的功德	184
第十四品偈颂	185

第十五品　持经功德分   187

最难的布施	187
老人的救生圈	189
信心不逆的福报	190

如来说给谁　　　　　　　　　　　191
　　你喜欢小法吗　　　　　　　　　　192
　　　　第十五品偈颂　　　　　　　　193

第十六品　能净业障分　　　　　　　195
　　被轻贱的前因后果　　　　　　　　195
　　诚敬努力的人　　　　　　　　　　197
　　不可思议的果报　　　　　　　　　198
　　　　第十六品偈颂　　　　　　　　199

第十七品　究竟无我分　　　　　　　202
　　发什么愿　　　　　　　　　　　　203
　　然灯佛所得什么　　　　　　　　　205
　　然灯佛为什么授记　　　　　　　　207
　　一切都是佛法　　　　　　　　　　209
　　什么都没有的菩萨　　　　　　　　210
　　无我的菩萨　　　　　　　　　　　212
　　　　第十七品偈颂　　　　　　　　212

第十八品　一体同观分　　　　　　　214
　　眼者心之机　　　　　　　　　　　214
　　天眼是什么　　　　　　　　　　　216
　　慧眼　法眼　佛眼　　　　　　　　217
　　无量数的宇宙世界　　　　　　　　219
　　无数量的心　　　　　　　　　　　221
　　你的心　　　　　　　　　　　　　223
　　永远得不到的心　　　　　　　　　224
　　　　第十八品偈颂　　　　　　　　226

第十九品　法界通化分 　　　　　　　　228
福德不可得　　　　　　　　　　　　228
无人希罕的福　　　　　　　　　　　229
第十九品偈颂　　　　　　　　　230

第二十品　离色离相分 　　　　　　　232
大丈夫相　　　　　　　　　　　　　232
世上的肉身菩萨　　　　　　　　　　234
第二十品偈颂　　　　　　　　　236

第二十一品　非说所说分 　　　　　　237
什么都没说　　　　　　　　　　　　237
迦叶笑了　　　　　　　　　　　　　239
须菩提与佛对答　　　　　　　　　　241
顽石点头为什么　　　　　　　　　　242
众生与佛　　　　　　　　　　　　　243
第二十一品偈颂　　　　　　　　244

第二十二品　无法可得分 　　　　　　247
一指禅　　　　　　　　　　　　　　247
第二十二品偈颂　　　　　　　　249

第二十三品　净心行善分 　　　　　　250
修一切善法　　　　　　　　　　　　250
南山高北山低　　　　　　　　　　　251
第二十三品偈颂　　　　　　　　252

第二十四品　福智无比分　254

修资粮　255
受持读诵　256
真教化的功德　257
第二十四品偈颂　258

第二十五品　化无所化分　261

有教无类　261
自己的解脱　263
无我以后　265
第二十五品偈颂　268

第二十六品　法身非相分　270

见佛与观佛　270
声色与邪道　271
转轮圣王　276
十地菩萨与转轮圣王　278
第二十六品偈颂　280
悬崖撒手　282

第二十七品　无断无灭分　283

三界六道之外　283
断灭见　284
不说断灭相　285
第二十七品偈颂　286

第二十八品　不受不贪分　288

爱布施的菩萨　288

一切法无我　　290
　　定与忍　　292
　　张拙的故事　　294
　　有求就有住吗　　296
　　　　第二十八品偈颂　　297

第二十九品　威仪寂静分　　298
　　无来亦无去　　298
　　如来的境界　　300
　　　　第二十九品偈颂　　303

第三十品　一合理相分　　305
　　碎为微尘之后　　305
　　什么是合相　　307
　　第八识和种性　　309
　　心念如暴流　　310
　　真空如何生妙有　　311
　　　　第三十品偈颂　　312

第三十一品　知见不生分　　314
　　见不是见　　314
　　知即无明本　　315
　　如是知见　　317
　　我们自己的法相　　318
　　我要过去　你过来　　320
　　　　第三十一品偈颂　　323

第三十二品　应化非真分　326

应化非真　326

内圣外王菩提心　327

学佛的懒人　329

离经的四句偈　330

梦幻中如如不动　331

  第三十二品偈颂　333

总结论　334

后记　340

南怀瑾先生著述目录　343

超越宗教的大智慧

今天要讲的是《金刚经》，在中国文化中，《金刚经》是影响非常大的一部佛经。千余年来，不晓得有多少人研究《金刚经》，念诵《金刚经》，因《金刚经》而得到感应，因《金刚经》而悟道成道。《金刚经》是佛经典中很特殊的一部，它最伟大之处，是超越了一切宗教性，但也包含了一切宗教性。我们研究《金刚经》时，不能将它局限于佛教的范围，佛在《金刚经》里说："一切贤圣，皆以无为法而有差别。"这就是说，佛认为古往今来一切圣贤，一切宗教成就的教主，都是得道成道的；只因个人程度深浅不同，因时、地的不同，所传化的方式有所不同而已。

《金刚经》的这一个重点，彻底破除了一切宗教的界限，它与佛教另一部大经——《华严经》的宗旨一样，承认一个真理、一个至道，并不认为一切宗教的教化仅限于劝人为善而已。在座的诸位先生女士们，大概也各有不同的宗教信仰，我们今日研究《金刚经》，先把自己观念意识里宗教的界限和形式放在一旁，然后再来研究《金刚经》的要点与精神，这样才会得益。

在所有的佛经，以及后世菩萨高僧大德们的著作中，《金刚经》在学术的分类上，归入般若部。什么叫般若呢？大致上说，大智慧就叫作般若。因为过去翻译佛经的原则是观念不完全相同的字不翻，宁可译音再加以注解。就像现在中西文化交流，遇到翻译"气"字（气功的气，修道的气）就不能翻，因为不能译成瓦斯，也不能译成空气，或其他的气。由于外文每一个气都有一个专有的字，而中国字却不同，气字上面多加一个字意思就不同了。空气、煤气、电气，就是人发脾气，都是气字上面加不同字而有异，所以单独一个气字只好翻音，然后再加注解。当时般若不译成大智慧，也是这个原因。

所谓般若智慧不是普通的智慧,是指能够了解道、悟道、修证、了脱生死、超凡入圣的这个智慧。这不是普通的聪明,这是属于道体上根本的智慧。所谓根本的智慧,也是一个名称,拿现在观念来讲,就是超越一般聪明与普通的智慧,而了解到形而上生命的本源、本性。这不是用思想得到的,而是身心两方面整个投入求证到的智慧。这个智慧才是般若。所以"智慧"两个字,不能代表般若的整个含义。

般若这个智慧包含五种,就是所谓的五般若,第一种是实相般若,第二种是境界般若,第三种是文字般若,第四种是方便般若,第五种是眷属般若。五种的内涵就是金刚般若。

实相般若

实相般若就是形而上的道体,是宇宙万有的本源,也就是悟道、明心见性所悟的那个道体。在佛学的文字上,悟道就是见到那个道体的空性,叫作实相般若,属于智慧的部分。我们的聪明只是意识部分,局限于现有的知识范围,以及现有的经验与感觉想象的范围。真正的道体是不可思议的,是不可以用我们普通的知识意识去思想、讨论、研究的。大家要注意!他并没有说不能思议啊!

"不可"是遮法,遮住,挡住,不准看,不可以用普通的知识、意识去推测、去思想道是什么。假如实相道体能够用思想得到的话,那还是属于妄想意识的范围。所以说不可思议,并不是说不能思议;因为这是修持求证的境界,不是思议的境界。

到了后世禅宗,讲一个道字,无所在,无所不在,很难表达。如果讲一个佛字,又带了一个佛的观念。虽然有时候佛法里头,佛字就代表了这个道体,但是一般人一听到佛,脑子里马上想到大殿上那个塑得发亮发光的佛像,不免又着相了。所以,唐宋以后,禅宗干脆不用道，也不用佛，就是这个，这个就是那个，那个就是这个，反正都是代名词而已。《华严经》上说，叫它道也可以，天地也可以，上帝也可以，神也可以，主也可以，佛也可以，真如也可以，涅槃也可以，说了一大堆，一百多个名词，反正这些都是代号，代表实相般若道体。世界上很多人都追求这个东西，找到了这个东西才认识了自己生命的本源，所以，实相般若是属于般若中最根本的。

境界般若

　　这些年来，有许多外国同学研究如何翻译"境界"两个字，我说假使翻成外文的话，勉勉强强可翻译成现象，但是那仍属于自然界的观念。境界就是境界，只能加注解，很难翻译。譬如修道见道的境界，药山禅师就讲："云在青天水在瓶。"这是很自然的，天上的云在飘，水在瓶子里，摆在桌上，一个那么高远，一个那么浅近，这就是个境界。又譬如唐人诗说："千江有水千江月，万里无云万里天。"

　　我们常在讲悟道或者般若的部分时，就会引用到这两句话。天上的月亮只有一个，照到地上的千万条江河，每条河里都有一个月亮的影子，就是千江有水千江月。万里的晴空，如果没有一点云的话，整个的天空，处处都是无际的晴天，所以万里无云万里天。这是一个很好的境界，很多禅师们因这些境界而悟道。

　　有一个和尚住茅棚的时候，就写了一副很好的对子："万里青天开笑口，三间白屋竖拳头。"

　　像弥勒菩萨一样哈哈大笑，就是我们喜欢塑的一个咧嘴笑、大肚子的和尚，悟了道，什么都空掉，什么都喜欢。三间白屋就是三间空空洞洞的白屋，自己在那里海阔天空。像这一类的文字，就描写一种境界，但也并不足以代表悟道那个境界。我们的人生随时有境界，痛苦的时候想到那些痛苦，痛苦还没有来的时候，脑海中又随时出现痛苦的威胁,这是苦恼的境界。高兴的时候,又越想越得意。尤其年纪大的人,不大喜欢想未来,因为前面的路程太远了,没有力气走了,专门回头想少年时代的事。有时候自己坐在那里想起来,还摇个头笑一下,回味那个境界。这些都属于境界,所以境界可以意会,不可以言传。

此外,一个人修道,或者读书,一步有一步的不同境界。像一个学艺术的人,今天有了一个新的灵感,或者画一张画,特别有一种心得,就是有它的境界。一个做水泥工的,今天突然一砖头下去,用水泥一抹,特别平,心里头很舒服,原来这样砌才好,这是他做水泥工时候的境界。所以,境界包含一切境界,修道人有一分的成就,境界就有一分的不同,有两分的成就,就有两分的不同。换句话说,人修持到了某一种境界,人生的境界就开朗到某一种程度。

至于我们没有修道的人,有什么境界呢?也有境界,就是一切众生所有的苦恼境界。如古人诗中所讲的:"百年三万六千日,不在愁中即病中。"

这是普通人生的境界,不是烦恼,就是病痛,或者是衰老了,眼花了,头发白了,这就是人生的苦恼境界。所以古人说:"学佛乃大丈夫事,非帝王将相所能为。"因为他的境界、气派、胸襟与众不同。这种不同的境界从哪里来呢?从实相般若而来,是道体上所产生的,自然而来的。因此,真悟道的人,智慧开发是无穷尽的,佛学的名词叫作无师智,也叫作自然智。自己本有的智慧仓库打开了,不是老师传授给你的,是你自己固有的智慧爆发了,天上天下,无所不知。这就是境界般若。

文字般若

我们晓得,文字也就是言语,文字本身就具备了智慧;因为把我们言语记录下来，就变成了文字。中国人的言语思想符号就叫作中文，英语系统人的言语思想符号就是英文，其他法文、德文、俄文，都是代表他们的思想、言语的记号。文字有它的境界，我们大家都读过书，都认得字，可是很少有人变成真正的文学家，因为优美的句子出不来，没有文字的般若。有的人出语成章，话一讲出来就是文章，每一句话都很优美、很漂亮，因为他有文学的境界，有文字般若。

《金刚经》在中国，为什么那么吃得开呢？是鸠摩罗什的文字般若所造成的。他翻译了很多经典，其中《金刚经》以及《法华经》，影响中国文化极大。尤其它的文字格调，形成了中国文学史上一种特殊优美、感人的佛教文学。此外还有《维摩经》的文字，也都很特别，是另创一格的文字意境。后来玄奘法师等人的翻译，在文学境界上，始终没有办法超过鸠摩罗什，这就是文字般若不同的缘故。

所以同样的读书学文字，并不一定能够成为一个文学家。同样的修道，有些只能够成为修行人，而不能够成佛，这与文字般若是绝对相关的。清朝有位历史学家赵翼，也是大诗人、大文豪，他晚年写了三首有名的诗，其中有一首说：

少时学语苦难圆，只道功夫半未全。
到老方知非力取，三分人事七分天。

他说，年轻的时候学讲话，讲不圆满，自己以为学问功夫还没有到家。到年纪老了才知道，学死了也没有用，因为努力只有三分，天才就要七分。不过这是指普通人而言，据我所知所见，有几位大和尚，并没有读过书，也没有上过一天学，一个字也不认识，悟道以后，诗好、文好，样样都好，那真是不可想象。

八十年前我的老师见过一个和尚，本来是一个剃头师傅，挑个担子在乡下到处走，在清朝的时候，剃头的孩子不准参加考试，限制极严。可是这位剃头的大禅师悟了道，什么都懂，无所不知。他也有一个庙子,是方丈圆寂的时候,护法给他的。有人叫他杨和尚,有人叫他杨剃头。一般读书人去考他:杨和尚,我有句话忘掉了,你看是出在哪本书里?他说:这在那一本书第几页嘛!我老师年轻的时候很调皮,故意去问他《红楼梦》上一句话,他都能回答得不错,那怪极了。有一个很有钱的人抽鸦片,想戒也戒不掉,后来只有去求这个杨和尚,杨师父啊,你来帮我剃个头。剃头的时候鸦片烟瘾发了,鼻涕、眼泪直流,很痛苦,这位杨剃头在他背上拍了一下说:"脱了!"就是解脱,头也帮他剃好了,从此以后,这个人也再不抽鸦片了。

这些是讲文字般若,在悟道以后自然发生,不是凭我们的聪明来的。聪明是想出来的,想出来的没有用。悟了道的人,他的记忆力也特别高,不光是年轻时的事想得起来,前一辈子读的书都知道。这个话,你们诸位听了,大概觉得很稀奇,的确有这么一回事。所以袁枚有一首诗说:"书到今生读已迟。"读书要早读,这一辈子的书是为来生读的。悟道的时候,过去千万生读的书都会搬出来,就是因为般若智慧都出来了。学问好的人记忆力强,一目十行;不会读书的人,一个字一个字抠。有人看书,眼睛一瞄,这一页就过去了,一目十行,日记千言,到老而不衰,甚至老了记忆力更强。当然,这必须要有定力,要有般若的智慧才行,这就是文字般若。

方便般若

佛经上经常讲方便,假使我手里没有纸,请你给我一张方便方便,这可不是佛学的方便。西汉的霍光大将军,是大元帅,也是大宰相,西汉一代天下,是他扶正的。可是历史批评他四个字:"不学无术",说他读书太少,处理国家大事,在知识见解上,没有恰当的方法,所以是"不学无术"。

术，不是手段，一个有学问有道德的人，要教化别人，自然有他无师自通的方法；做人做事，也自然有他高度的艺术。譬如说看佛经，他能够用特殊的一种方法，把难懂的立刻就懂进去，最难表达的东西，他用一种方式表达出来，别人一听就懂了，这就属于方便般若。

我们都看到过千手千眼观世音菩萨，一千只手，每一只手中有一只眼睛，头上有三只眼睛。这位菩萨代表什么呢？一个人有一千只手、一千只眼睛，你说这个人办法多不多？当然很多。所以要真正做到大慈大悲，要具备有千手千眼那么多的方便方法才行。像一个会魔术的人，随手抓一个东西，都可以变一个魔术，这就是方便般若。

眷属般若

眷属般若是跟着悟道的智慧而来的，佛学名词叫行愿，用我们现在的观念来说，是属于行为方面的。也就是说，自然发起道德行为，一个人自然就成为至善的人。所谓眷属就是亲戚、朋友、家人等亲眷。

般若的眷属又是什么呢？我们都晓得佛学讲的六度，就是布施、持戒、忍辱、精进、禅定、般若。一个修持的人，如何布施，如何守戒，如何忍辱，如何做到禅定的修证功夫，然后才能大彻大悟而成佛。所以在般若的前面，就有这五个相关的眷属，也就是五个行愿，称为眷属般若。关于这方面，我暂时不做详细的报告，因为《金刚经》的本身内容，就提到了这五样事。

现在我们已经晓得般若所包含的内容这样多，没有适当的字可以翻译，所以只能译音了。般若的内容，包含了悟道之愿，换句话说，这个修道的道愿，本身就具备了这么多的内容。

无坚不摧

现在我们手里的这本《金刚般若波罗密经》,为什么在般若上面加了"金刚"两个字呢？金刚,在金属之中最坚固,就像金刚钻一样,能破一切法。也可以说,能建一切法,而且无坚不摧,所以叫金刚般若波罗密。《金刚经》有五六种不同的翻译,我们惯用的是鸠摩罗什翻译的这一种。有的翻译,上面加"能断"两个字,意思是能断世间一切苦痛、一切烦恼,而成圣成佛。所以称为"能断金刚般若波罗密"。可能鸠摩罗什认为,这种能断的精神,已经包含在经文里了,所以经名不需要特别再加上去。

所谓"波罗密",一般的翻译就是到彼岸,有些最后加一个"多"字,成为般若波罗密多。这个"多"字是尾音,现在的音来念,就是摩诃般若波罗密多,拿古代的梵音念,就是摩诃般若波罗密"达"。"多"就是"达"的音。我们大家惯念的二百六十个字的《摩诃般若波罗密多心经》,常常有人把它称为"多心经",因为《西游记》上,把这两个字与上面切断了,变成《多心经》。

现在我们讲的这一本经,如果照含义来说明经名,就是：能断一切法,能破一切烦恼,能成就佛道的般若大智慧,脱离苦海而登彼岸成就的经典。如果我们照旧式庙里的讲经方法,这个经的题目,一天讲两个钟头,连续讲一个月也讲不完。事实上,那一种讲经的方法非常好,解释得非常详尽,由文字教育开始,什么叫经？这个经字就可以讲一个礼拜。什么叫金刚？又可以讲上一个礼拜,因此一个题目讲完了,个把月过了,《金刚经》的边在哪里啊？那叫作无量无边。现在我们不采用那个办法,我个人的个性,也是不大适合那种讲法,所以我们采取简单明了的解释。

鸠摩罗什和武则天

现在说到翻译的人，姚秦三藏法师鸠摩罗什。他的父亲是印度的一位宰相，出家当和尚了，他的妈妈是一位公主，逼着这位宰相还俗，跟她结婚，后来生了这个儿子。以后这位公主自己却要出家，宰相丈夫不答应，我好好地出家当和尚，你逼着我还俗结婚，现在你却要出家。所以这个故事真可以编写成一部小说。

鸠摩罗什十一二岁的时候，已经可以说悟道了，三十多岁就到了中国。当时是南北朝时代，为了请这位学者来，消灭了三个国家，这在古今中外历史上，都是桩震撼的事件。研究当时的历史很有意思，鸠摩罗什这样一位大法师，这么有学问的一个人，各国都在争取他，什么经济、政治，一概都摆在后头不管，因为争请鸠摩罗什，一国消灭了另一国，第三个国家又消灭了第二个国家，这个故事讲起来话长，可以讲上一两个礼拜，现在简单说明，向诸位报告到这里为止。

《金刚经》前面的发愿文等，我们都不加介绍了，由于在座的女性道友很多，特别要向女性道友介绍一下开经偈。

无上甚深微妙法，百千万劫难遭遇。
我今见闻得受持，愿解如来真实义。

这是武则天这位女皇帝所作。武则天自己也是研究《金刚经》的，有人说，《云何梵》偈子也是她作的：

云何得长寿，金刚不坏身。
复以何因缘，得大坚固力。
云何于此经，究竟到彼岸。
愿佛开微密，广为众生说。

关于这个偈子，在佛教文学方面，它称得上是一个大手笔。写这种大文章不能够写得轻佻，也不能够写得幽默，要很严谨才行。

"云何得长寿，金刚不坏身。"如何可以得到清净、长寿，永生不死呢？大家都希望活得长，究竟怎么样才能真正活得长？长到什么程度呢？这里是提问题，换句话说，这个经典本身就是告诉我们，怎么样得到生命永恒不灭的那个本来。

"复以何因缘，得大坚固力。"大坚固力也是我们人类所希望得到的；但是我们要用什么办法，哪一种因缘，才可以得到坚固的力量？人世间的一切都不牢靠、不坚固。寿命也是不坚固的，顶多活一百年两百年就要走了。家庭、父母、子女、夫妇相聚都不坚固，终归要分散的。佛经上经常有一句话：聚会必有消散。聚拢的因缘完了，统统要分散。发了财，钞票来了，终归有不发财的一天，钱也有消散的一天。权力拿到手，总会有失掉的一天。房子建筑起来也总会有毁坏的一天。世界上有没有一个东西是坚固不破的？这个大坚固力，到底有没有？你们要去找。

"云何于此经，究竟到彼岸。"我们研究《金刚经》以后，如何了解其中的方法，如何能够脱离三界苦海，而到达常乐我净的极乐世界；这些等等的问题，希望佛能打开最微妙秘密的法门，统统告诉我们。

现在我们看的《金刚经》，只分为三十二章，《金刚经》原始翻译的时候，根本没有分章分品。原始的佛经是一篇连下来的文章，没有段落，分章分段是后世所作。《金刚经》分成三十二章，是在梁武帝时代编辑而成的。这个编辑人是谁呢？就是梁武帝的昭明太子。我们研究中国文学，有一部非读不可的书，就是《昭明文选》，这也是国文系必读之书，就是梁昭明太子所编辑的各种名文。

《金刚经》三十二品的分法，品目的分类，以及标题，都是昭明太子的杰作。标得的确很好，每一节里的重点，都用标题说明。譬如

第一章法会因由，就是说为什么有佛讲《金刚经》这件事。譬如今天我们讲这本经，也有一个因由，因为萧先生、崔先生他们这五六位发起的，我是受托不能不来讲了，这也就是我们这一次的法会因由。

《金刚经》的感应力量非常大，我给大家讲一个我的秘密，我在读中学阶段，每天早晨四点钟就起，练拳运动以后，首先念《金刚经》。为什么念呢？我一点都不懂；反正人家告诉我念《金刚经》很好，我就念《金刚经》。因为在学校里，也不敢敲木鱼，怕被人家说神经病，偷偷地弄一本《金刚经》，到会客室去念。前怕狼，后怕虎，一下子就念完了。有一次我念到："无我相，无人相，无众生相，无寿者相。"忽然觉得我没有了，我到哪里去了？不知道啊！以后我就不念了，后来才明了其中的道理。此经对我的经验，有这样奇妙。在历史记载中，更有非常多的感应。抗战八年，出门在外，跟家里父母分离，生死不可知，那时我只有一个愿力，每天晚上睡觉以前，一定要给我父母念《金刚经》《心经》。这是我的秘密，我心中自己的愿力，外面不知道，可是我的经验上知道，感应的力量非常大，非常大，我只能向诸位报告到这里。至于说，你们要做科学的研究，感应是个什么道理，我可以跟你讲科学的理由一大堆，但是今天是讲佛学的课，不是讲科学的课，暂时就不讨论了。

第一品　法会因由分

　　如是我闻。一时佛在舍卫国。祇树给孤独园。与大比丘众。千二百五十人俱。尔时世尊。食时。着衣持钵。入舍卫大城乞食。于其城中。次第乞已。还至本处。饭食讫。收衣钵。洗足已。敷座而坐。

　　照中国人读书，就是这样念，如果照念经的方法，要敲个木鱼，嘟嘟嘟……一路念下去。为什么敲木鱼呢？鱼是昼夜瞪着眼睛的，鱼睡觉就是停在那里不动了，休息一下就算睡觉了。所以我们庙里敲这个木鱼，是要我们精进，修道要效法鱼的精神，昼夜努力不停。本经第一章，是说明一切各有因缘不同，佛讲《楞严经》时，开头另有不同：说佛有一天刚吃饱饭，他的兄弟阿难在城里头出事了，佛就马上显神通，头顶放光，那光可大了，化身一出来，传一个咒子，叫文殊菩萨赶快把阿难救回来。经典的开始虽都不同，但是只有《金刚经》特别，没有什么头顶放光、眉毛放光、胸口卍字放光等等。《金刚经》只是从吃饭开始，吃饭可不是一件容易的事，在北京白云观有副名对，从明朝开始的一副对子："世间莫若修行好，天下无如吃饭难。"

　　在我们平常的观念里，总认为佛走起路来一定是离地三寸，脚踩莲花，腾空而去。这本经记载的佛，却同我们一样，照样要吃饭，照样要化缘，照样光着脚走路，脚底心照样踩到泥巴，所以回来还是一样要洗脚，还是要吃饭，还是要打坐，就是那么平常。平常就是道，最平凡的时候是最高的，真正的真理是在最平凡之间；真正仙佛的境界，是在最平常的事物上。所以真正的人道完成，也就是出世、圣人之道的完成。希望青年同学千万记住《金刚经》开头佛的这个榜样、这个精神。

佛这样说

"如是我闻。一时佛在舍卫国。祇树给孤独园。"

每一本佛经开头都是四个字:"如是我闻。"《涅槃经》上说,佛在涅槃的时候,阿难问他:你要走了,将来我要记录你的言语,别人怎会相信呢?还以为我是假造的。佛就告诉阿难,在一本经开始时,加上"如是"二字,"我闻"的"我"是指阿难自己。"如是我闻"就是我听到佛这样说。

阿难的头脑,像录音机一样,佛所讲的东西,他一字不漏记得。为表示负责,他特别说明是"我闻",是当时听到佛说的。"如是"两个字是古文,照我们中国文字的写法,应该是"我闻如是",佛经翻成中文,产生了另外一种文学,用倒装的文法。"如是我闻"成为中国佛教文学的一种体裁,优美而有文艺气息,鸠摩罗什译经加上"如是我闻",味道就不同了。

如果照旧式的讲经方法,"如是我闻"这四个字,又可以讲上两个月。怎么样叫作如?如者,如如不动之如也,然后怎么样叫如如不动?如如不动者佛法之境界也……这么讲起来就没完没了,现在我们就不讲得离题太远了。

那个时候

"一时"这两个字,倒是一个大问题,没有一本佛经记载时间、年龄;佛经都是"一时"这两个字。拿白话文来解释,"一时"就是

"那个时候"。那个时候就是那个时候，那个时候也就是这个时候，所以这个"一时"很妙。

我们研究印度的文化及历史，知道印度人不太注重时间，所以印度人没有历史观念。十七世纪以后，靠着英国以及东西方一批学者的整理，才有了印度史。不像中国的历史，是从古代开始五千年一直下来的。所以有些人要学梵文来研究佛学，那就是一个非常滑稽的事。尤其是现在的梵文，是十七世纪以后的梵文，唐宋以前的梵文，连一本原经都找不到了。而且唐宋以后的梵文，有南印、北印、东印、西印、中印，五方梵文各自不同。我们当时翻译过来的梵文也有不同，咒语的发音也有不同，这些旧的梵文，现在影子都找不到了。所以说，一般研究梵文的佛学家，用十七世纪以后欧洲人整理出来的梵文，追究少数留下来的南传佛教本子，想探讨整个的佛法，拿孟子一句话来说："缘木而求鱼"。

当然，这个事情我也很少提到，严格地来说，真正的佛法，全部都在中国《大藏经》里。这一两百年来，西方人似乎有意否定东方的佛学，日本人也跟着乱叫。所以说，花很大的精神学梵文，为了研究佛学，真是浪费光阴，又误人子弟。你慢慢三大阿僧祇劫去找吧！当然，梵文也是一种文字语言，可以去学，但是它同真正的佛法是毫不相干的。

再说，印度人除了因没有时间观念而没有历史外，数字观念也非常差，所以佛经上这里八万四千，那里八万四千，等于杭州人说"木老老"，多得不可数的意思。印度人说多得很就是八万四千。

"一时"意思非常好，真正悟了道，就没有时间观念。《金刚经》告诉我们，"过去心不可得，现在心不可得，未来心不可得"。时间是相对的，真正的时间，万年一念，一念万年，没有古今，没有去来，等于一首古诗："风月无古今，情怀自浅深。"

月亮、太阳、风、山河，它们永远如此，古人看到的那个天、那个云,也就是我们现在看到的这个天和云,是一样的世界。未来人看到的也是。风月虽是一样,但是情怀有浅深。有些人看到风景很高兴,痛苦人看到一样的风景,却悲哀得要想死,都是个人自己唯心所造。

在科学上时间是相对的,在佛法上时间是唯心的,不是绝对的。痛苦的时候,虽一分一秒却有一万年那么长,幸福快乐的时候,一万年一百年,也不过一刹那就过去了。因此佛法已经点题了,"一时",就是无古今,也无未来。

舍卫国的讲堂

"一时佛在舍卫国。祇树给孤独园。"佛由三十二岁开始说法,直到八十一岁,在四十九年之间,他的教化工作,大部分都在舍卫国。舍卫国在中印度,经济文化发达,财富很多。舍卫国的国王,就是《楞严经》上那位波斯匿王,也是佛的弟子。那里有位长者,年高有道德,是舍卫国的一个大财主,名叫"给孤独"长者。有一天他到波斯匿城去给儿子相亲,路上遇到了佛,对佛产生了信仰。他请求佛到波斯匿城去说法,而且要给佛盖一个讲堂。佛说:有因缘,你盖好讲堂我就来。他来到波斯匿城,找了一个最好的场地,但是却属于祇陀太子所有。太子提出来一个条件,如果长者能把黄金打成的叶子,一片片铺满八十顷的地,就把这地卖给他。

给孤独长者爱布施,孤苦伶仃的人找他,他一概都帮忙,专门做好事,所以叫作"给孤独"。他真的用金叶子一片片铺那八十顷地,铺了一半的时候,有人报告了太子,太子问他为什么这样做?长者说:"那真是佛啊!是真的圣人。"太子说:"我相信你的话,你不要铺了,我们两个人共同建造吧!"所以这个讲堂就是祇树,祇陀太子、给孤独长者两人合力所盖,称为"祇树给孤独园"。《楞严经》也是在这个地方讲的，这个园林是佛的大讲堂，佛经常在这里说法。

千二百五十人

"与大比丘众。千二百五十人俱。"每一本佛经，都提到这两句话，不论佛在哪里说法，都是与大比丘众，千二百五十人俱。佛说法的时候，难道都是出家和尚听吗？它这里只讲和尚，没有讲居士多少，男人多少，女人多少。有些佛经记载佛说法的时候，天龙八部亿万，不可知，不可数，不可说，那就很多了，那就是"木老老"。普通说法都是千二百五十人，这一千二百五十个佛弟子，叫作常随众，佛走到哪里跟到哪里。拿我们现在的名词来说，这是基本的学生，基本的队伍，都是出家人。

为什么只提千二百五十人？佛出来传法以后，第一批招收的学生，拿我们现在的话讲，最难降伏的学生，就是这一千二百五十人。其中的舍利子，在佛没有出来说法之前，他已经是大老师了，跟他的有一百个学生。还有三迦叶兄弟（不是拈花微笑那个迦叶），其中两人各有二百五十个学生，另一位有五百个，合起来有一千个学生，他们都是影响当时社会宗教的大学者。另外有神通的目连尊者也在那里，年龄也比佛大几岁，也在传教，他也有一百个基本徒弟。还有耶舍长者子，有朋党五十个，所以佛有这六个徒弟皈依了以后，他们带领出家修道的学生，一起皈依佛，才变成了一千二百五十个常随众，就是经常跟着佛的；每次说法，他们都是听众。

不过千万记住啊！其中有些人年龄都比佛大几十岁，佛是三十一二岁就开始说法，舍利子年纪较佛大二三十岁，目连也比佛大。所谓比丘是出家人，翻译成中文的意思就是"乞士"。乞士是一个好听的名词，意思是讨饭的，讨什么饭呢？不是讨一口饭吃的饭，是讨一个永远不生不灭的精神食粮。所以，上乞法于佛，下乞食于一切众生,称为成佛比丘。比丘的道理,也含有破除一切烦恼、了一切生死,而能有所成就、能证果的意思。

世间与大千世界

"尔时世尊。食时。着衣持钵。入舍卫大城乞食。"

尔时,这个时候。世尊,是佛的另外一个代号,佛经里所称世尊,是指世界上最值得尊敬的人。不过我们要注意,所谓这个世界,不是只讲这个人世间;佛学里所谓世间,有三世间与四世间两种概念。所谓三世间是:器世间、国土世间、有情世间。

器世间:就是国土世界,用现在的观念,就是物质世界,是这个地球上,有人类、生物存在的世界。

国土世间:就是地球上各个分别的国土,中国、美国、欧洲等,是这个世间观念里的一个范围。

有情世间:有情就是一切众生,有生命有灵知性的存在,这是一个世间的观念,和我们现在所讲社会、人类等观念差不多。

所谓四世间,除了前三种之外,另外第四种就是圣贤世间,也就是得道的圣贤所成就的另外一个范围。拿佛教来讲,阿弥陀佛西方极乐世界,就是有道之士所居住的圣贤世界。其他宗教所讲的天堂,是另外一种圣贤、善人所居住的世间。

佛学里有净土,有秽土,我们这个娑婆世界算秽土,阿弥陀佛西方极乐世界是净土。所谓土,有两种观念,一种是常寂光土,这个土已经不是土地,不是物质,而是说,在那个境界里,永远都是快乐的、清净的、寂灭的。另外一种观念是指我们这个世间,是凡圣同居土,圣人与凡夫共同居住的地方。这个世界也可以说同时包括了四世间,与各个国土的观念。所以说佛经里所称的世界,是包括我们这个世界，以及超过这个地球范围所有世间的世界。

另外一个观念是说，释迦牟尼佛是我们这个三千大千世界的佛，为了我们初学同学的研究，我们再说明一下三千大千世界在佛学上的概念。

在我小的时候，有一位老前辈就问我，你晓不晓得世界上有一个吹大牛讲大话的人是谁？我说不知道。他说：是释迦牟尼佛！他所说三千大千世界这个数字，无量无边，谁能够把它的对立破得了？那真是摸不到边，大极了。当时年轻，听了也是笑笑而已；但是时代到了现在，更加证明佛的说法真实，他的神通智慧，更是了不起。他对于世界的看法，认为一个太阳系统是一个世界，这个是普通观念的世界，一个太阳，一个月亮，带领了九大行星，中间有一个地球，就是一个太阳系。

过去物理学天文学称太阳为恒星，现在有人反对，不一定叫它恒星，这个是科学上没有定论的。在这一个太阳系中，地球是体积很小的，与其他行星的寿命来比较，也是很短的。可是在我们看来已经是不得了啦！这算是一个世界。

佛说，这个地球上的人，以六十岁或者一百岁为一寿命。这个世界上的人，认为一昼夜很了不起，而在月球上是半个月白天，半个月黑夜。现在人到了太空，发现果然与佛两千多年前说的一样。佛告诉弟子们说，这个虚空中，像这样的太阳系统，带领很多星球构成的世界，是无量数、不可知，如恒河沙一样多；也像中国的大黄河里头的沙子一样的多，数不清的。

一千个太阳系统这样的世界，叫作一个小千世界，一千个小千世界，叫作一个中千世界，再把一千个中千世界加起来，叫作一个大千世界，他说这个虚空中，有三千个大千世界，实际上不止三千个大千世界，而是不可知、不可数、不可量那样多。这个说法以前是没有人相信的。

吃饭穿衣

佛的戒律，规定弟子们喝一杯水，必须先用一块布滤了以后，才可以喝。为什么呢？"佛观一钵水，八万四千虫。"佛的眼睛，看这一碗水，有八万四千个生命。几千年前他这样说，没有人相信，觉得他很琐碎，现在科学进步了，大家都相信了。还有佛的戒律，规定弟子们每餐饭后都要刷牙，没有牙刷，用杨柳枝。所以观世音菩萨净瓶里泡的有杨柳枝，大概一方面洒水用，一方面刷牙用。把杨柳枝剪下，放在水里泡，然后拿石头把根根这一节一敲就散开了，用来刷牙齿。这些生活的规律，都属于佛戒律的范围，礼仪都是非常严格的。拿现在的观念来讲，各种的卫生常识，他早就有了。佛经上所说一个成佛、得大成就的人，在一个佛国里教化众生，是师道的第一位，所以称为世尊。

"尔时世尊食时"，吃饭的时候到了，这个吃饭的事我们需要说明一下。佛的戒律是日中一食，每天中午吃一餐。普通佛学把我们人类吃饭，叫作段食，分段的在吃饭，一天吃三餐，叫作段食，也叫作抟食。印度人吃饭用手抓，中国人用筷子，外国人用叉子，反正都是用手，所以也叫作抟食。早晨是天人吃饭的时间，中午人道吃饭，晚上鬼道吃饭。佛采用的制度，以人道为中心，日中一食；后世弟子们，过了中午一点钟就不吃饭了，这个是佛的制度。

关于这个吃饭的问题，世界上各个地区不同，习惯不同。有的民族注重早餐，有些注重午餐或注重晚餐，每个人不同，叫作段食。除了吃饭外，还有思食，是指精神食粮。当一个人苦闷到极点，灰心到极点时，如没有精神食粮也会死掉。另外还有触食，触食就是感受，譬如我们在一个房间里，衣服穿得不对，闷得非常难过；或者被埋在土里，感觉气不通了，就是感觉没有气可吃了。更有识食，阿赖耶识的功能，支持生命的不死。所以段食、触食、思食、识食，也可说都是人的食粮。

现在本经所讲吃饭的时候，是佛自己所规定的日中一餐。佛虽然是太子出家，但是他以身作则，吃饭时间到了，"着衣"，穿好他的法衣，就是那件袈裟。其实佛的衣服就是那一件袈裟，我们现在出家人所穿的这个衣服，是明朝老百姓的便服，所不同的是出家人的颜色朴素而已。分别身份就在于头发，出家人是光头，在家人有头发，衣服都是一样的。佛的衣服是一件袈裟，又称福田衣，袈裟的横条、直条，依照受戒的情形都有规定。条纹像一块田一样，是为众生培福的标记，所以叫作福田衣。

由本文可以看到平常佛也穿便衣，尤其是印度人，天热的时候，膀子统统露出来。我们读《礼记》也可以看到"仲尼闲居"这一句话，仲尼就是孔子，孔子平常不讲学的时候，闲居的情形，《礼记》中有描述。我们现在看到释迦牟尼佛的闲居，是比较自由一点，可是到了吃饭的时候，着衣，仍要穿好他的袈裟，"持钵"，拿着饭碗。这个钵传到中国来有瓦钵，也有铜钵，反正是一个吃饭用的器具，不过是汤啊、饭啊，放在一起的一个钵。现在看来两千多年前，佛已经发明了自助餐的方式，每人端着自己的钵吃自助餐。

衣服穿好了，端了吃饭的钵，"入舍卫大城"，到这个首都。"乞食"，讨饭，土话叫作化缘。佛的戒律规定，佛弟子们不但不做饭，连种田也是犯戒的，一锄头下去，泥土里不晓得死多少生命，所以不准种田。夏天则结夏，弟子们集中在一起修行、打坐，不准出来。因为印度是热带，夏天虫蚁特别多，随便走路会踩死很多生命，故不准许。在夏天以前先把粮食集中好了备用，到秋凉以后才开始化缘。这是当时的制度，时代不同，慢慢就有所改变了。

乞士生活威仪

化缘，规定弟子们不要起分别心，穷人富人一样，挨次去化，不可以专向穷人化缘，或专向富人化。譬如迦叶尊者，是印度的首富出身，但是他特别同情下层的贫苦社会，所以他都到贫民区去化缘，同时收些弟子也都是穷苦的人。另外一个弟子须菩提尊者则相反，喜欢到富贵人家乞食化缘，佛曾把他们两人叫来说：你们这个心不平，不管有钱没钱，有地位没地位，化缘的时候，平等而去，此心无分别，而且人家给你多少就是多少，这一家不够，再走一家。我们现在看到出家人站在门口拿个引磬叮叮，那个就是释迦牟尼佛留下来的风范。

说到乞食的制度，泰国还保存着。泰国信佛教的家庭，中午饭做好了，出家人没有来化缘以前，锅盖也不敢开；出家人来了，锅盖赶快打开，用勺子在饭锅中心挖起装上一碗，再把很好的菜给他装满。化缘的走了，自己才吃饭，这是佛教所遗留的制度。

  入舍卫大城乞食。于其城中。次第乞已。还至本处。饭食讫。收衣钵。洗足已。敷座而坐。

这一段是讲化缘吃午饭的事。我们研究佛经，会发现所谓夜里到白天，昼夜二六时中，佛都在禅定中，在如来大定中；只有中午吃了饭，才打坐休息一下。大概从下午一两点到五六点钟说法，等到天快要黑了，大家闭起眼睛又入定去了。

在舍卫国首都的大城，他挨门挨户地化缘。化好了以后，"还至本处"，没有说在路上就吃起来了，不像我们买一根香蕉，一边走就咬了一口，很没有威仪的。佛把饭碗端回自己的讲堂，"还至本处"，在规定的地方吃饭。"饭食讫"，饭吃完了；"收衣钵"，再把衣服及碗都收起来。然后有一个动作，"洗足已"，还打水洗脚。

所以我说这一本经是最平实的经典，佛像普通印度人一样，光脚走路，踩了泥巴还要洗脚，非常平凡，也非常平淡，老老实实的就是一个人。

"敷座而坐"。洗完了脚把自己打坐的位置铺一铺，抖一抖，弄得整整齐齐，也没有叫学生服侍他，更没有叫个佣人来打扫打扫，都是自己做。生活是那么严谨、那么平淡，而且那么有次序。由这一段看来，《金刚经》会使人觉得学佛要设法做到佛的样子才好，不像其他经典那样，把佛塑造得高不可攀，只能想象、膜拜。

但是看了《金刚经》，佛原来同我们一样的平常，虽是太子出家，但是他过的生活同平民一样。当时印度的阶级森严，他却指定一个最低贫民出身的弟子优波离尊者，执法管纪律，任何人犯了法都一样处理。所以在现实的生活里，在最平凡中，建立了一个非凡神圣的境界，也就是佛的境界。

第二品　善现启请分

> 时长老须菩提。在大众中。即从座起。偏袒右肩。右膝着地。合掌恭敬。而白佛言。希有世尊。如来善护念诸菩萨。善付嘱诸菩萨。世尊。善男子。善女人。发阿耨多罗三藐三菩提心。云何应住。云何降伏其心。佛言。善哉善哉。须菩提。如汝所说。如来善护念诸菩萨。善付嘱诸菩萨。汝今谛听。当为汝说。善男子。善女人。发阿耨多罗三藐三菩提心。应如是住。如是降伏其心。唯然。世尊。愿乐欲闻。

善现就是"须菩提",是中文的意译,意思是他的人生境界,是道德的至善。须菩提表现出来的是长寿,另有舍利子这些人也比佛的年龄大。所以,有些经典把"须菩提"翻译为"具寿",就是长寿的意思。等于我们中国人所称鹤发童颜、南极仙翁、老寿星。不过须菩提不仅是老寿星,他的道德修持、他的智慧,以及他生活的仪轨,都足以领导当时佛的弟子们。他年高德劭,威仪气度在佛的十大弟子之中,是非常有名的。

佛教一般知道须菩提谈空第一,这一本经就是空和有的研究。后世佛教,称须菩提为尊者,连中国民间对他也非常熟悉。如何熟悉呢?大家都看过《西游记》,孙悟空大闹天宫及七十二变的本事,都是从须菩提那里学的,这是小说上写的。孙悟空找到尊者,小说上把六祖见五祖那个故事,影射孙悟空访道访到了须菩提。《西游记》中这一段,描写得非常有趣,因此,须菩提尊者的名字,就在中国的民间广为流传了。

善现须菩提

> 时长老须菩提。在大众中。即从座起。偏袒右肩。右膝着地。合掌恭敬。而白佛言。希有世尊。如来善护念诸菩萨。善付嘱诸菩萨。

这一段文字,好像给我们写了一段剧本,描写当时的现场。"时"是当时,就是佛把饭吃好了,脚也洗好了,打坐位置也铺好了,两腿也盘好了,准备休息。可是我们这一位须菩提老学长,不放过他,意思是:你老人家慢一点休息吧!我还有问题,代表大家提出来问。时长老须菩提,所谓长老,照佛学解释"长老"的内涵,还有许多意思。总而言之,就是中文的年高德劭。前面我们提到过二百六十个字的《心经》,在《心经》里,向佛提问题的主角是舍利子,也是佛的十大弟子之一。《金刚经》的主角则是须菩提,另如《楞严经》的主角是阿难,每人的问题不同,所以佛的答复方式也不同。本经是从须菩提问问题开始的,因为他谈空第一,在大众中,在所有同学里,他要起立发言。我们现在发言要举个手,佛时代的规矩,是从座位上站起来。当时,大家都在坐着,须菩提站起来,偏袒右肩,这也是印度规矩,披着袈裟,一边膀子露出来。

关于偏袒右肩有很多说法,一种说法是右手空着好做事,在跟佛走路时,可以用这个手膀,把年纪大的扶持过去。另有说法,认为右手是吉祥的手,左手不是吉祥的手,所以用袈裟盖着。还有一种说法,认为杀人等坏事,都是这右手去做,所以,在佛前上香时,要左手去插,不许右手近佛。但是另外也有一说,插香要用右手,因为右手是吉祥之手。总之,这些都是后人的解释。上古的许多礼节,有时代及地区的意义,后世那些习惯又加上各种解释,有花招之嫌,我们姑且不管。

现在，须菩提"偏袒右肩"，披好袈裟，"右膝着地"，就跪下了。单跪右腿，"合掌恭敬"，合掌是印度当时的礼貌，中国也有合掌，也有作揖。印度是伸开十指合掌，有空心的合法，有实心的合法。顺便给青年同学们也讲一声，许多人写信给我，有的称我"南法师"，我不是法师啊！我没有出家。许多人写信用佛家的规矩"合十"，合十就是两个手合拢来，合十问讯，也是一种礼貌。还有些同学来信问"和南"是什么意思，和南是译音，意思就是跪地拜，顶礼，五体投地跪拜，叫作和南。结果有一位同学就对我说：老师也姓南，南无阿弥陀佛也姓南，拜拜也和南，好像你投胎的时候，是选一个南字来的。我说那我不知道，我当时也许选错了呢！这是有关与年轻同学们的趣味对话，由合掌顺便提到。

现在须菩提合掌，就是向老师先行个礼，"而白佛言"。白就是说话，古文叫道白，是南北朝时候的说法，后来唱戏的也有道白，唱的时候是唱，不唱的时候说几句话，就是道白。"希有世尊"，佛经上记载印度的礼貌，向长辈请示以前，要先来一套赞叹之词。等于我们中国人看到前辈就说："哎呀，你老人家真好啊，上一次蒙你老人家照顾，你老人家给我启发太多了！"我也经常碰到年轻人对我这样说。《金刚经》已经把赞叹的话浓缩成四个字了，其他的经典中，弟子们起来问佛，都是先说一大堆恭维话。佛是很有定力的，等你恭维完了，然后才张开眼睛说：你说吧！这里的浓缩就是鸠摩罗什翻译的手笔，只用四字："希有世尊"，世间少有，少见不可得的世尊。前面提到玄奘法师也翻译过《金刚经》，还有其他人的翻译，我个人的观点和研究，鸠摩罗什翻译的这一本，扼要简单，妙不可言。

古代翻译的规定是信、达、雅，我们看到很多佛经的翻译，信则有之，很忠实原典；达，表达得清楚也有，但文字却不大雅。像鸠摩罗什的翻译，信、达、雅，皆兼而有之，非常难得。所以，我个人是非常喜欢这个译本的。

须菩提接着说:"如来善护念诸菩萨。善付嘱诸菩萨。"现在我们先来解释两个佛学名词,一个是如来,一个是菩萨。

如来　菩萨

我们晓得"如来"也是"佛"的代号,实际上佛有十种不同名称,如来是一种,佛是一种,世尊也是一种。不过,中国人搞惯了,经常听到如来佛的称法,把它连起来也蛮好。现在我们先说"如来",这是对成道成佛者的通称。释迦牟尼就称释迦如来,或者称释迦如来佛,阿弥陀佛又称阿弥陀如来。

阿弥陀、释迦牟尼,那是个人的名字,就是特称。如来及佛是通称,等于我们中国称圣人,孔子也是圣人,周公也是圣人,文王、尧舜都是圣人。圣人就是通称,而孔子、周公就是特称。"如来"二字翻译得很高明,所以,我经常对其他宗教的朋友说:你们想个办法把经典再翻一翻好不好?你们要弘扬一个宗教的文化,那是离不开文学的啊!文学的境界不好是吃不开的。

佛经翻译的文学境界太高明了,它赢得了一切。譬如"如来"这个翻法,真是非常高明。我们注意啊!来的相对就是去,他没有翻"如去",如果翻成如去,大家也不想学了,一学就跑掉了。翻译成"如来",永远是来的;来,终归是好的。佛已成了道,所以就叫如来。《金刚经》上有句话,是佛自己下的注解:"无所从来,亦无所去,故名如来。"无来也无去,换句话说,不生也不灭,不动也不静,当然无喜亦无忧,不高也不矮,都是平等的,永远存在,这个道理就是如来。用现在的观念说,他永远在你这里,永远在你的前面,只要有人一念虔信,佛就在这里。所以后世我们中国有一首诗,描写得非常好:

佛在心中莫浪求，灵山只在汝心头。

人人有个灵山塔，只向灵山塔下修。

浪字是古文的说法，就是乱，浪求就是乱求。不必到灵鹫山求佛，不要跑那么远了，因为灵山只在你的心头。每一个人自己的本身，就有一个灵山塔，只向灵山塔下修就行了。也有另外一种说法："不向灵山塔下求。"总之，这只是说明佛、道都在每一个人自己的心中，个个心中有佛，照后世禅宗所讲：心即是佛，佛即是心，不是心外求法。以佛法来讲，心外求法都属于外道。

另外一个佛学的名词是"菩萨"，这也是梵文的翻译，它的全称是菩提萨埵。菩提的意思就是觉悟，萨埵是有情。如果当时翻译成觉悟有情，那就一点味道都没有了。采用梵文的音，简译成菩萨，现在我们都知道菩萨啦！如果当时翻译成觉悟有情，年轻人会以为是恋爱经典了，那就不是佛法，所以不能照意思翻译。

所谓的觉悟，觉悟什么呢？就是佛的境界，也就是所谓自利利他、自觉觉他的这个觉悟。借用孟子的话："以先知觉后知。"就是先知先觉的人，教导后知后觉的人。一个人如果觉悟了，悟道了，对一切功名富贵看不上，而万事不管，脚底下抹油溜了，这种人叫作罗汉。但是菩萨境界则不然，觉悟了，解脱了世间一切的痛苦，自己升华了，但是，看到世上林林总总的众生，还在苦难中，就要再回到世间广度一切众生。这种牺牲自我、利益一切众生的行为，就是所谓有情，是大乘菩萨道。

有情的另外一个意义是说，一切众生，本身是有灵知、有情感的生命，所以叫作有情。古人有两句名言："不俗即仙骨，多情乃佛心。"

一个人不俗气很难，能够脱离了俗气，就是不俗，不俗就是神仙。菩萨则牺牲自我，利益一切众生，所以说，世界上最多情的人是佛，是菩萨，也就是觉悟有情。"菩萨"是佛弟子中，走大乘路线的一个总称。

佛的出家弟子们，离开人世间妻儿、父母、家庭，这种出家众叫作大比丘众。在佛教经典中的出家众，归类到小乘的范围，他们离开人世间的一切，专心于自己的修行，也就是放弃一切而成就自己的道，叫作小乘罗汉的境界。这在中文叫作自了汉，只管自己了了，其他一切不管。禅宗则称之谓担板汉，挑一个板子走路，只看到这一面，看不见另一面。也就是说，把空的一面、清净的一面，抓得牢牢的，至于烦恼痛苦的一面，他拿块板子把它隔着，反正他不看。

佛教里表现实相叫示现，为表达那个形相，大菩萨们的示现都是在家的装扮。譬如大慈大悲观世音、大智文殊菩萨、大行普贤菩萨，以及一些菩萨等，都是在家人的装束示现，除了大愿地藏王菩萨。出家人是绝对不准穿华丽衣服的，是绝对不准化妆的，可是你看菩萨们，个个都是化妆的啊！又戴耳环，又挂项链，又戴戒指，叮叮当当，一身都挂满了，又擦口红，又抹粉的，这是菩萨的塑像。这个道理是什么呢？就是说他是入世的，外形虽是入世的，心却是出世的，所以菩萨境界谓之大乘。罗汉境界住空，不敢入世，一切不敢碰，眼不见心不烦，只管自己。

但是菩萨道是非常难的，一般说来约有几个路线，《楞严经》上说："自未得度，先度人者，菩萨发心。自觉已圆，能觉他者，如来应世。"

前两句说，有些人自己并没有成道，但是有宗教热忱，愿意先来救助别人，帮助别人，教化别人做善事。任何的宗教都有这样的人，自己虽没有得度，没有悟道，却先去救别人，这是菩萨心肠，也就是菩萨发心。

所谓"自觉已圆"，自己的觉悟、修行已经完全圆满了。"能觉他者"，再来教化人，"如来应世"，这是现在的佛，现生的佛。

菩萨是如来的前因，成了佛如来是菩萨的果位，成就的果位。现在我们把如来及菩萨，大概简单地解释了，我们再回转来看本经的原文。我们不要忘记了，现在须菩提还跪在那里，替我们来提问题，我们多讲了一下，他就又多跪了一下了。

六祖和《金刚经》

须菩提当时跪在那里，替我们大家跪着，替当时的大众同学们跪着，尤其为大乘入世的菩萨们，包括那些出家但发心入世的出家菩萨们跪着。

说到这里，我们知道，在家有菩萨，出家一样有菩萨，虽然形象是出家，但是他的发心、愿行、心性及所做的事，都是菩萨道，这就叫作出家菩萨。

现在，须菩提替大家请求：佛啊！你老人家慢一点闭眼睛，慢一点打坐，你看，那么多跟你学的大乘菩萨们，你应该好好地照应他们，指点他们怎么用功啊，怎么修行啊！

实际上，后来禅宗五祖就曾说过，要成佛悟道，专心念《金刚经》就可以了。甚至不识字、不会念的，只要念一句"摩诃般若波罗密多"就行了，这是经题的要点，是大智慧成就到彼岸的意思。结果，六祖就是因《金刚经》而悟的；所以后世的中国禅宗，也叫作般若宗。外国也有称作达摩宗的，这都是因为五祖、六祖由《金刚经》直接传承，鼓励大家念《金刚经》这件事而来的。

"善护念"这三个字，鸠摩罗什不晓得用了多少智慧翻译的。后来禅宗兴盛以后，有一位在家居士，学问很好，要注解《思益经》，去见南阳忠国师。南阳忠国师说：好呀！你学问好，可以注经啊！说着就叫徒弟端碗清水，放七颗米在里头，再放一双筷子在碗上，然后问：你晓得我现在要干什么吗？居士说：师父，我不懂。南阳忠国师说：好了，我的意思你都不懂，佛的意思你懂吗？你可以随便去翻译，随便去注解吗？

很多人以为自己佛学搞好了，就开始写作了，可是研究鸠摩罗什的传记，就知道他是一个到达悟道、成道的大菩萨境界的人，他当时翻译的"善护念"这三个字，真了不起。

善护念

不管儒家、佛家、道家，以及其他一切的宗教，人类一切的修养方法，都是这三个字——善护念。好好照应你的心念，起心动念，都要好好照应你自己的思想。如果你的心念坏了，只想修成功有了神通，手一伸，银行支票就来了，或是有些年轻人，想得神通了，就看见佛菩萨了，将来到月球不要订位子，因为一跳就上去了。用这种功利主义的观念来学佛打坐是错误的。你看佛！多么平淡，穿衣服，洗澡，打坐，很平常，绝不是幻想，绝不乱来，也不带一点宗教的气息，然后教我们修养的重点就是"善护念"。

善，好好地照顾自己的思想、心念、意念。譬如我们现在学佛的人，有念佛的，能念南无阿弥陀佛到达一心不乱，也不过是善护念的一个法门。我们打坐，照顾自己不要胡思乱想，也是善护念。一切宗教的修养方法，都是这三个字，《金刚经》重点在哪里？就是善护念。大家要特别注意！

因讲到善护念，我们晓得佛经、佛学里三十七道品、菩提道次第，修大彻大悟的方法中，有个四念处，就是念身、念受、念心、念法。念心是四念处里非常重要的，随时念这个心，知道了这个念头，就是善护念。我们的这个身心很重要，念身，此身无常。念心，我们的思想是生灭的，靠不住的，一个念头起来也立刻就过去了，去追这个念头，当它是实在的心是错误的，因为这个思想每一秒钟都在变去。

什么叫念？一呼一吸之间叫作一念。照佛学的解释，人的一念就有八万四千烦恼。烦恼不一定是痛苦，但是心里很烦。譬如，有人坐在这里，尽管《金刚经》拿在手上，也在护念，他护一个什么念呢？一个烦恼之念，不高兴。自己也讲不出来为什么不高兴，连自己都不知道，医生也看不出来，这就是人生的境界，经常都在烦恼之中。

寻愁觅恨

烦恼些什么呢？就是"无故寻愁觅恨"，这是《红楼梦》中的词，描写一个人的心情。其实每个人都是如此啊！"无故"，没有原因的，"寻愁觅恨"，心里讲不出来，烦得很。"有时似傻如狂"，这本来是描写贾宝玉的昏头昏脑境界，饭吃饱了，看看花，郊游一番，坐在那里，没有事啊！烦，为什么烦呢？"无故"，没有理由的，又傻里瓜叽的……这就是描写人生，描写得也非常恰当。所以《红楼梦》的文学价值被推崇得那么高，是很有道理的。

《西厢记》也有对人心理情绪描写的词句："花落水流红，闲愁万种，无语怨东风。"没得可怨的了，把东风都要怨一下。哎！东风很讨厌，把花都吹下来了，你这风太可恨了。然后写一篇文章骂风，自己不晓得自己在发疯。这就是人的境界，花落水流红，闲愁万种是什么愁呢？闲来无事在愁。闲愁究竟有多少？有一万种，讲不出来的闲愁有万种。结果呢，一天到晚怨天尤人，没得可怨的时候，无语怨东风，连东风都要怨，人情世故的描写妙到极点。

这是我们讲到人的心念，一念之间，包含了八万四千的烦恼，这也就是我们的人生。解脱了这样的烦恼，空掉一念就成佛了，就是那么简单。但是在行为上要护念，要随时照顾这个念头。我们研究完了《金刚经》，看到佛说法高明，须菩提问话高明，不像我们有些同学：

老师，我打扰你两分钟。我说：一定要好几分钟，你何必客气呢？多几分钟就多几分钟。不老实，说要问问题就好了嘛！然后，他讲了老半天，他讲的话，我都听了，主题在哪里，我不知道，说了半天不晓得问什么，结果弄得我无语怨东风。

金刚眼和发心

在须菩提问问题时，事实上答案就出来了，这是本经的精神不同于其他经典的地方。佛抓到这个主题，答案的两句话也是画龙点睛。所以禅宗祖师，特别推崇这一本经，因为这一本经的经文精神特别。诸位要成佛，这两句话已经讲完了，问题与答案都在这两句话中了。"善护念"，"善咐嘱"，这两句话等于许多同学问：老师啊，怎么做功夫呀？我现在还在练气功啊，听呼吸，念佛，你好好教我啊！还有许多人去求法，花了很多时间和金钱求个法来。法可以求来吗？有法可求吗？这是个妄想，就是烦恼。法在哪里？法在你心中，就是"善护念"三个字。"善护念"是一切修行的起步，也是一切佛的成功和圆满。这个主要的问题，就是《金刚经》的一双金刚眼，也就是《金刚经》的正眼，正法眼藏。

　　世尊。善男子。善女人。发阿耨多罗三藐三菩提心。云何应住。云何降伏其心。

这本经翻译得很不同，来个"善男子、善女人"，分开得清清楚楚。我们年轻的时候很调皮，一边念一边看看自己，把"善男人"改成"散男子"，是一边学佛又到处玩耍的人，所以我们自称"散男子"，是心在散乱中的天下散人。

这里讲"发心"，发就是动机，发什么心？发"阿耨多罗三藐三菩提心"。"阿耨多罗"这四个字是梵文，中文勉强译为"无上"，至高无上。"三"这个音就是正,"藐"是等,平等。菩提是觉悟,连起来就是说要发:无上正等正觉的心。

但是文中的"无上正等正觉之心",不能包含全部的意义;如果就其意义翻译成禅宗的大彻大悟,还是不能包括完全。"阿耨多罗三藐三菩提心",包括心地法门、明心见性、由世俗超越而达到成佛的境界;在行为上是大慈大悲菩萨心,是菩提心,入世救一切众生;在理上是大彻大悟,超越形而上的本性之心。所以"三藐三菩提心"意义很多,只能保持这个原文的音,让后世人自己去解释了。

换句话说,"发阿耨多罗三藐三菩提心",就是一个普通人发心学佛。佛法与其他的宗教不同,认为一切众生都可以成佛,不像其他宗教,认为有第一因。其他宗教认为,只有"他"可以,我们只有等到"他"来帮忙,然后还是听"他"的,除"他"之外,都是不对的。

佛法既认为一切众生个个是佛,平等平等,但是,为什么众生不能成佛呢?因为他找不到自心,迷失了。如果自己觉悟了,不再迷失,个个自性成佛。

无权威　　无主宰

佛并不是权威性,也不是主宰性。佛这个主宰和权威,都是在人人自我心中。所以说一个人学佛不是迷信,而是正信。正信是要自发自醒,自己觉悟,自己成佛,这才是学佛的真精神。如果说只去拜拜祈祷一下,那是迷信的做法;想靠佛菩萨保佑自己,老实说,佛不大管你这个闲事,佛会告诉你保护自己的方法。这一点与中国文化的精神是一样的,自求多福,自助而后天助,自助而后人助。换句话说,你自助而后佛助,如果今天做了坏事,赶快到佛菩萨面前祷告,说声对不起,佛就赦免了你,那是不可能的。

我们在西藏的时候,虽然是佛国,也有做土匪的,抢了人以后,赶快到菩萨前跪下忏悔，说下次再也不敢了。下次钱用完又去抢了，抢完了又来忏悔，反复来去，自心不能净，佛也不会感应的。所以一切要自求多福，佛法就是这个道理。

因此，要成佛，要找出自己心中的自性之佛，这才叫"发阿耨多罗三藐三菩提心"。我经常告诫年轻同学们：你们以为两腿一盘就叫学佛，不盘就不是学佛，那叫作修腿，不是学佛。打坐不过是修定，是练习身心走向学佛路上的准备工作而已，这个观念一定要搞清楚。

那么，真正的学佛困难在什么地方呢？就是"善护念"。这三个字也就是金刚眼。须菩提说：佛啊，善男子、善女人（不是指坏蛋们，因为坏蛋们不学佛），这一切好人们，要想明心见性，认识自己生命的本来，求无上大道发的这个心，有个大困难，就是思想停不了，打起坐来妄想不止。有人打起坐来，不是想到丈夫，就是想到太太、情人、爸爸妈妈、儿女、钞票……不打坐还好，一坐下来，眼睛一闭，万念齐飞。这就是此身烦恼不能断，也是修行第一步碰到的问题。

此心如何住

须菩提讲得很坦然，替大家发问"云何应住"？这个心念应该如何停住在清净、至善那个境界上？"云何降伏其心？"心里乱七八糟，烦恼妄想怎么能降伏下去？古今中外，凡是讲修养、学圣人、学佛，碰到的都是这个问题。"云何应住"，这个心住不下去。如果念佛嘛，永远念阿弥陀佛做不到，不能住在这个念上，一边念阿弥陀佛，一边心里想明天要做什么，哎呀，阿弥陀佛，老王还欠我十块钱没有收回来，阿弥陀佛，阿弥陀佛，这怎么办……心住不下去！你祷告上帝，上帝也不理你啊，你还是一样的，坏念头还是起啊！菩萨也帮不了忙。此心如何住，如何降伏其心，这许多的烦恼妄想，如何降伏下去？这是个大问题。

《金刚经》一开头，像我们这个照相机一样，什么灰尘都照出来，干脆利落，一点都不神秘。不管学哪一宗哪一派，第一个碰到的就是这个"云何应住"的问题，就是用什么办法使此心能够住下来。"云何降伏其心"，有什么办法，使这个心的烦恼妄想降伏得下去？这问题问得很严重。

我们年轻的时候，经常有个感慨，读《金刚经》，读到这两句，千古高人，同声一叹！这个问题太难了。一个英雄可以征服天下，却没有办法征服自己这个心念；一个英雄可以统治全世界，却没有办法"降伏其心"。自己心念降伏不了，此乃圣人之难成，道之难得也！你说学法，学各种法，天法学来都没有用！法归法，烦恼归烦恼。念咒子吗？烦恼比你咒子还厉害，你咒它，它咒你，这个烦恼真是不可收拾，就有那么厉害。所以"云何应住，云何降伏其心"，这个问题问得非常之好。

    佛言。善哉善哉。须菩提。如汝所说。如来善护念诸菩萨。善付嘱诸菩萨。汝今谛听。当为汝说。

佛听了须菩提的问题，他眼睛又张开了，这个问题问得好，一拳就打到中心来了。善哉！善哉！就是问得好极了。佛说："须菩提，如汝所说，如来善护念诸菩萨，善付嘱诸菩萨，汝今谛听，当为汝说。"看佛经应该像看剧本一样地看，才能进入经典的实况，才会有心得。我说把佛经当剧本看，不是不恭敬，你不进入这个情况，经典是经典，你是你，没有用。

现在，假设我们当时跟须菩提跪在一起，佛说：好，好，须菩提，照你刚才问的问题，如来善护念诸菩萨，善付嘱诸菩萨，是不是？须菩提说：是。释迦牟尼佛说："汝今谛听。"你现在注意啊！好好听。"谛"是仔细、小心，也有一点意思是你要小心注意，我要答复你了。"当为汝说",你问的问题太好了,我应当给你讲。这时须菩提还跪在那里。

　　善男子。善女人。发阿耨多罗三藐三菩提心。应如是住。如是降伏其心。唯然。世尊。愿乐欲闻。

　　佛说：善男子,善女人,如果有一个人,发求无上大道的心,应该这样把心住下来,应该这样把心降伏下去。

　　说完这一句话,他老人家又闭起眼睛来了。须菩提大概等了半天,抬头一看,"唯然。世尊。"经文中说"唯"就是答应,"然"就是好。我准备好好地听,世尊啊,"愿乐欲闻",我高兴极了,正等着听呢。他跪在那里瞎等,佛却没有说下文了。大家看这个剧本写得好不好？经典是好剧本,我们在座也有写剧本的高手,而写这个剧本的才是真高手呢！文字都很明白,是不是这样讲？没有错吧？

　　现在我们再回过来看佛说的这句话,善哉！善哉！你问得好啊,须菩提,照你刚才说的,佛要善护念诸菩萨,善付嘱诸菩萨,是不是？须菩提说：是啊！我是问的这个。他说你仔细听着,我讲给你听,当你有求道的心,一念在求道的时候,就是这样住了,就是这样,这个妄念已经下去了,就好了,就是这样嘛！

　　假设我来讲的话,我当然不是佛啦！不过我来讲的话,不会那么讲。如果我当演员,演这个释迦牟尼佛,这个时候不是慈悲的,不是眼睛闭下来,眉毛挂下来,慢慢说："善哉！善哉！阿弥陀佛！"不是这样。我会说："你听着啊！你注意,你问的这个问题,当你要求道的这一念发起来的时候。"说时一边就瞪住他。

　　半天,须菩提也不懂,傻里瓜叽的：佛啊,我在这里听啊！换句话说,你没有答复我呀！

　　实际上,这个时候,心就是住了,就降伏了。

止住的持名念佛

"住"就是住在这里,等于住在房子里,停在那里。但是怎么样能把烦恼妄想停住呢?佛说:就是这样住。

我们都知道,学佛最困难的,就是把心中的思虑、情绪、妄想停住。世界上各种宗教、所有修行的方法,都是求得心念宁静,所谓止住。佛法修持的方法虽多,总括起来只有一个法门,就是止与观,使一个人思想专一,止住在一点上。

譬如净土宗的念佛,只念一句"南无阿弥陀佛",就是专一在这一点上。南无是皈依,阿弥陀是他的名字,皈依阿弥陀这一位佛。说到念佛,有个笑话告诉年轻同学们知道,有一个老太太,一天到晚念南无阿弥陀佛,念得很诚恳,他的儿子很烦,觉得这个妈妈怎么一天到晚阿弥陀佛。有一天,老太太正在念阿弥陀佛,这个儿子喊:妈!老太太问:干什么?儿子不响了。她"阿弥陀佛、阿弥陀佛"又念起来,念得很起劲。儿子又喊:妈!妈!那老太太说:干什么?儿子又不响。老太太有一点不高兴了,不过还是继续念阿弥陀佛、阿弥陀佛……儿子又喊:妈!妈!妈!这个老太太气了说:讨厌,我在念佛,你吵什么。儿子说:妈妈,你看,我还是你儿子呢!不过叫了三次,你就烦了,你不停地叫阿弥陀佛,阿弥陀佛不是烦死了吗?这个话表面上听起来是笑话,但是它所包含的意义,实在是很深刻的,不要轻易把它看成一个笑话。

念阿弥陀佛是持名,等于叫妈,持他的名字。持名念佛有它的意义,不过现在我们不是讨论这个问题,而是说这一种修持的方法,是要念到一心不乱,达到止、住的境界。我们大家普通念阿弥陀佛,一边念,一边也照样地胡思乱想,就像一支蜡烛点在那里,虽然有蜡烛的光亮,旁边的烟却也在冒。又像石头压草,旁边的杂草还是长出来。这种情形不能算一心不乱，因为没有住，没有止。真要念到一心不乱，忘记了自己，忘记了身体，忘记了一切的境况，勉强算是有一点点一心不乱的样子。做到了专一，一心不乱的时候是止，念头停止了，由止就可以得定。

百千三昧的定境

我们都听说过老僧入定，真正入定到某一种境界，时间没有了，他会坐在那里七八天、一个月，自己只觉得是弹指之间而已。不过大家要认识，这不过是所有定境中的一种定而已，并不是说每一个定境都是如此，这一点要特别注意。

佛法讲修持，百千三昧的定境不同，有一种定境是，虽日理万机，分秒都没有休息，但是他的心境永远在定，同外界一点都不相干。心，要想它能定住是非常困难的。像年纪大一点的人睡不着，因为心不能定。年纪越大思想越复杂，因此影响了脑神经，不能休息下来。

等于说，我们脑子是个机器，心脏也是个机器，但是它的开关并不是机器本身，而是后面另一个东西；那就是你的思想，你的情感，你心里的作用。所以一切学佛、一切入道之门，都是追求如何使心能定。有些人打坐几十年，虽然坐在那里，但是内心还是很乱，不过偶尔感觉到一点清净、一点舒服而已。一点清净舒服还只是生理的反应与心境上的一点宁定，而真正的定，几乎没有办法做到。

佛学经常拿海水来说明人的心境，我们的思想、情感，归纳起来，只是感觉与知觉，它们像流水一样，永远在流，不断地流，所谓黄河之水天上来，奔流到海不复回，就是那么一个现象。所谓真正的定，佛经有一句话：如香象渡河，截流而过。一个有大智慧、大气魄的人，自己的思想、妄念，立刻可以切断，就像香象渡河一般，连弯都懒得转，便在湍急河水之中，截流而过了。假使我们做功夫有这个气魄，能把自己的思想、感觉如香象渡河，截流而过，把它切断得了，那正是净土的初步现象，是真正的宁静，达到了止的境界。由止再渐渐地进修，生理、心理起各种变化，才可以达到定的境界。这样，初步的修养就有基础了。现在《金刚经》里还没有讲"定"，先讲"住"。

"住"这个字，与"止"与"定"是不一样的，而且很不一样。

先说这个"止"。止可以说是心理的修持，把思想、知觉、感觉停止，用力把它止在一处。等于我们拿一颗钉子，把它钉在一个地方，就是止的境界。

所谓"定"，等于小孩子玩的转陀螺，最后不转了，它站在那里不动了，这只是个定的比方。

这个"住"呢？跟"止""定"又不一样。住是很安详地摆在那里。这些不是依照佛学的道理来说，只是依照中文止、定、住的文字意义来配合佛学的道理加以说明。

不管学佛不学佛，一个人思想做到随时安然而住是非常困难的。中文有一句俗语："随遇而安"，安与住一样，但人不能做到随遇而安，因为人不满足自己、不满足现实，永远不满足，永远在追求一个莫名其妙的东西。理由可以讲很多，追求事业，甚至于有些同学说人生是为了追求人生，学哲学的人说是为了追求真理。你说真理卖多少钱一斤？他说讲不出来价钱。真理也是个空洞的名词，你说人生有什么价值？这个都是人为的借口，所以说在人生过程上，"随遇而安"就很难了。

例如，好几位学佛的老朋友们，在家专心修行不方便，与修行团体住一起又说住不惯。其实，他是不能"随遇而安"而已！他不能"应如是住"，连换一个床铺都不行了，何况其他。实际上，床铺同环境真有那么严重吗？没有，因为此心不能安。所以环境与事物突然改变,我们就不习惯了,因为这个心不能坦然安住下来,这是普通的道理。

须菩提提出的这个问题,是开始学佛遭遇到最困难的问题,也就是心不能安。现在佛告诉他,就是你问的时候,已经住了,就是你问的时候,已经没有妄想烦恼了。这个意思也有一个比方,当我们走在街上看到稀奇事物的时候,就在这个时候,我们的心是住的喔!像普通讲的愣住了。这一段的住,虽不是真正佛法的住,但当这个心理现象,受到突然刺激的时候,好像凝定住了,这是假的心住,不是心安的住,可是从这个现象可以了解,心的住确实有"定"的道理。

三步曲

大家都听过佛教一句俗话:学佛一年,佛在眼前,学佛两年,佛在大殿,学佛三年,佛在西天,越来越远了。那天有一个同学说,他也该回去对父母尽点孝心了,他说这话时是真有孝心,就像佛在眼前。回去以后,爸爸说:你怎么又回来那么晚?!他看到爸爸那个脸色,实在不是味道,这一下与想回家孝顺那一念相比较,又变成佛在大殿了。爸爸再嘀嘀咕咕训他一顿,结果本来是想回来尽孝心,现在却到房间躺在床上睡了,那就是孝在西天了。佛法的道理与普通的心理也是一样的。

如何把烦恼降伏下去,佛答复得那么轻松:"如是住,如是降伏其心。"就是这样住,就是这样降伏你的心。换言之,你问问题的时候,你的心已经没有烦恼了,就在这个时候,就是禅宗所谓当下即是,当念即是,不要另外去想一个方法。

譬如我们信佛的,或者信其他宗教的人,一念之间要忏悔,这么一宁静的时候,就是佛的境界,你的烦恼已经没有了,再没有第二个方法。如果你硬要想办法把这个烦恼怎么降伏下去,那些方法徒增你心理的扰乱,并不能够使你安住,这是又进一步的道理。

再进一步的道理,《金刚经》的内容是大乘佛法的大智慧成就,佛教同其他宗教基本的不同之处,是智慧的成就,不是功夫的成就;这个智慧包括了一切的功德、一切至善的成就,所以般若是智慧的成就。

如何住和无所住

现在讲大乘的智慧,"应如是住,如是降伏其心",你那个时候,已经安住了;不过刹那之间你不能把握而已,因为它太快了。如果你能够把握这一刹那之间的安住,就可以到家了。这个是重点,整个《金刚经》全部讲完,就是教我们如何住,也就是无所住,不需要住。前面我们提到过,一个学佛真正有修持的人,可以入定好多天,好几个月,你看他很有功夫,但是他的功夫是慢慢累积来的,就是把此心安住。

可是,此心本来不住。怎么说呢?譬如我现在讲话,从八点钟开始讲到现在,二十分钟了,每一句话都是我心里讲出来的,讲过了如行云流水都没有了,"无所住"。如果我有所住,老是注意讲几分钟,我就不能讲话了,因为心住于时计。诸位假使听了一句话,心里在批判,这一句话好,那一句乱七八糟,你心在想,下一句也听不进去了,因为你有所住。

所以大乘佛法,如何才能安住?无所住即是住。拿禅宗来讲,住即不住,不住即住。无所住,即是住。所以人生修养到这个境界,就是所谓如来,心如明镜,此心打扫得干干净净,没有主观,没有成见,物来则应。事情一来,这个镜子就反映出来,今天喜怒哀乐来,就有喜怒哀乐,过去不留,一切事情过去了就不留。宋朝大诗人苏东坡,他是学禅的,他的诗文境界高,与佛法、禅的境界相合。他有个名句:"人似秋鸿来有信,事如春梦了无痕。"

　　这是千古的名句,因为他学佛,懂了这个道理。人似秋鸿来有信,苏东坡要到乡下去喝酒,去年去了一个地方,答应了今年再来,果然来了。事如春梦了无痕,一切的事情过了,像春天的梦一样,人到了春天爱睡觉,睡多了就梦多,梦醒了,梦留不住,无痕迹。人生本来如大梦,一切事情过去就过去了,如江水东流,一去不回头的。老年人常回忆,想当年我如何如何……那真是自寻烦恼,因为一切事是不能回头的,是像春梦一样了无痕的。

　　人生真正体会到事如春梦了无痕,就不需要再研究《金刚经》了。应如是住,如是降伏其心,这个心无所谓降,不需要降。烦恼的自性本来是空的,所有的喜怒哀乐、忧悲苦恼,当我们在这个位置上坐下来的时候,一切都没有了,永远拉不回来了。

第三品　大乘正宗分

> 佛告须菩提。诸菩萨摩诃萨。应如是降伏其心。所有一切众生之类。若卵生。若胎生。若湿生。若化生。若有色。若无色。若有想。若无想。若非有想。非无想。我皆令入无余涅槃而灭度之。如是灭度无量无数无边众生。实无众生得灭度者。何以故。须菩提。若菩萨有我相。人相。众生相。寿者相。即非菩萨。

一切众生

> 佛告须菩提。诸菩萨摩诃萨。应如是降伏其心。

佛告诉须菩提，当你问怎么样安心时，就安心了。佛过了许久，看须菩提还是不懂，没有办法，只好退而求其次，第二步再来讲一讲，因为那个时机过去了，禅宗所谓机，这个禅机过去了，须菩提没有懂。现在第二步来讲了，佛说：我告诉你，一切菩萨摩诃萨。"摩诃"的中文意思是"大"，一切大菩萨们。

古代也有将菩萨翻成"大士"或者"开士"，表示是开悟的人。所以我们的白衣大士就是白衣菩萨。摩诃萨是唐宋以后念的，真正梵文发音是马哈，诃字念成哈字。在座很多客家的同学，客家话、广东话、闽南话比较接近唐音，国语反而距离很远了。

佛说菩萨摩诃萨是倒装的文句，就是一切大菩萨们，应如是降伏其心，应该有一个方法，把自己的心降伏下去。什么方法呢？他说:"所有一切众生之类。"现在先解释什么叫众生。佛经里众生这个名词,庄子先说过,一切有生命的东西谓之众生,并不是单指人!人不过是众生的一种,一切的动物、生物,乃至细菌、有生命的动物都是众生。有灵性的生命,有感情,有知觉生命的动物,就是众生的正报。所以众生不是光指人。佛要教化一切众生,慈爱一切众生,对好的要慈悲,对坏的更要慈悲。好人要度,要教化,坏人更要教化。天堂的人要度,地狱里的更可怜,更要度。这是佛法的精神,所以说要度一切众生。

"一切"两个字是没有范围的,任何东西都在一切之内。不过讲到众生这个名词,使我想起几十年以前的一桩事;那次在成都四川大学讲中国哲学,提到佛法讲众生,有一个学生就提出来问,植物及矿物有没有包括在众生里头?我说:那是众生的依报,不是正报,依报是附属的,同我们有连带关系。他说:譬如含羞草,你不能说它没有灵性!我问他学什么的,他说他是学农的,我说你学农的问这个问题有点奇了。

我那个时候年纪还轻,比较爱弄玄虚,就说:既然学农的,应该知道,含羞草根里头有一水泡,人手的热气一接触,水就下降,叶子就像怕羞一样缩下去了。这是机械性的,并不是情感,也不是知觉。其实这是头一天晚上,跟一个学农的教授讨论含羞草听来的,也可以说佛法有灵,知道第二天有人会问这个问题吧!

谭子《化书》

> 所有一切众生之类。若卵生。若胎生。若湿生。若化生。若有色。若无色。若有想。若无想。若非有想。非无想。我皆令入无余涅槃而灭度之。

现在佛学提出来众生，佛把一切的生命分成十二类。第一是卵生，像鸟、鸡、鸭等，都是属于卵生。胎生是指人、马，及各种由胞胎里生的。湿生包括了鱼、蚊子、苍蝇等。化生就是变化的东西，如蝉蜕、蜻蜓、蝴蝶等。又照中国古老的传说，真假不能确定，海里的鲨鱼活到几百年以上，会跳到沙滩上，一变就是鹿，长一个头角的鹿，这些都是化生。中国化生的书，几乎没有人肯去研究；《道藏》里有一本书就叫作《化书》，作者是谭子，名谭峭，他学佛也学道，是有名的神仙。谭峭的父亲是唐朝的官，也就是唐朝唯一大学的校长，地位很高，只有谭峭一个儿子。

可是谭峭十几岁离家出走，他父亲丢了这个儿子，很难过。后来过了一二十年，他回来了，身上穿个道士的衣服，拖个破鞋子，戴个破帽子，怪里怪气，嬉皮笑脸，就像前几年那种嬉皮的样子。他回来劝父亲一块儿修道去。这是著名的道家人物，学问也非常好。谭子著了这部《化书》，认为宇宙生命的变化自己可以掌握，人可以永远地活下去。他究竟仍然活着没有？说不定他跑到我们这里来，我们也不知道。后来因为人家问他，道是怎么样修？他就写了一首诗，也像是《金刚经》的偈子一样，很简单的，有禅宗的境界：

线作长江扇作天，靸鞋抛向海东边。
蓬莱此去无多路，只在谭生拄杖前。

他说，整个的宇宙是这么渺小，线就像长江，扇就像天。靸鞋就是古代的拖鞋，鞋子后跟不拉起来，踢哩踢拉拖起来走。靸鞋抛向海东边不要了。蓬莱是代表道家的神仙境界，蓬莱此去无多路，他说那个神仙的境界不远，就在这里。在哪里啊？他说，只在谭生，就在我的手指，手里拿个手杖，就在这里。这个道理也就等于佛告诉须菩提："应如是住，如是降伏其心。"就在这里，佛不在西天，就在你这里。

不过谭子的《化书》很奇怪，讲了化生的道理以后，由科学再归到哲学，由哲学再归到政治学，讲人生的境界，及如何教化别人、改变别人。他认为坏的时代，坏的世界，是可以变化过来的，他的理论和哲学境界非常之高。所以讲到中国文化，这不能说不是中国文化啊！中国文化的精华，我们不能说连个影子都不知道啊！

有色无色的众生

除了胎生、卵生、湿生、化生四种之外，另有一种生命为"有色"，是有形象、有物质可以看见的。另有一种生命是"无色"，不是我们所知，也看不见，可是它确实地存在。譬如说鬼吧，到底有没有？当然可以告诉大家确实是有的，并没有什么可怕，那是"无色"的生命，跟我们阴阳电子不同而已。

我们姑且讲活鬼，大家也许没有看过，如果到贵州、云南的边界，就可以听到活鬼的故事。活鬼称为山魈，这个山魈，我们拿佛经来解释就很简单了，他是"若有色""若无色"的众生。他有时候给你看见，有时候不给你看见，高兴给你看见就看见，不高兴就看不见。人走到山里，看到走路的脚印子同我们相反，脚趾头在后面，脚后跟在前面的地方，就知道有山魈。他们非常讲礼貌，你不要说这是山鬼啊，那你就吃亏了。你要说有山先生在这里！他会觉得你这个人知礼，就不会找你麻烦。

这些住在山里的山魈，很有意思，他们有事的时候，要跑到别人家里借锅子和碗筷。他们的样子很丑陋，矮矮的，就像人倒着脚走来。讲的话我们也不懂，必须要用手去指要借的东西，那些山里头的人都知道，有些坏心眼的人，却准备一套骗他们的。准备什么呢？纸做的锅，纸做的碗，他们就很高兴地借回去了，结果火上一烧就完了。可是山魈非常守信用，不知道他们用什么方法，有钱人家的东西就到他们那里去了,但是他们一百英里范围以内不偷的,他们要到外地弄个锅碗来还你。许多山里的穷人都拿这些玩意骗鬼,所以鬼不可怕,而人是真正的坏,连鬼都要骗。

有想无想的众生

另有一类众生是"若有想",有思想感觉。另有一类众生是"若无想",没有思想、感觉。细分之下,有些生命没有思想,没有知觉,但有感觉。

另有众生是神的境界,照佛学的分类,神的类别太多了,小则分为三十多种,大则分为六十多种,再细分析下去,有几百种。神也有他的等次,一类叫"非有想",不是没有想,但是看起来没有想。譬如有些人在打坐,你看他好像不知道,可是他又知道,真知道吗?又不知道。其实,世界上还有更多种类的生命,不过佛法大致归纳为十二类。

世界上的生命有这么多种类,唯有人很坏,但人也最具备一切。我们不要认为人类是胎生,在我看来,人类具备了十二类生。我们是胎胞里精虫卵脏的结合,所以是卵生、胎生。在妈妈肚子里是湿生。要青菜、萝卜、牛肉、洋葱堆起来才能长大,所以也是"化生"。人也是"有色",身体机能有物质可见。但是讲到人的生命——气,又不是物质了,也看不见,所以是"无色"。"有想",我们当然有思想,有时候我们呆住,或者没有什么思想,笨得要死,那又入于"无想"。还有许多人到达"非有想""非无想"的修道境界,虽没有成功,但他已经到达了"非有想""非无想"。

说到"非有想""非无想",想到大陆上我曾听说一两个地方。在浙江绍兴的一个小庙,有一个道士在那里打坐,据说坐了两百多年,还坐在那里。每到过年的时候,乡下人要来替他剪一次指甲;人坐在那儿没有死，摸摸还有点体温，据说是入定了。有些修道的人说他不是入定，是在那个定的境界出不了神，在那个身体躯壳里头，因为修成功了，所以出不来，离不开身体。

另外我还看到过一个学佛的人，据说打坐定力很深，功夫很好，已经坐在那里七八十年，也没有死，也没有出定，他也不会想什么，似乎等于死人差不多。他的背拱起来一块，摸摸那个地方，像脉搏一样在跳动，所以有人说他入定了。不过一般学佛修道内行的人，也晓得他出不了神。你们年轻人怕打坐走火入魔，像这一类的样子才叫作走火入魔！大家看看，自己有没有资格走火入魔？所以说，放心啦，还差得远呢！可是，这也不一定是走火入魔，在那一种情况下，这一个生命的存在，就可以说是"非有想""非无想"的境界。所以说，在人类这个生命的小宇宙里，所有生物的生命现象，人都具备了，只是大家没有回转来分析自己罢了。再根据谭子《化书》的道理，人可以成仙、成佛、成鬼、成神；人也是可以变化的，一切就看你自己的智慧了。

鸿福　清福

现在佛告诉须菩提说，世界上"一切众生之类"，注意这个"之类"，佛把它归成十二类生命。他说："我皆令入无余涅槃而灭度之。"

一个学佛的人，首先要发愿，立一个志愿，救世界上一切众生。因为众生皆在痛苦中，都在烦恼中。有富贵功名的人，有富贵功名的痛苦与烦恼；贫穷及生老病死等，也都是烦恼。谈恋爱有谈恋爱的烦恼，结婚有结婚的烦恼，生孩子有生孩子的烦恼，总之，人生随时都在痛苦与烦恼中。所谓烦恼，比痛苦的状况轻一点，两个名称不同。一个学大乘佛法的人，没有先考虑自己，学佛是要成就，好去帮助众生，救度他们，使他们进入没有烦恼、没有痛苦、绝对快乐清净的境界。这个境界叫什么？就是"无余涅槃"。

"涅槃"是个名称，不要当成端盘子那个盘。涅槃是梵文音，有人翻译成中文叫它寂灭，这样翻译不恰当，后来的人随便使用是不对的。因为寂灭好像很凄凉，只有一个清净，其他什么都没有，灭掉了。"寂"是清清净净，一点声音都听不到，学佛结果变成学寂灭，那不是很奇怪吗？那人生又何必呢？人生本来够苦了，再去学寂灭，苦上加苦，又不是吃黄连，何必呢！后来又有人翻译成圆寂，圆满的清净。清净本来是好，可是有些人，并不认识清净。

我经常说，佛法分两种，走出世间是清净，走入世间是红尘。红尘滚滚，这个世界上，都市中，都是红尘。人世间为什么叫作红尘呢？唐朝的首都在西安，交通工具是马车，北方的红土扬起来，半空看见是红颜色的灰尘，所以称为红尘滚滚。现在汽车排的是黑烟，爬到观音山顶上看台北，是黑尘滚滚。

红尘里的人生，就是功名富贵，普通叫作享洪福。对皇帝用的"洪福齐天"因为"洪"字不好意思写，就写个"鸿"字。其实"鸿福"这个字不大好，虽然文学境界不错，但有骂人的味道！因为"鸿"像飞鸟一样飞掉了，那还有什么福啊？这个同音字用得不好，一般人不察觉就用下去了。

清净的福叫作清福，人生鸿福容易享，但是清福却不然，没有智慧的人不敢享清福。人到了晚年，本来可以享这个清福了，但多数人反而觉得痛苦，因为一旦无事可管，他就活不下去了。有许多老朋友到了享清福的时候，他硬是享死了，他害怕那个寂寞，什么事都没有了，怎么活啊！所以我常告诉青年同学们，一个人先要养成会享受寂寞，那你就差不多了，可以了解人生了，才体会到人生更高远的一层境界。这才会看到鸿福是厌烦的。佛经上说，一个学佛的人，你首先观察他有没有发起厌离心，也就是说厌烦世间的鸿福，对鸿福有厌离心，才是走向学佛之路。

说到这里,讲一个故事给大家听,明朝有一个人,每天半夜跪在庭院里烧香拜天。这是中国的宗教——拜天,反正佛在天上,神、关公、观世音都在天上。管它西天、东天、南天、北天,都是天,所以他拜天,最划得来,只要一支香,每一个都拜到了。这人拜了三十年,非常诚恳,有一夜感动了一位天神,站在他前面,一身发亮放光。还好,他没有吓倒。这个天神说:你天天夜里拜天,很诚恳,你要求什么快讲,我马上要走。这个人想了一会儿,说:我什么都不求,只想一辈子有饭吃,有衣服穿,不会穷,多几个钱可以一辈子游山玩水,没有病痛,无疾而终。这个天人听了说:哎唷,你求的这个,此乃上界神仙之福;你求人世间的功名富贵,要官做得大,财发得多,都可以答应你,但是上界神仙之清福,我没法子给你。

要说一个人一生不愁吃,不愁穿,有钱用,世界上好地方都逛遍,谁做得到?地位高了,忙得连听《金刚经》都没有时间,他哪里有这个清福呢?所以,清福最难。由此看来,涅槃翻译成寂灭,虽然包含了清福的道理,但是在表面上看来,一般人不大容易接受。实际上涅槃是个境界,就是《涅槃经》提出来的"常乐我净"的境界。也就是说,你找到了这个地方,永远不生不灭,就是心经上说的"不生不灭,不垢不净",常乐,永远如此,是一个极乐的世界。那才是"我",我们生命真正的"我",不是我们这个几十年肉体、卵生、胎生、湿生、化生,会变去的我。那个真我才算净土,也就是涅槃的境界。

罗汉的涅槃

涅槃分两类,"有余依涅槃"及"无余依涅槃"。

罗汉们得道,证得的是有余依涅槃;大阿罗汉入定可以达到八万四千劫之久,现在很难有人相信这种事了。关于此事,让我们回溯到唐朝玄奘法师到印度留学路上的一个传说,但他自己的笔记及《大唐西域记》里没有记载。当他走过新疆天山以南,到了印度北边,靠近喜马拉雅山的后面一个雪山地方时,天气很冷,到处都是雪,但是有一个山顶上却没有雪,雪下来也不积留。玄奘很奇怪,跑上去看,发现地上有很粗很长的头发。他看了半天,认为这里可能有不是这个劫数的人,也许是上一个冰河时期的人。结果真的挖出一个很高大的人来,玄奘法师发现那是一个打坐的人,就用引磬在他耳朵边上叮叮叮,慢慢地敲。这位先生出定了,他说是释迦牟尼佛之前迦叶佛末法时代的比丘,出家自己自修得定,在这里入定等释迦牟尼佛下世来,好向他请教。玄奘法师告诉他释迦牟尼佛已经涅槃了,他说:那我再等吧!等下一次弥勒菩萨来吧!玄奘法师拖住他的耳朵说:老兄,你慢一点入定,这样不是办法,你等弥勒菩萨再来就是要出定找他,谁来通知你出定呢?他说:这也对呀!玄奘法师说:你有办法出神离开这个身体吗?

出神并不容易,刚才讲那些修行人,坐了几十年都不出来。玄奘告诉他,自己要到印度取经去,叫他到中国去投胎,将来做自己的弟子。并且告诉他,到了大唐,向那个最大的宫殿去投胎当太子,等他回来。于是这个人就出神走了。玄奘二十年后回来,见唐太宗说到此事,要找这个来投胎的太子出家,但查遍后宫,当天没有太子出生,结果发现武将尉迟恭家里那天生了一个侄子。原来那罗汉来大唐投胎,看见尉迟恭的王府,就错认为皇宫了。唐太宗把尉迟恭找来对他说:我要出家,但当皇帝不能出家,你就让你家那个孩子代表我出家吧!

玄奘法师想,那个罗汉定力那么高,见面时应该认识我!岂知罗汉、菩萨也有隔阴之迷,投一个胎就迷掉了。对玄奘似曾相识,却搞不清楚。皇帝下命令出家,当然可以,但有三个条件,一车美女服侍他,一车酒肉,一车书。这就是后来玄奘法师的唯识传人——窥基法师的故事，又称三车法师，此说也许是影射的戏论。

为什么讲这个故事呢？从这个故事我们就会了解，得到了那个清净、一念空的境界，才能够入定；而且连身体都可以忘掉，也可以抗拒气候的变化，甚至是地球的各种物理变化。那个罗汉是有功力的人，一念空掉就入定了。

但是念空可不是住啊！大家要特别注意，念空不是住，那是假住，住在空上，是不究竟的。玄奘挖了来的这个罗汉，就是住在这个空上，所以叫作有余依涅槃。余什么？习气。因为他的习气没有变，所以转胎一来，功名、富贵、美人、香车，什么都要，这是这个罗汉自己剩余的习气，《维摩经》上叫作结习未除。

有些学道学佛的朋友说：老师，你叫我来打坐、学佛，我是很高兴，就是有一个东西丢不下。我说：那你就两打吧！打打牌，打打坐，都可以方便。因为他这个结习未除，也就叫作有多余依涅槃。其实我们在座有很多打坐的同学，都入了这个涅槃了，到这里来，法师把木鱼一敲，打坐好好的，念头蛮空；等到两个鞋子下了楼，赶快找地方去打牌啊、喝酒啊，就是有多余依涅槃。

佛的涅槃

有余依涅槃是罗汉境界，不彻底；无余依涅槃是佛境界，是非常彻底的。佛说学佛的人第一个发愿使一切众生都成佛，都能够达到"我"的成就一样，"令入无余涅槃而灭度之"。所以，学佛第一要发愿，大乘佛法如果没有这个愿力，学佛是不会成就的。如果觉得自己很痛苦，又烦恼，没有大乘的愿力，那不是佛法真正的精神；因为这是消极的、逃避的，连罗汉境界都谈不上。佛的愿力，学佛不是为自己，是为一切众生。

如是灭度无量无数无边众生。实无众生得灭度者。何以故。

　　他说，学佛要这样大的愿力，要度尽一切众生，使他们解脱痛苦与烦恼。痛苦与烦恼是很难解脱的，佛也只告诉我们解脱烦恼与痛苦的方法。解脱是靠自己，不是靠他力。佛不过把他成就的方法告诉我们，你要自己修持才行。

　　佛教化救度了无量无数无边的众生，心里并没有说某一个众生是我度的，绝没有这个观念。这是佛的愿力和胸襟，学佛先要学这个胸襟，就是说虽帮助了千千万万人，心中没有一念认为是自己的功劳。佛的境界谦退到极点，他要度尽了一切的众生，而心胸中没有丝毫教化人、度人之念。所以，佛同其他宗教解释的教主是不同的，佛没有权威性，非常平凡，很平实，只说你的成就是你的努力。

　　"何以故"？什么理由要如此呢？这是他加重语气。

四相和我的观念

　　须菩提。若菩萨有我相。人相。众生相。寿者相。即非菩萨。

　　他说，须菩提啊，一个学大乘菩萨道的人，心胸里头还有你、我、他，甚至给了人家好处时，这个家伙应该买买我的交情才对！这是世间法的作风，佛法没有，给了就给了，要像"事如春梦了无痕"一样地忘掉它。如果说故意把它忘掉，那就"即非菩萨"，因为你还有个故意。天地生万物，天地不占有，不自私。所以我常常说，道乃天下之公道，是不属于谁的，告诉你，你拿去吧！

　　话又说回来了，既然佛都告诉你了，为什么你不能到达佛的境界呢？

《金刚经》中说到四相，"相"这个字，就是现象，文字上是现象，依照人的思想心理来说就是观念。我们人有一种观念，就是有人相，总是有你、我的观念。我相就是我，人相就是众生相，就是现在学术名称所谓社会人类，在佛学的范围都属于人相、众生相。我相又分两种，一种是人生命的个体，我是我，你是你，他是他，每个人是不同的个体。一种是属于精神上的，一个学问好的，或者是地位高的、年龄大的，常看他人都是小孩子，幼稚。我现在也常常犯这个毛病，会说你们年轻人懂什么？这是我相，因为觉得"我"嘛！倚老卖老。

不错，倚老卖老是我相，但有许多年轻人倚小卖小，那也是我相。更有许多小姐们倚女卖女的，也是我相。许多男孩也有倚男卖男的：我是小孩，老师请原谅！我说，不要倚小卖小，倚男卖男了。这些都是主观成见，就是精神观念上有个我。所以文章是自己的好，这是我相。本来文章写完了就完了，别人改一下文章，那要命啊！心里受不了……这都是因为心理上的我相，也叫作法我见，这个法就是精神的我见。

至于众生相，是社会一些人类的范围，感觉前排的人同后排的人，只要一坐下来，人相我相就起来了。前排的人很讨厌，头太高了，坐在我矮子的前面，使我看不见。人相我相一来，众生相就来了，哎！这个环境布置得不大好，管事的人不大对，接着寿者相来了，哎呀！空气不好，有传染病，要短命。

这个四相是依根的，先由眼根而来，人的烦恼都因这四相而起。鸠摩罗什把它归纳起来叫作四相，玄奘法师的翻译，还加三个，成为七相。鸠摩罗什把后面三个统统归入寿者相。寿者相很严重，我们人都喜欢活得长，你几岁呀？五十八。嘿，我六十了，你比我小两岁。你几岁啊？八十二，你比我大几岁……这都是寿者相！要"我"活得长，要"我"健康长寿。每个人来学打坐，乃至在座来学禅的，十个有九个半，甚至十个有五双，都是以寿者相的观念来学打坐的。那么，这与佛法的《金刚经》就大有出入了！要注意，要去了这四相，完全离开了这四相，才可说是学佛的真正境界。本经的原文，佛说这四相，用现在的话来讲，这四相是人类众生共通的、牢不可破的、顽固的主观观念。要把这个观念破除掉，学佛就差不多了。

现在佛告诉须菩提，一个学佛的人，先要把心胸愿力放在前头，能够为众生发愿，不为自己，而是为大家去努力。因为要度众生，但又没有度众生的本事，所以要去努力。佛又说，你完成学佛的这个愿望，度完了众生，自己并没有觉得度了什么众生。

三轮体空布施

这一段，佛学有一个名称，叫作"三轮体空"。轮者不是车子的轮子。轮是形容词，指三个部分，就是施者、受者、施事，这就是讲布施的重要。《金刚经》现在开始讲般若了，般若的第一个眷属，就是布施。刚才这一段已经开始要讲布施，先说明三轮体空的道理。

布施有三种，第一种财施是外物的，像金钱财物等布施，这叫外布施。第二种法施是精神的，如知识传授、智慧的启发、教育家精神生命的奉献等，都是精神的布施，这种属于内布施。第三种是无畏布施，如救苦救难等。不管是哪一种布施，施者应该抱持无施的心态，用一种希望他人能够得到益处的心情来贡献，那就是宗教家的精神了。必须要做到施者无此念，无人相，无众生相，无寿者相。受者也空，施事也空。看到人家可怜应该同情，但是同情就是同情，布施了就没有事了，忘记了谁接受我的布施。做完了以后，"事如春梦了无痕"，无施者，无受者，也无施事，这才是佛法布施的道理。

所以佛在这个世界上，以师道当人天的师表，教化一切众生，救度一切众生，度完了，他老人家说：再见，不来了。只是吩咐四个弟子暂时不要死，要"留形住世"，活着等弥勒菩萨下来。佛的这个精神就是三轮体空的布施。

快乐痛苦皆无住

　　这里着重的是刚才提到的法布施，因为须菩提问到怎么使心、妄想烦恼降伏下去？怎么样使自己的心宁静，能够永远安详停留地保持住。佛先答复他：就是这样。因为须菩提不懂，所以佛接着在下章就说了一段理由，说大乘菩萨道的修行方法，也包括精神的生命，应无所住行于布施，任何事情一做便休，无所住。应该无所住行于布施，这个叫修行。你心理的行为随时做到无所住，一切都布施，都丢开了，这是我们普通的话，都丢掉了。禅宗经常用一句话，放下，就是丢掉了。做了好事马上需要丢掉，这是菩萨道；相反的，有痛苦的事情，也是要丢掉。有些人说，好事我可以丢得，就是痛苦丢不掉啊！

　　实际上，好事跟痛苦是一体的两面而已，一个是手背，一个是手心。假使说，好事他能够真丢开的话，痛苦来一样可以丢开，所以痛苦也是一个很好的测验。如果一个人碰到烦恼、痛苦、逆境的时候丢不开，说他碰到好事能丢得开，那是不可能的。

　　儒家经常告诫人，不要得意忘形，这是很难做到的。一个人发了财，有了地位，有了年龄，或者有了学问，自然气势就很高，得意忘形了；所以，人做到得意不忘形很难。但是以我的经验还发现另一面，有许多人是失意忘形；这种人可以在功名富贵的时候，修养蛮好，一到了没得功名富贵玩的时候，就都完了，都变了；自己觉得自己都矮了，都小了，变成失意忘形。

　　所以得意忘形与失意忘形，同样都是没有修养，都是不够的；换句话说，是心有所住，有所住，就被一个东西困住了，你就不能学佛了。真正学佛法，并不是叫你崇拜偶像，并不是叫你迷信，应无所住而行布施，是解脱，是大解脱，一切事情，物来则应，过去不留。等于现在引磬一敲，下楼就是下楼，《金刚经》还是归《金刚经》，你还是你，如此应无所住。

转化十二类生

有一位同学提出来说，很多年前，也曾经听我讲过这一段，除了我前面讲过的，好像还有进一步的道理。其实，所谓进一步的道理就是：这个境界就是有愿力，一个大乘菩萨发愿及菩萨行，应该是救尽天下苍生，而自觉没有做什么救苍生的事情。一个人救人、利人是应该的，假使心中还有利人、救世、度人之念，已经不是菩萨道了。这是指外面行愿方面。内心修持更须这样。我们自己学佛是求戒定慧的究竟，可是大家在修持方面，或者在静坐方面，都是在着相。

譬如许多人为了身体的健康，学各种的方法，打坐、守窍、修气脉转动，实际上，已经都落入寿者相了；接着我相、人相、众生相也都跟着而来，学佛的成就当然不会大了。又如修净土念佛的朋友们，假使念一句佛号，观念里头或下意识中，附带有我相、人相、众生相、寿者相的情况，那也不能得到究竟的成就。举凡这些，都是要修行人自己细心检查心念才会发现。

关于卵生、湿生、化生、胎生等，我们上一次也分析过，人的生命里头，本身内在就具备有这十二类生。人活在这个世界上几十年，或者一百年，大部分时间并不是为自己活着的。我们仔细分析一个人，活着是为了面子、为了漂亮，人生时常是做给人家看，或者做给儿女看的。

当年有一个同学告诉我，父母盯得很紧，他生气了，因为他是个独生子，他告诉父母：你少盯一点好不好，否则我不给你念书了。这个话也对啊！现在的青年考联考，好像都是为了父母、为社会、为家庭。人是很可怜的，活了一辈子，一天吃三碗饭，只有十分之三是为自己生命所需而吃，其余大部分是供养自己身体中的卵生、湿生、化生吃的。肠子里有蛔虫，身体中有各种细菌，所以宇宙中所有的一切众生，及各种的现象，在我们人体的内部都统统有了。所以说，人体是个小宇宙，左眼是太阳，是阳；右眼是月亮，是阴；我们身上的大小肠，就是身体中的江河、海洋，《西游记》叫它是无底洞，吃下去漏出来，永远填不满的无底洞。又如身体上有骨骼的地方就是山崖、岩石；人体内部又有种种的生命，每一个细胞就是一个生命，包括精虫卵脏等等，这些都与禅定有关。

真正的修持，得定者初禅念住，杂念妄想没有了。二禅气住，所谓打通气脉，外表呼吸停掉了。三禅脉住，脉搏不跳动了，连心脏跳动都非常缓慢。四禅才是舍念清净，整个的身心丢开了，没有感受。但是要想达到气住脉停的定境，必须先把自己身体上卵生、湿生、胎生、化生等十二种类，整个变化了才行，就是儒家所讲的变化气质。假使我们这个色身没有转化而想修持得定是绝不可能的。

所以这位同学别说我讲这一面，认为我还留了一手，实际上这一面是讲实际功夫，几乎没有人相信。普通《金刚经》这一段讲过去就算了，现在既然有人指出来，已经留不住了，这一手也要露一露，大概就是这样，这是补充第三分。

说三十二品偈颂

另外有人提出来，说我曾写过《金刚经三十二品》的偈颂，本来我不想讲，因为这是四十年前的事了。那时我在峨眉山上闭关，不要说人看不到一个，鬼影子也看不到一个。尤其到了秋后大雪封山，连猴子都爬不上来了，但人要下山很容易，就是西方人的滑雪，弄两根木棍，屁股上包一些树皮，随便这么一溜就下来，一泻千里。要想上去啊？只好等明年春天了。有一天晚上没事，藏经中抽出《金刚经》来看，也不晓得着了什么道，一下子高兴起来，又感动万分，不由自主地，一夜之间把《金刚经》的三十二品，作了三十二个偈子，说明这个道理。后来下山以后有人传出来了，不过到了台湾连原稿也掉了，因为我平常的习惯，自己作的东西随手就忘了。这一点虽是坏处，但也是好处，就是可以修道，过了就丢，所以说入无余涅槃而灭度之，一切都把它空掉了。另外我也不太记这些东西，也是懒得介绍这些东西。譬如在大学上课，很多同学问我：老师你有什么著作？我也搞不清楚我有什么著作！也没有观念去推销。现在同学们提起来这个偈子，就顺便说一下。不过我那个三十二首偈子，比你们联考作得快，三十二品的意义，一夜之间把它用禅与佛的道理说完了。第一首偈子法会因由分，大概是这样子：

第一品偈颂

缁衣换却冕旒轻，托钵千家汗漫行。
何事劳生终草草，蒲团洗尽旅途情。

"缁衣换却冕旒轻"，缁衣就是和尚们穿的衣服，印度的规矩，出家人穿染色的衣服，高尚平民穿白色的衣服。所以现在我们写信给出家人时，下面往往自称白衣某某，表示自己是白衣居士。出家人的衣服染了颜色，就称缁衣，就是说释迦牟尼佛出家了，穿了一件和尚衣。皇帝戴的那个皇冠是冕旒，中国人戴的称天冠，前面还挂些珠子之类。这一句的意思是说皇帝不当了，换句话说如果一个人能够丢掉帝王富贵，能够放得下一切，才够资格学佛。像释迦牟尼佛一样，皇帝的那个皇冠，随便把它甩掉。

"托钵千家汗漫行"，然后以释迦牟尼佛的身份，还出来化缘呢！

不管穷人家里、什么人家里都去化缘。

"何事劳生终草草",我们人生为什么劳劳碌碌,佛学名词叫作劳生,一辈子在劳苦中。忙忙碌碌一辈子,最后莫名其妙地来,莫名其妙地就走了,所以是何事劳生终草草。

"蒲团洗尽旅途情",旅途是人的一生,看来人生没有别的好事,只有蒲团一个,两腿一盘,万念皆空最好。

这是法会因由当时作的第一首偈子,当然这个文字,我自己也看不上,不过有时候想想,现在叫我再作,一夜之间还作不出来,人生就是那么怪。

第二品偈颂

第二首是善现启请分。善现就是须菩提,须菩提起来问问题,佛答复他,善护念。善护念是个要点,如是住,如是降服其心,就这样定住,就是这样把烦恼降服下去。

> 万象都缘一念波,护心哪用修多罗?
> 岩中宴坐已多事,况起多余问什么。

"万象都缘一念波",人生的烦恼和一切痛苦,就是一念,没有第二念,千千万万不同的现象,就是一念动了。像大海水,平水无波忽起一个波浪,一点动,千万点烦恼就跟着来了,所以说万象都缘一念波。

"护心哪用修多罗",佛不是告诉他善护念吗,真正的善护念何必用佛经呢?"修多罗"就是佛经,梵文名称就是素"怛览"。真正悟了道的人,不看佛经也一样此心平静,所以说护心哪用修多罗。

第三句,先要说明一个典故。须菩提是佛的十大弟子之一,佛经上记载,有一天他跑到一个崖洞里宴坐。什么是宴坐呢?注意啊!大家要学打坐的注意啊!尤其是老同学们!不依身、不依心,不观这个身心,不依亦不依,这个样子才叫宴坐,也就是打坐。你看我们大家坐在那里,又听呼吸,又练腿,又练气功,统统在身上搞。不然就搞念头,像水上按葫芦一样,这边这个扑隆咚才按下去,那边那个又浮上来;这边念头冒上来一个,那边又来一个。真正的入定是不依身,也不依心,但是"不依"是个空的境界,还是不对,所以不依亦不依,这才叫作宴坐。

须菩提有一天在岩中宴坐,什么都没有,忽然空中天女散花供养,天花掉了下来,大概须菩提正好张开心眼吧!不然怎么知道天花掉下来呢!须菩提就问,哪一个在散花供养?空中有个声音说:是我呀,我是天人,天神。因为尊者在此说法,所以我空中散花供养。须菩提说:我没有说法啊!这个天人说:善哉!善哉!尊者以不说而说,我们以不听而听,因此,我们要供养。这是说到须菩提的一段故事。

"岩中宴坐已多事",你那个打坐入定已经很多事了,道就在这里,菩提就在这里,打坐不打坐,都在菩提中,你在那里打坐装模作样已经够多事了。

"况起多余问什么"!这一下又来问《金刚经》,佛啊!如何住啊!如何降伏其心?这就是禅的道理,当下可以了解了,大家当下都可以入无余涅槃而灭度之了。

第三品偈颂

第三分叫作大乘正宗分,就是刚才讲的胎生、卵生、湿生、化生,入无余依涅槃而灭度之。

> 四相初生四象殊,羲皇以上一无无。
> 剧怜多少修途客,寿我迷人犹讳愚。

"四相初生四象殊",我们大家都知道,佛家有四相,人相、我相、众生相、寿者相，等于《易经》的四象，《易经》也讲四象，老阴、老阳、少阴、少阳，四象。拿空间来讲，东西南北也是四象。人生统统被现象所困，四相初生的这个四相，同《易经》的四象就有差别，一念一动，外境界就有差别了。

"羲皇以上一无无"，我们中国文化开始的时候，伏羲画八卦，一画开天地。当这个一还没有画动以前，天地没有，宇宙还是空的，伏羲画卦以后，天地开辟了。羲皇以上是讲形而上道，万法本来空的，既是空就不必去用功夫求了。我们现在很可怜，大家学佛拼命去求空，这岂不是背道而驰吗？既然空，你求得到吗？能求到的就不是空了。所以说羲皇以上一无无，什么都没有。

"剧怜多少修途客"，剧怜，是最可怜，多少在修行路上走的这些人，都在求寿者相，多活几年，修个果位，都在四相里头滚，自己还以为是在修道。

"寿我迷人犹讳愚"，自己在四相里头滚，自欺欺人，还以为高明得很，别人都不行，看不通，只有自己看通了。其实，自己那么笨，还忌讳自己的愚蠢，自认为最聪明在修行学佛呢！

第四品　妙行无住分

> 复次。须菩提。菩萨于法。应无所住。行于布施。所谓不住色布施。不住声香味触法布施。须菩提。菩萨应如是布施。不住于相。何以故。若菩萨不住相布施。其福德不可思量。须菩提。于意云何。东方虚空。可思量不。不也。世尊。须菩提。南西北方。四维上下。虚空可思量不。不也。世尊。须菩提。菩萨无住相布施。福德亦复如是。不可思量。须菩提。菩萨但应如所教住。

第一等和次等

昭明太子的标题叫作"妙行无住分"。妙行无住的行不是走路，是讲修行，妙行修佛法的意思。

> 复次。须菩提。菩萨于法。应无所住。行于布施。所谓不住色布施。不住声香味触法布施。

这就是我们上一次讲的布施，也是内在的用功。大致上布施分内布施、外布施。我们中国禅宗后来流行一句话——放下，这个话就是布施，一切丢开。人生最难的就是丢开，真丢开了就是真放下，放下就是内布施。做到了内布施就可以成就，就可以成道。这里佛告诉须菩提内布施的法门，复次，白话文就是其次的，次一等的告诉你。第一等的，佛怎么说我们还记得吧？须菩提问如何住，如何降伏其心？佛就告诉他，就是这样住，就是这样降伏其心。等于没有说，这是第一义。

第一义很难懂，大家都看过《西游记》唐僧取经，唐僧到了西天，见到了佛，佛就把大徒弟迦叶尊者找来，说他们从东方震旦中国来的，很辛苦啦，功德圆满，你把书库打开，把最上等的佛经给他们带回去。当唐僧带领三个徒弟到图书馆门口取经的时候，守门的说：拿红包来。孙悟空气得拿起棍子就想打。唐僧说：你不要动粗了，这是最后一步，不然我们那么辛苦，不是白费了吗？我们没有钱却有一件袈裟，拿到当铺里当了，给他红包。孙悟空又气又骂的，迦叶尊者很难为情，所以庙里塑的迦叶尊者，都是歪着脖子缩着头。其实《西游记》只是小说，最后拿到了经典到了山门口，孙悟空跟师父吵，说那个老和尚靠不住，还要我们红包，要把经打开看看，结果发现佛经上一个字都没有，只是白纸。孙悟空立刻大吵大闹，被佛听见了，就叫迦叶尊者来问，迦叶尊者说：你老人家吩咐，给他们最上品的经嘛！我就拿最上等的给他们。佛说：哎呀！那些众生不懂啦！没有文字的经他们看不懂，你还是拿有字的给他换一下，拿那个差一点的。所以复次是差一点的，有字的经。真正的经典啊，一个字都不需要，本来空嘛！应如是住，如是降伏其心，这个是第一义，就是一张白纸。既然第一等的不懂，现在复次只好讲差一点的。

无所住

佛告诉须菩提：我告诉你，一个真正修行的人怎么修？"菩萨于法应无所住"，就是这一句话。

此心应该随时随地无所住，如果你此心随时在空的境界上，那已经错了，因为你住在空上；如说此心住在光明上，或住在气脉上，都错了，因为那不是无所住。

"应无所住，行于布施"，什么叫修行？念念皆空，随时丢，物来则应,过去不留;就算做了一件好事,做完了就没有了,心中不存。连好事都不存在心中,坏事当然不会去做了,处处行于布施,随时随地无所住。

譬如今天,有人批评你,骂你两句,你气得三天都睡不着觉,那你早住在那个气上。今天有一个人瞪你一眼,害你夜里失眠,你早住在人家那个眼睛上了。任何境界都无所住,我们看这一边,那一边就如梦一样过去了,没有了;回头看另一边,这一边做梦一样就过去了。但是我们做不到无所住,我们永远放不下,小狗没有喂啦,老爷没有回来啦……这一切都不要去管它,无所住行于布施,布施就是统统放下。下面告诉我们所谓不住色的布施。

不住色

什么是色?色法在佛学里,分为有表色、无表色、极微色、极迥色。

"有表色"指世界上的光色,青、黄、蓝、白、黑,以及长、短、高、矮等,是可以表示出来的。就连我们地、水、火、风,物质世界的东西,包括我们肉体,都可以表示出来。

"无表色"是属于精神方面的,是抽象的,没有办法表示。譬如说,我们大家都晓得原子能,那个能是什么东西?老实讲,除了正式学物理、科学的以外,一般人并不清楚。能的本身是空的,因为空,它的能力无比的大,甚至最后在科学仪器上都看不出来,只知道是这么一个东西,但却是无法表达的,称为无表色。

"极微色",等于现在讲原子、核子,微小到几乎看不见的程度,经由科学仪器还可以看得出来,故称为极微色。

"极迥色",远大得很,延伸到银河系那一边的,包括了整个宇宙中间的这一些东西,称之为极迥色。

这些就是色法，简单地说，色就是地、水、火、风四大，也就是我们这个身体。所谓"菩萨于法应无所住行于布施"，是叫我们不要住在色相上布施，不要有对象的观念。譬如说要做一点功德，出一点钱，或者救济一个人，然后说救济了某一个人，那是住相布施。学佛的人帮助人、救助人，应该不觉得有对象，有对象的观念要丢掉，不要留一念在心中。

布施善行的福德，叫作人天福德，是小果报，并不是学佛的大福报。福德跟功德大有差别，《金刚经》专讲福德，重点在福德，不在功德。什么是人生最大的福德？悟道，成道。智慧是人生最大的福报，所谓智慧的成就，指的并不是普通的知识。

再说我们在身上做功夫，闭着眼睛坐在那里，心里念佛也好，参禅也好，念咒子也好，都在那里住色布施。嘴里说要放下，放下，结果什么都放不下，两条腿在那里发麻，受不了。为什么两腿发麻受不了？因为他住在色法上，念头住在色身上。如果念头不住在色身上，感觉就可以空掉，感觉空了，两腿两脚发麻你也不会感觉了。所以一切众生都在住色修持，而菩萨所谓"不住色布施"，是不住于这个色身上面，一切都放下，身体也放下。

不住声香味

"不住声香味触法布施"，有些同学们，用功好一点时，听到念佛念咒的声音，然后自己觉得得道了，最后道没有得，得了个神经。真的，好几个就是那么就走了，走到阴国去了，因为他不懂不住声的道理。有些人打坐，在座好多同学都有经验，坐得好的时候，突然一阵檀香味来了，其实并无檀香味，可是他的确闻到了。香味哪里来的？是你内在定境到了极点，人体内部清净光明就会发出香味来。实际上每个人都不臭的，真的健康的人，口液口水也都不臭的，只有另外一股人味;像《西游记》上说的,一闻就知道这里有人味,妖怪非要吃不可了。也像我们到猪栏一闻,就知道那里有猪味,到狗窝里一闻,就知道那里有狗味。那个神仙到我们这里一闻,哎呀!都是人味,受不了。

　　这个经验我也有过,在高山顶上住了三年,一下来离都市还有五六里,就受不了那个人味了。其实我也是人啊!只因为在那个山顶,四顾无人的地方住惯了,下来以后觉得人味扑鼻,受不了,要隔很久很久才能习惯。学医学的就晓得,人体内部并不脏,但是身体内部的东西,一接触到外面的空气,与细菌一碰,马上就有味道了。当我们坐得好,内部发出一种香的时候,如果自认功德无量,闻到菩萨的香味,那你就住香了,那就不对!要应无所住,赶快放下。

内触妙乐的菩萨

　　"香味触"这个触很重要,尤其在座有些用功的朋友,真坐得好的时候,不愿下坐。你们初学的两腿发麻难过,坐得好的人,功夫够了,两条腿发舒服快乐,快乐得你绝不愿意把腿放下来。这叫菩萨内触妙乐,身体内在奇妙的接触到从未有过的快乐。菩萨的戒律,不准入这种定,因为耽着这种禅定,就不肯去度众生了!谁都愿意享受内触妙乐,哪个人还愿意跑来站在这里讲课啊!所以说,菩萨境界是内触妙乐,触是身体的感受,但是一个真正学大乘佛法的人,是不应该住于内触妙乐的境界,是要应无所住行于布施。

　　"法"是意识境界,是属于观念、思想、精神方面。如果你心里还有个空空洞洞清清净净,就已经落在法上。所以说,把身体外面的一切丢完空完了,再把意识方面的也丢下了,这才叫作学佛,也就是不住色布施,不住声香味触法布施,佛说要这个样子才对。

　　讲到这里,佛又叫了一声,须菩提呀!我告诉你呀!你看这个老人家对弟子多亲切,他意思是说孩子啊,下面我再给你讲。

雁过长空

> 须菩提。菩萨应如是布施。不住于相。何以故。若菩萨不住相布施。其福德不可思量。

一个学大乘菩萨道的人,应该是这个样子来布施来修行,应该不住相,一切现象不留,心中若留一点现象,已经不是学佛的境界了。我们拿中国的文学形容它,就是:"风来竹面,雁过长空。"等于风吹过竹林子,竹林子飒……一阵响风过了,风绝对不停留在那个树叶子上,风早过去了;修行人的胸襟应该也是这样。又像天上的飞鸟,鸟在空中飞,是绝对不留一点痕迹的,雁过长空,飞过去了就飞过去了。修行要有胸襟,要有这个境界,这叫作内布施,苏东坡有一首名诗,也是由佛学里头来的:

> 人生到处知何似,应似飞鸿踏雪泥。
> 雪上偶然留指爪,鸿飞那复计东西。

他说人生一辈子像什么?像下雪天那个鸟,在雪地上站了一下,留一个爪印,飞走了以后,雪又下来,把那个印子又盖住了。雪上偶然留一个爪印,那个鸟一飞了以后,早把东南西北一起跑掉了,那个爪印啊也就不留了。

人生一辈子说要成家立业,子子孙孙,等到你两眼一闭,两手一张,鸿飞哪复计东西啊?什么都没有了。这是苏东坡的名句,也就是风来竹面、雁过长空的道理,就是说菩萨应不住于相。

年轻的同学要特别注意啊!最近我发现年轻的同学特别喜欢学佛修道,我都有些担心,我常常跟年轻的同学们谈,你年纪轻轻,学这个干什么？我这个话你不要难过，这有两重意义。首先世界上什么都容易学，唯有学佛是最难最难的事；第二重意义啊，人生画虎不成反类犬，老虎没有画成反画成了狗，学佛学不成，我不晓得你变成什么！所以啊，希望先把做人的道理完成，再来搞这个学佛的事。但是既然要学佛了，千万要注意不住于相四个字；一住相，什么都学不成了。

功德和福德

刚才讲到不住于相这个重点，下面佛又说了："何以故？若菩萨不住相布施，其福德不可思量。"这里突然冒出福德二字，他说假使一个修大乘菩萨的人，能够不住相布施，那么他的福德有不可思量的大。福德不是功德啊！功德是积功累德，是功夫时间慢慢一点一点地累积起来的。就像我们一件工程，一天一点累积起来就是功，功力到了所得的结果，就是德。

福德是不同的，上次也讲过。福德大致分为两种，一种是人世间的福德，文学上称鸿福，是世间法；另一种是所谓清福，出世间法。清福比鸿福还难，所以人要享清福更难。可是一般世间上的人，到了晚年可以享清福时，他反而怕寂寞怕冷清了，此所谓蛮可怜的！这是着相的关系，因为有人相我相的缘故所造成。看到孩子们长大出国了，一个人对着电视，或者两夫妻坐在那里，变成流泪眼观流泪眼，断肠人对断肠人。其实那个清净境界是最好的时候，结果因为住相，把世间各种会变的现象抓得太牢，认为是真，等现象变时，他认为什么都不对了。一般同学跟着我做事常常说："我看最可怜的是老师。"我说对啊，我想得到一秒钟的清净都求不到，很可怜的，求一分钟的清福都没有。可是人真到了享清福的时候，往往不知道那是真正的福报来了。事实上，平安无事、清清净净，就是究竟的福报。

如果问人世间什么福最大？答案当然是成佛啦！超凡入圣。靠什么才能达到超凡入圣呢？智慧的成就不是功德的成就，更不是迷信，要一切都放下了，你才能够达到智慧的成就。所以佛告诉须菩提，假使能够不住相布施，这个人的福德不可思量，这个福报太大了，大到想象不到的程度。不可以思，不可以思想它，不可量，量就是量一下看，一次两次，一丈两丈，一斗两斗，所以叫作不可思量。

　　　　须菩提。于意云何。东方虚空。可思量不。不也。世尊。

　　须菩提啊，你的意思怎么说呢？东方虚空，一直向东方走，这个太空有多大？你可不可以测量得出来？须菩提回答说：不也。世尊。四个字两句话，这是须菩提答复佛说的。"不也。"古文就念"否"，不念"不也"。现在人念成"不也"。现在很多话与我们文化不合，涨价的"涨"字，现在人说成膨胀的"胀"，说起来道理也通啦！涨价当然就是膨胀起来，潮水上涨，不是潮水上胀，不过现在的国语没有办法，我们只好照现在的国语说。他答复佛的问话是说：不可以，世尊。由这里向东方走，整个的太空有多大，人是没有办法测量的。

　　　　须菩提。南西北方。四维上下。虚空可思量不。不也。世尊。

　　南西北方是三方，加上他讲过的东方，东南西北叫四维，四维以外还有上下。佛问南西北方，四维上下、虚空，随便向哪一方，整个的太空有多大？你能不能量得到？须菩提回答说："不也。世尊。"他说这是不可能的。如果用我们中文来说就很简单："六合虚空，可思量不？"东南西北上下叫作六合，"六合虚空，可思量不。不也。世尊。"一句话就完了嘛！可是印度话分两句，两句还是鸠摩罗什法师简化的翻译，如照老式翻译就是："于意云何。东方虚空可思量不。

不也。世尊。""于意云何。南方虚空可思量不，不也。世尊。""于意云何。西方虚空可思量不。不也。世尊。"六百卷的《大般若经》就是那么说下去的。所以看《大般若经》六百卷，那真是我的菩萨我的妈呀！但是《金刚经》被鸠摩罗什浓缩一下，构成了另外一种文学味道。

可是你不要忘记了，这里为什么先提东方虚空？这里为什么不像《阿弥陀经》先提西方呢？《药师经》《金刚经》都是先提东方，讲密宗的即身成就法先提北方，讲大光明法只提南方不提北方。所以学佛研究佛法，这些都是问题，不要老是写些五阴啦、十八界啦、十八空啦，那就是色不异空，空不异色，色即是空，空即是色，翻来覆去就是这一些。

东方佛西方佛

东方是所谓生气方，所以要求长生、长寿，就要念东方琉璃光世界药师如来。药师佛是东方世界的佛国，西方世界是讲归宿的，东方世界是谈生法的，生生不已，所以东方文化也是生生不已！显教的经典包含了很多秘密的道理，要大家去参究。你们要学禅宗参话头，这些都是话头，话头都在经典上。如果你以为自己已懂了，光以为东南西北，很简单，为什么不南东北西呀？这里为什么先提出来东方？先讲了东方，再讲南西北方，四维上下反而落在最后，什么理由？这其中要发挥起来，就牵涉得很多了，同我们修持的道理都有关系。

我们大家要学佛修持，先要有东方的生机，生命之机，气脉发动，色身转变，才能得定，才能得到妙乐。代表这个的符号，在方位上是东方，是所谓生气方，像太阳一样，从东方上来。

为什么念《阿弥陀经》要念西方？日落西山，夕阳无限好，只是近黄昏，所以赶快打主意，回家吧！念念西方。这些并不是偶然的说一说,佛学里头,这些地方都有道理。

> 须菩提。菩萨无住相布施。福德亦复如是。不可思量。须菩提。菩萨但应如所教住。

这是佛严重的吩咐,他又告诉须菩提,一个学佛的人,要能够做到无相布施,一切相不住。为什么人要布施、要慈悲呢?拿中国古文来讲,就是"义所当为"四个字,人生就应该这样做。利人、助人、慈悲,这样不住相的布施,他所得的福德果报,大得像虚空一样不可思量。须菩提啊,你要记住啊!一个学大乘菩萨道的人,应该如我所教你的,无所住去用心修行,那才是真修行。有些人一天到晚愁眉苦脸,住在愁眉苦脸中的当然不对,一天到晚散漫无所归的也不对,不空也不对,要一切无所住,物来则应,过去不留,这是大乘菩萨般若道的修法。

所以禅宗五祖教六祖先看《金刚经》,就是走的这个法门,一切无所住,这就是大乘佛法最基础的修法,也是最究竟的。可是有一点,大家要注意,我们看《金刚经》讲般若,常常有一个非常严重的问题,就是认为《金刚经》是谈空。《金刚经》没有一句谈到空,他只拿虚空来作比方,大家认为《金刚经》讲空法是一个错误。《金刚经》只告诉你无所住!无所住并不是空啊!无所住,如行云流水,你看那个流水在流,永远不停留地过去了,但是又有来的,而一切是无所住,并没有叫你空啊!这一点青年同学要特别注意。

在第四品中,佛告诉我们一个修行的方法,认识真正的佛法,无所住而不是放下,"菩萨但应如所教住",就是这样去修。第二个要点告诉我们,真修到无所住,就是福德成就。

我们晓得做生意要有三种资本,一种是开设的资金,二是货卖出去货款未收回时,还要占一笔资金,第三笔是周转金。学佛只要两笔资本就够了,比做生意划得来。哪两笔资本呢?就是智慧资粮和福德资粮。资粮就是资本,所以我们中国传统给朋友写匾额,写一个——福慧双修。慧就是智慧,所以福慧双修就是佛境界。有些人有福报,又有钱又有富贵功名,但却没有智慧;有些人智慧很高,穷得要死,世间福报不好,也没得办法。佛境界就是福德与智慧都圆满,这叫作福慧双修,智慧资粮圆满了,福德资粮圆满了,就成佛。所以大家念经的时候,念到皈依佛两足尊,就是这个两足——智慧具足,福德具足。《金刚经》告诉你,真正的福德要怎样修呢?就是不住相布施。

阿育王的沙子

佛经上记载了一个故事,佛过世百年后,印度有一个有名的阿育王,年轻的时候不信佛,中年以后开始信佛。他一生修了八万四千个佛塔,其中有一个塔,唐朝以后飞到中国来了,不晓得因为地震还是其他道理,这个塔悬空飞过来,落到浙江宁波的阿育王寺。这个塔里边是佛当时本身真的舍利子,所以这个庙本身也称阿育王寺。亚历山大东征打到印度时,碰到了阿育王,把他打回去,这是历史上有名的故事。

阿育王的时候,有一位尊者优婆毱笔,是大阿罗汉,与阿育王两人是好朋友。你们翻开《阿育王传》,佛出来托钵化缘,遇到两个小孩子在路上玩泥巴,忽然看到了佛,非常恭敬,又见佛手里端一个钵;这时,一个孩子手里正抓一把沙子,就说:这个供养你!佛说:善哉!善哉!另外一个也最至诚地随喜了。于是佛就预言了,百年以后,以此功德,一个当治世的帝王,一个当辅相。阿育王就是那个供养沙子的小孩,他有供养佛的好因缘,可是他供养的是沙子,所以一生患皮肤病,皮肤发痒。

历史上这种人很多,我们清朝末期中兴名将曾国藩,功盖一时,也是一辈子皮肤病，相传曾国藩是大蟒蛇变的，皮肤痒抓得一片片掉下来。阿育王一生也吃这个苦头，这个印度一代的名王，非常爱布施，盖庙宇、救济穷人、救济社会，结果把国库的钱快布施光了。最后当他躺在病床上，还要布施，左右的大臣去告诉太子：你不能再让他布施了，等你接位的时候，国库里一毛钱都没有，怎么办？所以大家就把他的布施命令封锁了不能下达。他知道之后心里很难过，自己躺在病床也没有办法。有一天吃一个梨子，他把自己儿子等都找来说：我问你们，今天世界上，谁的威权最大？太子和首相都跪下来说：当今世界上当然是大王你的威权最大了。阿育王说：耶！耶！你不要欺骗人，我是很有威权，我的威权现在只能达到半个梨子，我现在叫你们布施也做不到，这半个梨子我不吃了，你把它送到那个庙上去供养。他这么一讲，大臣没有办法，就用金盘子去接那半个梨子，这时那个尊者在庙里就知道了，打钟打鼓，全体集合，披袈裟到山门口，迎接阿育王最后一次布施。

　　这位尊者接到阿育王的半个梨子，向大家宣布这是阿育王最后一次布施，没有办法每个人都分到，就用最大的大锅煮稀饭，把这个梨子丢进去，大家都跟他结缘。等到阿育王一死，这位尊者说"也走了"，就圆寂了。

　　历史上这些故事很多，就像道家北派丘长春一样，成吉思汗一死，丘长春告诉徒弟们说要洗澡，跳进水池洗完了以后说：我那个朋友走了，我也要走，意思是成吉思汗死了，他也要死了。

　　这是讲到福德，这个故事说明什么？阿育王那一下的布施，小孩子拿的沙子，不住相的布施，的确是无心的；如果说我们大家学学阿育王，明天拿点东西到佛前供供，来生也得一个治世圣王，办得到吗？办不到！因为你是有心，是住相。小孩子拿着沙子，他看那个沙子就像黄金一样，一念的诚意供养，所以叫作不住相布施。

周利盘陀伽的扫帚

还有个佛经上提到的周利盘陀伽的故事。佛在世时他也跟着学佛，笨得无比，岂止《金刚经》不会念，连个阿弥陀佛都不会念，佛最后就叫他念"扫帚"两个字。他念了"扫"，忘了"帚"，念了"帚"，忘了"扫"，学了好多年才会念。可是后来他的神通最大，还救了几次佛的命。一次佛被外道加害，魔王把山压过来，周利盘陀伽在后面一指，就把山推开了。那个气功真算到家，有大神通，就是念扫帚念出来的。

佛经里讲到他也有一段因缘，当他要到佛那里出家时，年纪已经很大了，我们这些师兄阿难呀，须菩提呀，舍利子呀，都挡住不准。他就在山门外面大吵，佛在里边打坐听到了，出来问大家，为什么不让他出家？！这些大弟子们都有些神通，说观察过这个人，五百生以来都没有跟佛结过缘，因此无缘出家。佛就骂他们了：你们啊，就只晓得当罗汉，神通只通到五百生，五百生以前他是什么你们知道吗？五百生以前那一生他是一条狗，与我有缘。它跑到一个地方吃大便，那个茅厕叫作吊足楼，你们在这里很少看到，在大陆高山上住，那个茅厕上面有人大便，大便一落一丈掉到茅厕底。所以古人有两句诗："板狭尿流急，坑深粪落迟。"大便要很久才落到底。这个是挖苦古代专门读书做对子的人，连茅厕也做成对子。那个狗到这种地方吃大便，上面大便掉下来，正好掉到它尾巴上。那只狗吓得掉头就跑，一边跑看到一个古塔，是个有道罗汉的墓，狗看到这个古塔就要翘尾巴屙尿，尾巴一甩就把大便甩到这个罗汉的坟堆上面去了。佛说：他啊，当时就是以这个大便供养我，所以跟我结了缘。那个塔，就是那一生修到独觉佛的骨灰塔。

想想看，那不偶然啊！狗吃大便等于我们吃红烧肉一样的香，那是它的粮食。它以最好的粮食，尾巴一甩上去，无心的，不住相的，因此啊，它是福德无量。佛说：以此因缘，所以他可以出家。

这位老头子跟佛出家以后，都做苦工，佛也教他修持，太笨了，都没有办法教会他，稍微多两句，他就忘了。佛只好叫他去扫地。教他一边扫，一边念"扫帚"，搞了好几年，他才记住了扫帚，后来他也悟了道。

修行就像扫帚一样，心里头杂念都要扫掉，无住相布施，所以无住相这一句话就是扫帚，你心里头什么妄念都要扫掉。如此修持，就是如所教住，心中随时随地都达到空其念，不住相而住，这才是真学佛。这是第四品，妙行无住分，我给它的偈子做结论：

第四品偈颂

形役心劳尘役人，浮生碌碌一心身。
繁华过眼春风歇，来往双丸无住轮。

这一首偈子，也就是说明修行的原理，真正修大乘的妙行，就是这样子。

"形役心劳尘役人"，我们这个身体就是形，我们这个身体活着很可怜，大家读过陶渊明的《归去来兮辞》吧？讲人生心为形役。我们人都做了身体的奴役，冷起来要穿，热起来要脱，饿了要吃，吃饱了要吃泻药，一天到晚为身体忙。外境界的尘劳指挥我们，我们成为外境物质世界的奴隶。

"浮生碌碌一心身"，中国文学讲我们这个人生，又叫作浮生，水面上的一滴油一样浮在那里；等一下散掉就没有我了，水还是水，所以人生如浮萍一样飘浮在那里。一天忙忙碌碌，就是为了这个身体，为了一个思想、一点念头在忙碌，自己骗自己。

"繁华过眼春风歇"，功名富贵呀，儿孙满堂呀，五代同堂呀，好像热闹得很，等于春天到，满院百花盛开。年轻到中年这一段，哎呀，前途无量，后途无穷，觉得天上天下唯我独尊；尤其站在十二层楼，国宾饭店，或者中央饭店那个旋转厅一看，台北市我最大，就是那个样子。这些繁华景象，几十年眼睛一眨就过了。春天没有了，百花也掉了，什么都不属于我了，只有什么呢？

"来往双丸无住轮"，两个弹子，一个太阳，一个月亮，永远在转。我们死了以后，太阳月亮照样的转下去，这个宇宙照样的是无量虚空，绝不因为我们死了就没有了。所以有许多老年人感叹，哎呀，不得了啦！现在年轻人真不成话。我说：我以前跟你想法一样，现在我搞通了，你不要看到年轻人乱七八糟，我跟你老兄死了以后，太阳还是照样从东边出来，西边下去，他们乱七八糟的历史啊，也是很繁华的过下去，绝不会因为你我死了以后，历史改变了形态。所以人生要把这个道理看通，太阳、月亮，它永远不断地在转，因为它无住，不停留嘛！太阳、月亮有一秒钟停留不转的话，这个世界整个没有了。

所以，我们要知道此心此念，怎样叫作无住，并不是叫你求空，你定在一个空上，早就有所住了。《金刚经》并没有告诉你是空啊！如果解释说《金刚经》告诉我是空的，那你完全错解了《金刚经》。第四分我给它的偈子是如此，我这些话也是随便说着玩玩的啊！你不要信以为真，如果你信以为真，那你就有所住了。

第五品　如理实见分

　　须菩提。于意云何。可以身相见如来不。不也。世尊。不可以身相得见如来。何以故。如来所说身相。即非身相。佛告须菩提。凡所有相。皆是虚妄。若见诸相非相。即见如来。

非相和空

　　须菩提。于意云何。可以身相见如来不。不也。世尊。不可以身相得见如来。

　　大家要注意啊！刚才讲叫我们学佛的人要不住相，不住相布施，先说明不住相的福德，这个智慧成就的功德，智慧是无比的大，无量无边。现在进一步真正告诉我们，怎么样见佛？很严重啊！我们大家学佛都想见到佛。他对须菩提说："须菩提，于意云何？"你的意思怎么样？可不可以身相来看见佛呢？

　　佛经上说，佛有三十二相，与我们一般人不同，佛有八十种随形好，有八十种跟随他那种特别的身相来得好。譬如他一出来可以放光，这个我们都做不到，佛的手一张开，指头与指头像帘子一样，是连着的。上次我们讲过，他舌头吐出来，可以抵到发根，各种各样不同，每一种相有每一种相的功德，多生累劫修来的。譬如人拿花、香来供佛，来生变漂亮人，小姐们要注意！衣冠供佛，来生不怕没有衣服穿，而且身体健康。多拿医药来布施，来生一辈子不会生病。前生悭吝医药的布施，这一辈子多灾多难多疾病，种种都是因果报应。所以佛为什么得到三十二相八十种好呢？这是果报来的，因为他多生累劫都在止于至善，都在修行，所以有这个福德生相，这是讲他活着的相。他的兄弟阿难，比他差一点，有三十种相好，差两样。翻译经典的鸠摩罗什法师，也是三十种相好。

这里佛说，你可不可以用有形的形相来看佛呢？这是释迦牟尼佛问须菩提的问题。须菩提答复世尊："不也，世尊。"同学们注意啊！佛是不可以形相来见的，拿形相来见佛，就错了。那么你或许会说，庙里为什么要弄个偶像拜呢？那不是偶像啊，真正的佛同其他许多宗教一样，是反对拜偶像的。那为什么画的佛、塑的菩萨都可以拜呢？答案是四个字"因我礼汝"。因为我的形象存在，你起恭敬心拜下来，那个像是一个代表而已。你这一拜不是拜我，是拜了你自己，你自己得救了。任何宗教最高的道理都是一样，不是我救了你，是你自己救了你自己。你这一念真诚地恭敬下来，不要说画的真佛，就是拜一个木头，拜一块泥巴也罢，诚敬的一念专心，你本身就成功了，就得救了。这叫"因我礼汝"，这并不是拜我啊！佛说的，是拜你自己。你自己的什么？你的心，你的诚敬。

所以，不但不能以这个偶像认为是见佛，即使是佛在世的时候，都不能看他肉身为师，那是着相。有一个人着相，《楞严经》中阿难就是犯了这个错误。佛问阿难：你为什么跟我出家？阿难说我看你相貌好，又放光，绝不是欲念来的。佛就骂他：你这个笨人，你着相了，是爱漂亮出家的。因此他碰到摩登伽女，有此一劫，这就是着相，所以佛说不能以身相得见如来。

　　何以故。如来所说身相。即非身相。

什么理由呢？真正那个不生不死的身，不是这个肉身，肉身还是有生死，修持到活一千年，最后还是要死。譬如说，佛教里头有一位禅师叫宝掌千岁，活一千年，在印度活了五百年，因为没有悟道，晓得将来大乘佛法要到中国，先到中国来等着。等到见了达摩祖师，又在中国活了五百年，大陆上好几个地方都有他的庙，名字叫宝掌和尚。像迦叶尊者留形住世，那更不讲，所以，长寿的人是有，那是肉身的相，还不是不生不灭的。肉身尽管长寿，五百年还是五百年，一千年还是一千年，而永远不生不灭的，并不是这个肉身相，而是法身。那个法身，不能拿形象来见，所以佛接着吩咐我们一个重要的话。

　　佛告须菩提。凡所有相。皆是虚妄。若见诸相非相。即见如来。

到了这里，鸠摩罗什特别加重语气，佛特别告诉须菩提："凡所有相，皆是虚妄，若见诸相非相，即见如来。"这四句很重要，要特别注意把握住。凡是你有什么境界，都是假的；凡是你修得出来的，不修就没有了。你说打起坐来有境界，不打坐就没有了；境界就是相，凡所有相，都是不实在的。

怎么样才见到真正的佛呢？见到法身才是真正与佛相见了。若见诸相都不是相，这不是讲空啊！一般多解释成空，那是乱加解释，既然是空的，何不译成一个空的，那该多好啊！他只说，"若见诸相非相"，非相是什么？没有给你下定论！所以一般人念《金刚经》，在这里自我下个定论，认为是空，那是你的想法，不是佛说的；佛只说若见诸相非相，你就见到佛了，见到佛的法身了。

重点是，佛只告诉你不是相，并没有告诉你空！道理在什么地方呢？就是无所住。

法报化　体相用

《金刚经》第五品的主要中心就是四句："凡所有相，皆是虚妄，若见诸相非相,即见如来。"《金刚经》中提到的四句偈,究竟是哪四句?这是千年来一个大问题,因为经文中间还有四句,最后的结论:"一切有为法,如梦幻泡影,如露亦如电,应作如是观。"也是四句。现在第五品首先碰到这四句偈,希望大家研究时要特别注意。现在再回到第五品,佛说不应该以身相见如来。

我们晓得在佛学里,成佛可以得到三身,就是法身、报身、化身。因此有些庙里塑的佛像,同样的像三尊排列在一起,代表三身;这是说过去大陆上的大庙子。唐代以后,道教兴起,也同样仿照这个情形三清排列,就是上清、太清、玉清,也是三身,这是谈到宗教的情况。其实不论东方西方,一切宗教都有相当程度的互相模仿。

现在我们晓得成佛有三身,清净是法身,圆满是报身,千百亿形象不同是化身。我们推开佛法的立场不谈,专从佛学的观念来看,法身就是本体,宇宙万有的本体。借用现代的观念来说,就是一切的能源。报身是所谓的现象,法身是体,所谓不可以身相见如来,就是不要把现象当作本体。至于化身,是它的变化的作用。换句话说,法、报、化三身,拿哲学的观点来看它,就是体、相、用。宇宙间一切的事物,它本身都有体相用。譬如水是体,水泡了茶,茶是它的相;做了酒,这个酒也是相,不管是酒是茶是冰淇淋,那个水的本身性质是法身,是体;同样的一滴水,变化各种不同的现象,那是它的用。在理论上,这是我们必须先要了解的法、报、化三身。

在佛法里讲,修持成功的人,禅宗所谓大彻大悟,也就是《金刚经》上说,阿耨多罗三藐三菩提,无上正等正觉。这个悟是悟的什么呢?是宇宙万有生命的本体,就是法身,也就是《心经》上所说不生不灭,不垢不净,不增不减。《金刚经》的开经偈所说,"云何得长寿,金刚不坏身",也是指法身而言。一念不生全体现,也是指的法身,法身是无相的。

至于圆满报身,就是修持方面。前面我们也提到佛有三十二种特殊的相，有八十种随于特殊相所生的随形好。这个就是说，凡是成就的人，得道的人，父母所生的他这个色身就转了，这是报身，也是肉身。为什么讲他是报身呢？一切众生所有的身体就是报身，一生过得非常舒服，样样好，享福一生，是他善报所得的报身。有人很痛苦，很艰难地过这一生，这是他过去生所种的不善之因，招致有这一生的这个报身。至于修道有所成就的人，这个报身就转了，道家一般的观念所讲却病延年，长生不老，就是报身转了。报身修道完全圆满时，整个的人脱胎换骨，就具备了一切神通。这是非常难得的事情，所以说圆满报身非常难得。

一般道家所讲的修气、修脉，打通奇经八脉，与密宗所讲的修通三脉七轮等，多半侧重在修报身开始。一般所讲的止观、念佛、参禅，多半侧重在修法身上着手。至于报身成就了，修到身外有身，这个肉体以外，同时有另一个身存在的，就是化身的作用了。这是大致上法报化三身的情况。

普通一般学佛的人，在理论上所走的都是法身路线，密教号称要三身成就，因为三身成就的人，学佛才算真正到家。三身成就另外一个名称，也叫作即身成就。这个里头两个字不同，即"生"成就，这一生成就、成功了，了了生死，这是即生成就，生命的生。要想即身成就啊，在理论上讲，几乎比这个即生成就还要难，需要所有的戒定慧，所有的修行，去转化父母所生的这个四大色身。要把色身完全转化了，才修到即身圆满成就。

莲花生

中国西藏的密教，除了供奉释迦牟尼佛以外，还供奉有莲花生大士。据说莲花生大士是释迦牟尼佛过世八年再来的，他为显教教主时，是父母怀胎而生，可是他认为显教时候，重要修行的方法没有讲完,所以再转身而来,成密教的教主并由莲花化生。

当时南印度一国国王夫妇没有孩子,很难过,夫妇俩在御花园里赏莲花,忽然一朵莲花中央,长高长大,莲花苞中跳出来一个小孩,有血也有肉,就是莲花生。后来他继承王位为太子,十八岁成就,肉体常存。过去在西藏,每年有一个护摩法会,是一个宗教仪式。护摩的意思像拜火教一样,什么东西都拿来烧,有些妇女自己头发都剪了,丢进去烧。大火继续七天七夜,一般人都围着火光念莲花生大士的咒语,往往看到他骑一匹白马,在火光上走一圈就不见了。

据密教传说,因为莲花生大士是密教的教主,不像前一生走涅槃的路子,所以骑白马腾空而去。当他亲自现身时,永远是十八岁少年相,没有变过,偶尔会留一点小胡子。这个就是说明报身的成就,修成而永远存在;也就是道家长生不死的观念,所谓与日月同休,与天地同寿,这就是报身圆满。当然,报身修成了以后,自然有化身,一切神通具足。所以,要修到即身成就,才算真正学佛圆满。

我们了解了这些理论和说法后,就知道《金刚经》大体上,是着重在见法身。如何见到法身?就是悟道、见道。《金刚经》是般若的部分,所谓般若是侧重于证得实相般若,就是生命万有无始以来的本体。报身、化身则是属于境界般若,所以佛提出来,不可以身相见如来。《金刚经》这里所讲的如来,就是与一切众生共同的生命的本来,生命的本体。所以说,我们有信仰是可以的,但是过分着相是不可以的;不但学佛不可以,任何一个宗教,都不可以着相。

身相的执着

以我个人的经验,执着身相的人非常多;过分着相的人,在医学上叫作宗教心理病,没有办法治疗。不仅是佛教方面这类人多,所有的宗教,都有些信徒并不追求教理,只是盲目地信仰,变成宗教心理病。佛法里一句话,就是太着相。所以《金刚经》翻译成"能断金刚般若波罗蜜多",就是说是智慧的成就,不着相,不能以身相见如来就是这个意思。

很多人学禅,做各种功夫,常问:这个境界好不好?这种现象怎么样?千万注意一个要点,"凡所有相,皆是虚妄"。你今天修行打坐这个境界很好,但是你要晓得,你不用功不打坐,那个境界就不好了,可见这不是道。假如盘腿,道就来了,不盘腿它就变去了,这叫作修腿,不叫作修道;盘腿就有叫作得腿,那不叫得道。所以借用《中庸》一句话,"道也者,不可须臾离也,可离非道也。"也就是《心经》告诉我们,不生不灭、不垢不净、不增不减的道理,并不因为你去修就多一点;也并不因为你不去修就少了一点。如果是修它就多,不修就少,那就是有增有减了,不是道体的道理。道体是不可以身相见的,所以凡所有相,皆是虚妄。

既然凡所有相,皆是虚妄,你说假使前面看到一个佛好不好呢?根据《金刚经》的道理,你们可以想一想,如果你真看见一个佛站在前面,劝你赶快去检查眼睛,一定有毛病了。也有些人或者听到什么声音,或者心里有一个特殊的灵感,一般人就去玩这个灵感了。你千万注意!凡所有相,皆是虚妄。无上菩提是非常平实的,所以古德告诉我们,道在平常日用间。真正的道,真正的真理,绝对是平常的,最高明的东西就是最平凡的,真正的平凡,才是最高明的。做人也是这样,最高明的人也最平凡,平凡到极点的人就是最高明的人。老子也说过:"大智若愚。"智慧到了极点时是非常平实的。

人常常自命不凡,但是那是自命啊!自己认为自己不凡而已。要真正到达最平凡处,你才会体会到最高的。我常常说笑话,世界上有两个苹果成了人类的文化;拿西方的文化来讲,一个苹果被亚当和夏娃吃掉了,所以造出人类的历史来,另有一个苹果被牛顿看见了,于是把世界的文明变了一下。

其实我们北方的苹果，我觉得比美国、日本的苹果都好吃，我们世世代代吃苹果，也没有发现地心有吸力，忽然被牛顿看到了苹果落地，而发现了地心引力。苹果很平凡，年年落地，有一个人却在平常的道理里头，找出了一个不平常。譬如水蒸气很平常，烧开水，煮饭，都有蒸汽，但是瓦特却发明了蒸汽机。一切的事物，同一理由，在最平凡之中，就有不平凡了。

所以我们学佛学道，千万要丢掉那些神奇、不平凡的观念。能到达人生最平凡之处，你可以学佛了，也知道佛了。换句话说，你可以知道凡所有相，皆是虚妄，不但佛不可以得，人世间一切相也不着了。随时不着相，就可以见到如来，见到自己自性的法身。

这是第五品的结论，非常重要，尤其对我们平常修持的人特别重要。关于第五品如理实见，我当时给它的偈语，现在还是向大家报告一下。所谓理，就是法身，形而上道就是理，报身是事，报身与化身都是事。理是哲学性的，事是功夫的，修证的，是科学性的，所以"如理实见"是见法身。

第五品偈颂

> 反复叮咛无相形，觉时恋梦梦恋醒。
> 慈悲空洒常啼泪，沉醉心扉依旧扃。

"反复叮咛无相形"，佛是语重心长，再三反复地告诉我们，学佛不要着相，修道要想成道，无相无形。可是我们人呢？很可怜，所以第二句是：

"觉时恋梦梦恋醒"，这就是人生，我们经常在文学上也看到，大家都会写，哎哟！人生如梦，你说讲这个话的人，他清醒没有？没有清醒！不错呀，人生如梦，他讲这一句话的时候，又在说梦话了。因为人在梦醒的时候，感觉自己很傻，嗯，刚才做了一场梦，但是他清醒了吗？张开眼睛照样在做梦。更有趣的是，有些人昨天夜里做的好梦，今天他还坐在那里想，还舍不得离开梦境，所以人生就很妙，觉时恋梦，醒了以后还贪恋那个梦。做梦的时候呢，又想自己快一点醒才好，你说究竟哪一样好？自己都搞不清楚。

譬如我们大家都念李商隐的诗："此情可待成追忆，只是当时已惘然。"这个就是觉时恋梦梦恋醒。另外两句古人的名句，在文学上我们经常引用到："当时只是平常事，过后思量倍有情。"我们人生都有过这种经验感受，尤其回想年轻的时候，不管男朋友女朋友，所有的事情，在当时看看是很平常，过后都感觉不同。就像我们大家今天晚上坐在这里的，很平常，如果三十年后大家回想，当年我三十年前在复青大厦楼上，我们那一班同学，哎呀，现在都过去了，一定感叹一番。这就是，当时只是平常事，过后思量倍有情。尤其我们老年人，想当年，怎么样都是好的，虽然那时乡下卫生设备不好，苍蝇叮在饭上面，但是我现在想想，还是那个味道好，赶赶苍蝇夹夹菜，现在再想那个味道而不可得；当时只是苍蝇事，过后思量也是倍有情。这就是人生，我们人生很容易欺骗了自己，这也就是觉时恋梦梦恋醒。

"慈悲空洒常啼泪"，关于众生的迷恋，《小品般若经》上提到一位菩萨，名叫常啼菩萨（梵名萨陀波伦），常啼，永远在啼，这位菩萨大概喜欢哭，就是爱哭的菩萨。他觉得众生太笨太可怜了，害得他尽哭，所以叫作常啼菩萨。佛反复在《金刚经》里告诉我们不要着相，可是一般人不懂，慈悲空洒常啼泪。尽管常啼菩萨悲痛一切众生为什么不能觉悟，可是我们一般人呢？

"沉醉心扉依旧扃"，心头这个智慧之门永远打不开。智慧之门打不开是自己打不开，而且永远是紧闭着的，锁起来的。这是我们对于第五品的结论。

第六品　正信希有分

须菩提白佛言。世尊。颇有众生。得闻如是言说章句。生实信不。佛告须菩提。莫作是说。如来灭后。后五百岁。有持戒修福者。于此章句。能生信心。以此为实。当知是人。不于一佛二佛三四五佛而种善根。已于无量千万佛所。种诸善根。闻是章句。乃至一念生净信者。须菩提。如来悉知悉见。是诸众生。得如是无量福德。何以故。是诸众生。无复我相人相众生相寿者相。无法相。亦无非法相。何以故。是诸众生。若心取相。即为着我人众生寿者。若取法相。即着我人众生寿者。何以故。若取非法相。即着我人众生寿者。是故不应取法。不应取非法。以是义故。如来常说。汝等比丘。知我说法。如筏喻者。法尚应舍。何况非法。

文喜和文殊

须菩提白佛言。世尊。颇有众生。得闻如是言说章句。生实信不。佛告须菩提。莫作是说。

这是加进来的一个问题，我们把《金刚经》放轻松一点，当作是师生问答的记录，或者当成一个剧本，不要像念书一样死板，要把心扉打开一点去了解。现在佛告诉须菩提说，凡所有相，皆是虚妄，所以如果你梦中看到了佛，或者佛真的站在云端上，那你就着魔了，那不是真见佛，你尽管拿石头去丢他，拿《金刚经》打他，你可以说：

是你说的,凡所有相皆是虚妄,若见诸相非相,即见如来,你跑来干什么?

当年有一个故事,一位非常有名的文喜禅师,从小出家,三十几岁开始参禅,总不能开悟,于是他从南方三步一拜,拜到山西五台山文殊菩萨的道场。文殊菩萨是七佛之师,智慧第一,释迦牟尼佛和许多佛菩萨,多生累劫都是他的弟子。所以大家求智慧、想开悟,都是三步一拜去朝五台文殊道场。也有人拜了三年两年才拜到,为的是要见文殊菩萨。

话说这位文喜和尚拜到了五台山金刚窟,看见一个老头子牵一头牛,胡子白白的,头发也是白的,请他到他的茅棚喝茶,问他道:和尚你了不起啊!三步一拜是从哪里来的?文喜说南方来的,想求见文殊菩萨。老头子说:南方佛教怎么样?他回答说:南方佛教马马虎虎,所以到这里来,想求见圣人……你们北方五台山的佛法怎么样?老头子说:龙蛇混杂,凡圣同居啊!

其实整个世界人类社会,都是有圣也有魔,都是龙蛇混杂,凡圣同居。文喜问道:五台山一共有多少出家人啊?这老头子说:前三三与后三三。这一句话,千年来也没人知道他讲什么,一般修道的人就讲,前三三与后三三,这就是要人修气脉呀!后面有三关,尾闾关、夹脊关、玉枕关。前面是印堂呀,守窍的灵门关,这里是什么关,那里是什么关,都是讲这个。其实这个可以作话头参,前三三与后三三就是禅宗的话头。

那么两个人谈到这里,老头子就问文喜佛法,这位文喜和尚却答不出来;老头子皱了一下眉头,叫声:均提,送客。茅棚后面出来一个童子就说:法师你请吧!就把和尚送出茅棚外了。这个文喜和尚正回头要道谢,就看到文殊菩萨骑一只狮子站在空中。

可叹这位文喜,千里迢迢,三步一拜要见文殊,这时才发现原来与文殊菩萨当面对谈而不自知,真是后悔莫及,痛哭流涕。以后,文喜发愤努力，终于大彻大悟。文喜悟了以后，到丛林下做苦工，就是部队里所称的伙夫，大陆上禅林中就叫作饭头。饭头的工作很辛苦，一个庙中千人吃饭，那个大丛林的饭桶，像我这种个子啊，站在锅里头，从外面绝对看不见人。要煮一千多人吃的饭菜，所用的锅铲之重，如果没有练过武功的人，拿都拿不动。所以少林寺学功夫，只要能烧三年饭，你武功就不得了啦！米要整袋倒进锅去，要搅的时候，要有武功才能转得动那个锅铲。文喜禅师因为自己悟了道，愿意发心为大家做苦差事，行人所不能行，忍人所不能忍，这就是菩萨道。

有一天文喜在做饭的时候，文殊菩萨在饭锅上现身，还是骑他那只狮子，在饭锅上跑圈。文喜看到文殊菩萨，就是当年在五台山金刚窟看到的那个老头子，他拿起锅铲一边就打过去，一边嘴里说：文殊是文殊，文喜是文喜，你跑来这里干什么？你是你，我是我。文殊菩萨的那个化身飞到空中一笑，说："苦瓜连根苦，甜瓜彻蒂甜。修行三大劫，反被老僧嫌。"苦瓜当然连根都是苦的啦，这个甜瓜当然连那个蒂都是甜的。修行三大劫数，连释迦牟尼佛都是做过他的学生的，倒霉了，反被老和尚讨厌。这说明凡所有相，皆是虚妄，反复叮咛。也就是禅宗祖师们后来说的"佛来斩佛，魔来斩魔"的道理，这也是修行的无上秘诀。

烧佛像的和尚

所以说，诸位千万不能着相，一着相后来都变成精神病了，这是反复请求诸位，也是警告诸位，不能着相的道理。禅宗到了后来，有一桩丹霞烧木佛的故事。

丹霞禅师是马祖道一的大弟子，他已经当方丈了，冬天冷起来没有柴烧，就把大殿上木刻的佛像搬下来劈了，用来烤火。当家师出来看到了，吓得说：烧了佛像，这个罪过多大！有因果啊！奇怪的是，这个当家的胡子、眉毛当时都掉下来，脱了一层皮。佛是丹霞烧的，因果反而到了当家的身上去，这是禅宗里头奇怪的公案，是有名的"丹霞烧木佛，院主（就是当家和尚）落须眉"的公案。这些道理都说明了真正佛法不着相的道理；所以各位用功的时候，千万不要着相，一着相就严重了。

对于佛的这个说法，在第六品中，须菩提提出怀疑的问题了。他说：佛你这样讲了以后，将来有"众生得闻如是言说章句"，听到你这样讲，尤其《金刚经》这一种理论流传到后世，"生实信不？"他们能够相信吗？一般人信佛都要着相，完全不着相能够办得到吗？"佛告须菩提。莫作是说。"佛告诉须菩提说，你不要这样看法，接着，佛就说预言了。

五百年后

> 如来灭后。后五百岁。有持戒修福者。于此章句。能生信心。以此为实。当知是人。不于一佛二佛三四五佛。而种善根。已于无量千万佛所。种诸善根。

这个话很严重，因为讲到一切无相，不着相才是佛。如果落在鬼神相，一天到晚闹那些境界，自己走入着相的路线，自找麻烦还是小事，已经落入了魔道事大。因此须菩提提出来问佛，他说你这样讲法，后代还有人真正懂得，能够相信吗？佛说你不要这样看，当我死了以后，过五百年——为什么讲过五百年？佛在世的时候，叫作正法时代；佛过世以后是像法时代，就是有佛像有经典时候；到了佛经都没有了，只有迷信的时候，叫作末法时代。所以他说，等我过世五百年后，有人真正持戒、修福，多行善道，功德到了，他的智慧打开就可以相信这个话了。

佛说五百年后，重点是指后世，也是有许多说法，针对五百年后这句话，多方研究推测论断，在此不多做讨论。

善行　功德　智慧

刚刚讲到释迦牟尼佛说，有人持戒、守戒、修福报，福报修成就了，才能得到无上智慧。一个人不要说智慧，生来能有一点聪明，都还不是一生一世的事。要想得到无上的智慧，不是求得来的，是修来的。要修一切的善行，一切的功德，才成就无上的智慧。这个智慧是悟得的，是持戒、修福而来的，守戒累积起来，加上诸恶莫作、众善奉行的修福，才真正得到大福报的大智慧。佛在此特别提出来，在他过世以后五百年，有持戒修福的人，才能相信他的话。

五百年后文化演变更不同了，这是一个大问题。我经常跟青年同学讨论这个问题，站在物质文明的发展来说，时代愈来愈进步；站在人文、道德、精神来讲，时代愈来愈堕落，是退步的。所以我们现在讲时代进步，是站在物质文明的立场来说的；佛法是从人文的立场来看时代的。迟五百年，人的智慧变得越来越低，到了末法时代，人十二岁就可以生孩子，脑袋非常发达，四肢和两手两脚愈来愈小，极聪明而没有智慧，草木都可以杀人。换句话说，灾难、病痛、战争随时存在，这是末法的时候，现在还没有到。

五百年后，有人真能够行善修福，于此章句，能生信心，对于佛经中"凡所有相，皆是虚妄。若见诸相非相，即见如来"的说法，能够注解，真的般若智慧才出来，这是非常难的事。一般人信仰宗教，都是注重在形式上，而且多半以有所求的心，求无所得的果。尤其我们看到庙上拜佛的人潮，以前是十块钱啦！现在充其量是一百块钱，买一大堆香蕉、饼，一大把香，烧了以后又拜，拜了以后又磕头，然后求神明保佑丈夫好、身体好、爱国奖券又中、生意发财，样样都好，然后还把香蕉带回去慢慢吃。你们看！出这么一点点本钱，那个要求多大啊！我如果是佛是神，是不会理这一套的。哼！你这个人自己都成问题嘛！花一点点本钱，要求一切都圆满，达不到目的，还要讲这个菩萨不灵，这个菩萨好当吗？就像古人的一首诗，讲这个天气很难办：

做天难做四月天，蚕要温和麦要寒。

出门望晴农望雨，采桑娘子望阴天。

你说老天爷究竟该怎么办？人同天一样更难，菩萨更是难上加难。两家人打官司，两边人都烧香要帮忙，保佑他打赢，你说这菩萨究竟帮哪一边好呢？你说菩萨是看谁的香蕉多一点、猪头大一点来决定吗？所以啊，这些都是宗教仪式，从心理学立场来研究，这是很滑稽的。我们经常听人家讲宗教仪式的，也只好写四个字来形容：不可理喻！不可理喻，简直不可理喻！嘴里没有办法讲出来，只好说"对对对"，你说的差不多啦！是那个样子，慢慢来吧！将来再说吧！那个将来再说，也许是三大劫以后才再跟你讲呢！就是说你现在听不懂，只好三大劫以后再说吧！

现在佛说这个真理，是非常平凡而难相信的，他说后世有人对于平常的道理就是大道，信得过的要有大福报才行。这个福报不是世间的鸿福啊！所谓能生信心，可不是迷信，是理性上的正信。"以此为实"，认为这个是实在的真理。佛说你要晓得，将来世界上这样的一个人，他不止是跟过一个佛两个佛三个佛四个佛五个佛而种的善根；这样的人，他也不是一生一世修智慧来的！他已于"无量千万佛所"，不知道经过多少世，在这些有成就人前面学习过。"种诸善根"，他已经做了无量的好事，种了这样大的善根，才生出这样大的智慧。

净信和无所住

> 闻是章句。乃至一念生净信者。须菩提。如来悉知悉见。是诸众生。得如是无量福德。

这样的人,听了我刚才所说的"凡所有相,皆是虚妄,若见诸相非相,即见如来"的这个观念,他信得过的,甚至于一念之间生出来净信。

这个要特别注意!净信很难啊!它不是正信,而是净信,干干净净、空灵,什么妄念都没有。心境清净到极点,心地上的净土,能够生出净信。假使有这样一个人,一个生净信的人,他已经是悟道了,已经到达真正无所住了,到达一念不生全体现了。《金刚经》开始叫你无所住,无所住就是一念不生全体现,这个才是净信。净信是要证得的,不是理论上了解。

佛说:须菩提啊!我统统知道,我也亲眼看见这一种人,当下已经得到无上的福德。拿现在的观念来说,真正得救了,得到大福报,大功德了。佛说的只是这一句话,但是我们晓得,证得这个真理极难,达到这个智慧成就更难。

> 何以故。是诸众生。无复我相人相众生相寿者相。无法相。亦无非法相。

一个人到达了一念净信,知道凡是有现象的都不是,而是一切无相,连无相也无。能够这样悟道的人,就得大福报。为什么?因为此人现生已经到达了佛境界,他就是肉身佛了。为什么说他到达佛境界呢?因为这个人已经到达无人相,无我相,真正净信了。一念放下,当然无我相,也无人相,无众生相,无寿者相。

这个四相是非常严重的啊！人生一切的痛苦烦恼，都是这四相来的。从心理学上来讲，四相是四个观念，也就是人类普遍的四种现象。每个人的我相都很重，尤其知识分子"我"的意见非常重。知识分子什么都可以忍让，假使碰到一个有学问有修养的人，你对他说：让开一点我坐好不好？他看着你，哼！这个蠢东西，好吧！看你可怜，让你坐。这就是我相，因为"我"看你可怜，让给你了；因为看到你不懂，懒得跟你讲，所以知识分子的那个我见啊，当然同我现在一样，是很厉害的。

人，处处落在我相，我相能够去掉就差不多了。我相去掉了，当然无相，一切平等，看一切众生皆是佛，看天下的男女都是父母，看天下的子女都是自己的子女。能够做得到这些就是因为无我相，无人相，自然就做到无众生相，平等，也无所谓寿者相；活得长，活得短是一样。所以生死看得很通，寿夭同视，生死一条，这是庄子的观念，生与死是一个道理，同早晨晚上是一样，到了晚上啊，就要休息休息，不需要觉时恋梦梦恋醒的。"相"，在外境界是现象，在心理上是观念，主观的观念。

下面两个更重要，"无法相"，一切佛法及什么叫佛法，都把它放下了，凡所有相，皆是虚妄，一切不着相，统统放下，这个是无法相。但是你要认为什么都不是，一切都不是，佛也不是，不是的也不是，你又落在"是"上。什么"是"？"非法是"，一切都否定，对不住，你又错了，你又落在一个"对"上，这个对就是"无非法相"。换句话说，一切都不是，一切也是。

有人研究《金刚经》，认为《金刚经》是绝对讲空的，错了，无法相，亦无非法相。换言之，认为一切皆空也错了，因为一切有也是它变的。所以，《楞严经》中佛说了两句名言，"离一切相，即一切法"。离一切相，也就是"无法相"的注解；"即一切法"，就是"亦无非法相"这句话的注解。"离一切相。即一切法"。一切离也离。所以《金刚经》并不是讲空，它只是说在见道的时候，见法身的时候，是"凡所有相，皆是虚妄"。当我们起而行之，修行的时候，孜孜为善，念念为善，是不可以空的。

禅宗大彻大悟的大师们，解释学佛人基本的道理说："实际理地，不着一尘。万行门中，不舍一法。"实际理地不着一尘是讲本体；万行门中，起而行之，在行为上是不能空的，念念都是有，诸恶莫作，众善奉行，所以万行门中不舍一法；样样都是有，不是空。这个道理，我们学佛的首先要清楚。下面再说第三重理由，它整篇里头，正面、反面，反复说明，最后综合起来产生一个结论。

何以故。是诸众生。若心取相。即为着我人众生寿者。若取法相。即着我人众生寿者。

他说，什么理由呢？假使一个人，心里的观念着相来学佛，譬如今天非来烧香，非来拜拜不可，就是着相。我们当学生的时候，正是破除迷信，推翻旧文化的时代，上庙很想拜菩萨，实在不好意思，怕人笑我迷信。看看四顾无人的时候，赶快跪下去拜一下，立刻站起来表示我是不迷信的。有一次被和尚看到了，他赶快拿磬棰"咚"一敲，把我吓坏了，怕被同学们看见笑我迷信。后来我就问这个和尚，为什么你要敲这个大磬呢？他说年轻人不知道："烧香不敲磬，菩萨不相信，拜佛不放炮，菩萨不知道。"听得真是啼笑皆非，这也算是一本经。实际上啊，杭州的庙又多，这样一拜佛，他敲一声磬，口袋里的钱就要跳出来了，非要给一块不可；香油钱总要拿呀，所以他这个烧香不敲磬，菩萨不相信是有道理的。

我说拜佛为什么要放炮？好像菩萨耳朵聋要把他吵醒才知道有人拜他。这个就是说着相，一切众生心理上的信佛都是太着相，就是着于人相、我相、众生相、寿者相。着相就不是佛法。有些宗教骂其他的宗教拜偶像、迷信，那么他的正信又是什么？他说不拜偶像，事实上还是要拜的,这就是着相了,就是取法相,还是一样落在一个不是正信的观念上。

何以故。若取非法相。即着我人众生寿者。是故。不应取法。不应取非法。

这四段的反复说明,反正你讲空也不对,不是佛法,执着有也不是佛法,非空非有也不对,即空即有也不是佛法。这很难办了,所以真正佛法是能断金刚般若波罗密,要想悟道,是在这个地方,是要真智慧。

真　非真

佛又很坦然告诉我们这是什么道理,"是故。不应取法。不应取非法"。真正学佛不应该着相,也不应该不着相。这真是很难办,这里我讲两个故事,虽是笑话,但是其中有真理。

话说孔子绝粮于陈,学生就向老师建议,向对面那个有钱人借一点米来吃吧!孔子心里很难受,好嘛!你们坚持要这样,你们去借吧!谁去呀?子路向来是最冲动的人,子路就去了。敲开门,那个人问,你是对面那一批落难的人吗?你既然是孔子的学生,一定认得中国字,我写个字给你认,认对了,不要借,送米给你们吃,不认得,就不借,有钱也不卖。他写了一个真假的"真"字,子路说,这个字你还拿来考我,这是"真"嘛!这个人把门一关说,你认不得,不借。子路吃了闭门羹,回去告诉老师,孔子说:我们到这一步,饭都吃不上的时候,你还认"真"个什么!不应该认"真"了。这一句话讲完,子贡说:老师呀!我去借。子贡当然比子路高明得多,又去敲门,老头子出来又是写这个"真"字。子贡想到刚才子路为了认真吃瘪了,他就说这个是"假"字,老头子更生气,"碰"把门一关。子贡跑回来跟孔子一报告，孔子说：哎呀！有时候还是要认"真"的啊！所以这个人很难做，认真不认真之间，很难拿准火候；所以不应取法，不应取非法，就是这个道理，就是讲做人行为。

第二个是禅宗里头的故事，有两个禅师是师兄弟，都是开悟了的人，一起行脚。从前的出家人肩上背着一根木棍子，上面一个铁打的方方的，叫作铲子。和尚们背着这个方便铲上路，第一准备随时种植生产，带一块洋芋，有泥巴的地方，把洋芋切四块埋下去，不久洋芋长出来，可以吃饭，不要化缘了。第二个用处是，路上看到死东西就把他埋掉。这两师兄弟路上忽然看到一个死人，一个阿弥陀佛阿弥陀佛，就挖土把他埋掉；一个却扬长而去，看都不看。

有人去问他们的师父：你两个徒弟都开悟了的，我在路上看到他们，两个人表现是两样，究竟哪个对呢？师父说：埋他的是慈悲，不埋的是解脱。因为人死了最后都是变泥巴的，摆在上面变泥巴，摆在下面变泥巴，都是一样，所以说，埋的是慈悲，不埋的是解脱。

我们通过这两个故事的道理，了解《金刚经》告诉我们的一句话："应无所住"，"不应取法"。不应该抓住一个佛法去修，落在某一点上，就先着了相，就错了。你说，我什么都不抓，所以我是真正学佛法，你更错了，有时候也要认真。所以，"不应取非法"。

何处是岸

  以是义故。如来常说。汝等比丘。知我说法。如筏喻者。法尚应舍。何况非法。

这一段非常重要，佛吩咐弟子们，"以是义故"，由这个平常教你们的道理，"汝等比丘"，你们这些出家跟我的一千二百人，"知我说法，如筏喻者"，我的说法像过河的船一样。筏就是木头捆起来过河用的木排，你既然过了河就上岸嘛！过了河还把船背起来走吗？没有这样笨的人。佛说：我的说法，都是方便，都是过河用的船，你既然上了岸，就不需要船了，所以我所说法，如筏喻者，这是个比方。"法尚应舍"，一切真正的佛法到了最后，像过了河的船，都要丢掉。"何况非法"，何况一切不是法呢！正法，如果最后舍不干净，还是不能成道的，何况非正法，更不能着相了。这里佛讲得非常彻底。

佛法传到中国，常说苦海无边，回头是岸。岸在哪里呢？不需要回头啊！现在就是岸，一切当下放下，岸就在这里。

禅宗有个公案，有一个龙湖普闻禅师，普闻是他的名字，他是唐朝僖宗太子，看破了人生，出了家到石霜庆诸禅师那里问佛法。他说，师父啊，你告诉我一个简单的方法，怎么能够悟道？这个师父说：好啊！他就立刻跪了下来：师父啊，你赶快告诉我。师父用手指一下庙前面的山，那叫案山。依看风水的说法，前面有个很好的案山，风水就对了；像坐在办公椅子上，前面桌子很好，就是案山好。他这个庙，前面有个案山非常好。案山也有许多种，有的案山像笔架，是笔架山，这个家里一定出文人的；有些是箱子一样，一定发财的。石霜禅师说：等前面案山点头的时候，再向你讲。他听了这一句话当时开悟了。换句话说，你等前面那个山点头了，我会告诉你佛法，这是什么意思。"才说点头头已点，案山自有点头时"。说一声回头是岸，不必回头，岸就在这里，等你回头已经不是岸了。

有些禅师说：放下屠刀，立地成佛。就有同学问我，我说：不错啊！可是不是你啊！你们连刀子都不敢拿，拿起来怕割破了手。拿屠刀的人是玩真的，真有杀人的本事，大魔王的本事，是一个大坏蛋，但他一念向善，放下屠刀，当然立地成佛！你们手里连刀子都没有，放下个什么啊！所以我们了解了这个，就应该懂得《金刚经》告诉我们"法尚应舍，何况非法"的道理。

也许有人会说《金刚经》一切讲空，既然空了，什么坏事都可以做了。那可不然！善事都不可着相，何况坏事，坏事更不可以做了。下面是我当时所作有关这一品的偈子：

第六品偈颂

金鸡夜半作雷鸣，好梦惊回暗犹明。
悟到死生如旦暮，信知万象一毛轻。

"金鸡夜半作雷鸣"，这一品佛告诉我们了生死的道理，这一句就是说，像我们睡觉一样，一切众生都在睡梦中，半夜听到鸡叫，把我们叫醒了。人生开悟的时候就是这样，觉得自己从迷梦中清醒了。虽然在半夜三更迷梦中，却被鸡叫醒了；诸佛菩萨说法等于鸡叫一样，把我们叫醒了。

"好梦惊回暗犹明"，你不要以为自己悟了，你如果有个悟的境界，你还是大混沌一个。真正悟了的人，连悟的境界都不会存在，有一个悟的境界，你已经着法相了。所以说好梦惊回暗犹明。

"悟到死生如旦暮"，真正的了解了，悟了，悟到死生如旦暮，人生出来等于天亮了，睡醒了是活着，死了呢？夜里到了，应该去睡觉了，死生一条，没有什么了不起。所以中国文化素来就讲，"生者寄也，死者归也"，能够悟到死生如旦暮，你才能够得到正信，真正相信了，相信什么？

"信知万象一毛轻"，宇宙万有在庄子的观念中是"天地一指，万物一马"。这个天地就是这一指，整个宇宙万有也就是这一指，就是这么一点；万象万物就是这么一马，整个的宇宙万有像一匹马一样，有马头，有马尾，有马毛，所以说宇宙万有轻如鸿毛。现在我们了解了这个道理，如果我们真懂了这一品，就懂了"法尚应舍，何况非法"。换句话说，学佛的人都想了生死，怎么样是真正的了生死呢？我告诉诸位一句话：本无生死之可了，那才能够了生死。

第七品　无得无说分

　　须菩提。于意云何。如来得阿耨多罗三藐三菩提耶。如来有所说法耶。须菩提言。如我解佛所说义。无有定法。名阿耨多罗三藐三菩提。亦无有定法。如来可说。何以故。如来所说法。皆不可取。不可说。非法非非法。所以者何。一切贤圣。皆以无为法而有差别。

得什么　说什么

　　须菩提。于意云何。如来得阿耨多罗三藐三菩提耶。如来有所说法耶。

讲到这里，佛又问须菩提，你的意思怎么样？你认为我，一个成佛的人，得了无上正等正觉吗？阿耨多罗三藐三菩提，用中文来讲是大彻大悟，你认为成佛得道，真正得到一个东西吗？这是第一个问题。"如来有所说法耶"？你认为我平常在讲经说法吗？反问须菩提两个问题。

　　须菩提言。如我解佛所说义。无有定法。名阿耨多罗三藐三菩提。亦无有定法。如来可说。

须菩提回答说：佛啊，很抱歉，假使根据我学佛所了解的道理，没有一个定法叫作佛法。你们注意啊！"无有定法名阿耨多罗三藐三菩提"。认为念佛才是佛法。你错了；认为参禅才是佛法，你又错了；认为念咒子才是佛法，你更错了；认为拜佛才是佛法，你更加错了。

什么叫作定法？佛说法等于一个大教育家的教育方法，不是呆板的方法，所谓因材施教，有时候骂人是教育，有时候奖励人也是教育，恭维你是教育，给你难堪也是教育。反正教育法的道理，是刺激你一下，使你自己的智慧之门打开就对了，所以说无有定法。他说：据我所想，开悟，大彻大悟，没有一个定法叫作阿耨多罗三藐三菩提，如果说有一个一定的方法成佛，有个"悟"字的话，那佛法就是在骗人了。应无所住而生其心，哪里有定法呢？

第二个问题须菩提的回答："亦无有定法如来可说。"佛的三藏十二部，《金刚经》这样讲法，《圆觉经》那样讲法，《法华经》又是一套说法，《楞严经》又是它的一套。等于有人说，你们学佛的嘴巴好厉害啊！下雨出门，说是慈云法雨，运气好；太阳出来说慧日当空，也是好；不晴不雨呢？说慈云普覆，反正都对。

这叫什么？这叫"无有定法如来可说"。佛法在哪里？不一定在佛经上啊！世间法皆是佛法，《金刚经》下面会告诉你。所以大家不要把学佛的精神和生活与现实人生分开。本来无所谓出世，也无所谓入世。记得当年有老前辈问我：依你这个程度，为什么不出家呢？我说：你要搞清楚，我从来也没有入过家。世界上哪有个出？哪有个入啊？不出也不入嘛！那些都是外形，都是相。

何以故。如来所说法。皆不可取。不可说。非法非非法。

大家特别注意，如来所说法，你也不可抓住！你听了他老人家的话，认为这样就对，那你就上了你自己的当了。不可取，不可说，说的都是第二，都是投影，真正那个东西说不出来的。譬如你去吃了一样好菜，回来告诉我怎么怎么好，好了半天，我也觉得那真好吃，我还是没有吃到。他说得那么好，百分之百的形容出来，还是第二个月亮，不是当时的好吃味道，对不对？佛法也是这样，说得出来的，表达得出来的，已经不是它了。所以如来说法皆不可取，不可说。"非法"，没有一个固定的说法。"非非法"，也不是没有固定说法。

程度的差别

> 所以者何。一切贤圣皆以无为法而有差别。

"所以者何"，什么理由呢？"一切贤圣，皆以无为法而有差别"，佛法是这样的伟大！这是佛法的精神，它不像其他的宗教，否定自己以外的宗教，佛法是承认一切的宗教，一切的大师，乃至到了华严境界，连一切的魔王邪王都对了一点。只要你教人做好事，这一点终归是对的。所以一切贤圣，罗汉也好，菩萨也好，你也好，他也好，对于道的了解，只是程度上的差别而已。

耶稣的道，佛的道，穆罕默德的道，孔子的道，老子的道，哪个才是道？哪个道大一点，哪个道小一点呀？真理只有一个，不过呢，佛经有个比方，如众盲摸象，各执一端。瞎子来摸象，摸到了那个象耳朵，认为象就是圆圆的；摸到尾巴的时候，象就是长长的。所以一般讲众盲摸象，各执一端，都是个人主观的认识，以为这个是道，那个不是道。

学佛的人不应该犯这个错误，要知道无有定法可说，所以真正的佛法能包含一切，一切贤圣，皆以无为法而有差别。真理只有一个，没有两个，不过他认识真理的一点，认为这一点才是对的，其他错的，其实是他错了。真正到达了佛境界是包容万象，也否定了万象，也建立了万象，这是佛境界。

入世出世平等

上一次我们讲到第七品,我们现在再讨论其中的重点。佛提出来,成了佛悟了道,也无所谓悟。假使有一个无上大道的境界,有一个无上大道的观念,悟了道,存在心中,这已经不算道了,这是首先要了解的。再其次,说到佛的说法,"无有定法,如来可说",没有一个固定的方法。后世佛教里有显教,有密宗,及其他各宗各派的说法,执着了任何一种认为是真正的佛法,都是不对的。因为"无有定法,如来可说"。

《法华经》上也说:"一切世间法,皆是佛法。"世间的一切皆是佛法。《法华经》上又讲:"一切治生产业,皆与实相不相违背。"并不一定说脱离人世间,脱离家庭,跑到深山冷庙里专修,才是佛法。治生产业就是大家谋生,或做生意等,各种生活的方式,皆与实相不相违背,同那个基本的形而上道,并没有违背,并没有两样。这是《法华经》上的要点、名言。所以《法华经》成为佛法的一乘法门,入世法、出世法,平等平等,它所成就的是一样的。至于说成就的过程当中,修持方面有难易的不同而已。这也就是"无有定法,如来可说"的重点。

佛引申这个观念再说:"如来所说法,皆不可取,不可说。"等于佛自己把平生四十九年的说法,做了一个否定。实际上,他不是否定,而是一个肯定。他所讲的各种法,各种道理,不能执着,执着了他任何一句话,就不对了;所以说不可取,不可说。这样说:我们现在来解释《金刚经》,已经犯了佛这个基本大戒,就是不可取不可说。此事自己会之于心就对了,佛所说法,如果认为有个法可得,有法可取,那就错了;如果认为佛说法都是空的,无法可取,更错了,所以说非法,也非非法。

这并不是说非法就是对的，不执着就是对的，如果你说这个人什么都不执着，你已经执着了，执着了一个不执着，所以"非法非非法"。

圣贤之别

上次我们最后一分钟讲的："一切贤圣皆以无为法而有差别。"我从中文的习惯，经常把贤圣两个字倒过来，贤圣是讲什么呢？中国文化无形中有个差别，修养、学识、道德到了最高处，称为圣人。差一点的，还在修行的路上则称贤。佛法分得更清楚。所谓三贤十圣，修大乘菩萨道有十地，十个层次，叫作十圣，十地菩萨上面是佛。初地之前的修养，还有三十个层次，所谓十住、十行、十回向。修养到那个程度，没有到达十地的果位，属于三贤。

十圣呢？譬如说，观音、文殊、普贤、地藏等等，这些大菩萨们，才在圣果位。这些都是分类法，是后世对修行的解释。广义的来举例说明"一切贤圣皆以无为法而有差别"，譬如我们现在讲一句话，教书及当学生久了的人，都有这个经验，在课堂上讲一句话，下面一百个听的人感受的程度都不同，理解得也不同。甚至有许多话，笔记记下来，观念都是灰色的，变样很多。这就是说，人的智慧和理解，各有不同。也因此才有各种宗教，各种层次智慧的差别不同。

现在讲第七品我的偈子：

第七品偈颂

巢空鸟迹水波纹，偶尔成章似锦云。
得失往来都不是，有无俱遣息纷纷。

这也是以中国禅宗的方式，来解释《金刚经》这一品，并做了一个结论。

"巢空鸟迹水波纹",佛经上有这么一个譬喻,说有一种鸟叫作巢空鸟,它不栖在树上,它的窝在虚空中,在虚空中生蛋,在虚空中孵小鸟,归宿也在虚空中。这个鸟永远捉不住,来去无踪,所以叫巢空鸟。本来鸟在虚空中飞,飞来飞去不留痕迹的,就是上一次我们引用苏东坡的诗:应似飞鸿踏雪泥。所以巢空的鸟,在空中永远不留爪迹的。水上的波纹画过了,也没有了。水波纹是你看到的,不能说没有东西,但是它过后就没有了。所以这些都是"偶尔成章似锦云",都是偶尔构成了文章,或一幅美丽的图画。

禅宗祖师还有一句话:"如虫御木,偶尔成文"。有一只蛀虫咬树的皮,忽然咬的形状构成了花纹,使人觉得好像是鬼神在这棵树上画了一个符咒。其实那都是偶然撞到的,偶尔成章似锦云,有时候也蛮好看的。这就说明一切圣贤说法,以及佛的说法都是对机说法,这些都是偶尔成文、成章,过后一切不留。

了解了这个道理,再从龙树菩萨、般若观念、《金刚经》的道理,就晓得"得失往来都不是",今天有一个境界,看到光啦,打坐看到菩萨啦,或者做个什么好梦啦!梦中菩萨的指示还说了好几天,说得高兴得不得了。有时候又被梦吓死了,要晓得一切都是偶然,缘起性空,因缘所生,本来都是没有的。"有无俱遣息纷纷",所以一切都放下,能够放下,则同佛法有点相近了。但是一切放下,不是空啊!不是没有啊!只说一切放下而已。

《金刚经》由第一品到第七品,差不多是一个问题连下来,就是须菩提问,学佛的人,怎么样使自己的心宁静下来,心中许多的感情、思想、烦恼,怎么样降伏得下去?佛就答复他,就是这样住,就是这样降伏他的心。后来,佛看须菩提不懂,佛又说了一句话:应无所住。叫我们善护念。

到这里为止,佛并没有说,应无所住,而生其心。只是说应无所住，一切无所住。因此佛法也无所住，也无定法可说。如果说佛法就是般若，就是《金刚经》，或《阿弥陀经》，就错了，因为你就住在那里了，都有所住。佛只讲到应无所住，不可住，不可说。所以对各种差别的法门，也不必有所住，只要你心有所住，有所罣碍，都不是佛法。一个大问题到这里为止。

第八品　依法出生分

　　须菩提。于意云何。若人满三千大千世界七宝。以用布施。是人所得福德。宁为多不。须菩提言。甚多。世尊。何以故。是福德。即非福德性。是故如来说福德多。若复有人。于此经中受持。乃至四句偈等。为他人说。其福胜彼。何以故。须菩提。一切诸佛。及诸佛阿耨多罗三藐三菩提法。皆从此经出。须菩提。所谓佛法者。即非佛法。

　　须菩提。于意云何。若人满三千大千世界七宝。以用布施。是人所得福德。宁为多不。须菩提言。甚多。世尊。何以故。是福德。即非福德性。是故如来说福德多。

这是佛自动提出来问须菩提的问题，你的意思怎么样？假使有一个人，拿他充满三千大千世界那么多的七宝财富，金、银、车渠、玛瑙等等，通通布施出来，分散给大家，你说这个人的福德多不多？须菩提说："甚多，世尊。"这个福报太大了。

我们一般人布施人家一百块钱，就想得好的福报，买了几根香蕉，去烧几根香拜拜，还想求到什么东西，现在这个人拿三千大千世界的七宝布施，比那些什么香蕉呀、猪头啊，多太多了，当然得的福报很多。佛就说"何以故"，什么理由？"是福德，即非福德性。是故如来说福德多"。他说：你要晓得啊！我们讲人要有福报，福报的本身无自性，也可以讲它无定性。

譬如说，今天忽然冷了，一个人只穿一件汗衫出门，刚好碰到你,你怕他受凉,就把毛衣、外套脱了给他穿上。这个人真有福气,碰到了你。如果今天是大热天,你再给他穿上毛衣外套呢?他非打死你不可。所以,所谓福报,在某个时候是福报,在另一个时候是痛苦,因为这个福报的本身是无定性的。而且任何的福德、福报,只有一个时期,福气享受过了那段时期,也是空,因为本身无自性。

所谓无自性,就是说不是固定的,也不是永远存在的。佛说的这个德,"是福德,即非福德性"。换句话说,佛有一句秘密的话没有讲出来,那就是,真正的福报是悟道,是大智慧的成就,是超脱了现实世界而得的大成就,这个成就不是世间一切福报能够办得到的。所以如来说福德多,就是佛告诉你的,这样布施的结果,福德非常的多。实际上,佛说的福德多,是教育上的一个鼓励。

若复有人。于此经中受持。乃至四句偈等。为他人说。其福胜彼。

佛强调智慧的重要,教化的重要,教育的重要。前面讲到,一个人拿一佛世界的七宝布施,这个人福报是很大。但是,假使有一个人,对《金刚经》有些了解或者四句偈了解了,再劝导人家,解脱了人家的烦恼,这个人的福报,比布施三千大千世界七宝的福报,还要来得大。

一切佛与《金刚经》

何以故。须菩提。一切诸佛。及诸佛阿耨多罗三藐三菩提法。皆从此经出。

什么理由呢?他说我告诉你,一切诸佛,过去、现在、未来,一切成就的人,及要想智慧成就大彻大悟的诸佛,及一切佛,都是从这个经里出来的。像这一世的释迦牟尼佛一样，就是在这个劫数里头；这一劫叫作贤劫，这个贤劫共有一千佛出世，释迦牟尼佛是第四位。将来第五位弥勒佛，当然还早啰！以后一直下去，有一千个佛要来。这一个佛劫里头，是圣贤最多的劫数。当然不能拿地球形成、冰河时期的观念来看，这是一个宇宙观，这个劫数的时间非常长，接近无量数的时间。

佛说一切成佛的，得大彻大悟的，像释迦牟尼佛一样悟道的，这个悟，是阿耨多罗三藐三菩提，是最后的大彻大悟，都是从《金刚经》这个里面出来的；从般若，自己真正智慧里头透出来的。《金刚经》所讲的，是智慧透出来以后的一个报告而已；真正的佛法，都是从自我的智慧里透露出来的。因此，也可以拿《金刚经》作代表，一切佛同佛的智慧，都从《金刚经》里来。

佛法非佛法

须菩提。所谓佛法者。即非佛法。

你看《金刚经》的翻译，真不晓得佛说些什么！他上面讲得那么好，多大的福报，大得不得了，但是福报还不如佛法了不起。最后佛法又被他否定了，"所谓佛法者，即非佛法"。

什么叫作佛法？悟道，悟道没有一个东西。这里说的没有一个东西不是断见，没有就是没有。换句话说，成了佛的人告诉你，他是现在的佛，你尽管打他，这个是妖怪，不是佛。佛是无法可得，住在无相中。因为，真是大成就的人，绝对的谦和，谦和到非常平实，什么都没有。真正的佛不认为自己是佛，真正的圣人，不认为自己是圣人，所以真正的佛法即非佛法。如果你有一个佛法的观念存在，你已经着相了，说得好听是着相了，不好听是着魔了。

这就是《金刚经》的特点,所谓大般若经,智慧高到极点,一点痕迹不留,讲过以后,马上推翻。等于一个教育家,教育了许多人都成功了,要是他觉得自己的确是今天的大老师,他已经完了,他已经是师老人。所以一个真正了不起的人,自己心中是没有这个观念的,他认为度一切众生,教化一切众生,都是做人应该做的事情而已,做完了就过去了,心中不留。

《金刚经》这种句法,后世许多儒家不了解,像清朝的大儒顾亭林,在《日知录》上就讲,叫一般学生不要看佛经,佛经没有什么看的,这个东西就是一桶水,一个是满的,一个是空桶,一下倒过来,一下倒过去,倒来倒去就是这么一桶水。他认为所谓佛法者,即非佛法,倒来倒去,等于没有说嘛!

这个第八品的要点,说明佛法的重要,真正的大福德是智慧的成就,依法出生是依到佛法而生出一切贤圣悟道的道理。说到了这里,又引出后面一章的大问题;现在我们先给它来个结论:

第八品偈颂

锦绣乾坤似弈棋,人天福德枉成痴。
原来佛法无多子,脱缚离黏说向谁。

"锦绣乾坤似弈棋",人世间最有福气的是当皇帝,我想每一个人都想过一下这个瘾。古代的皇帝多有福气,但是我们读了历史以后,知道世界上最痛苦的就是当皇帝。康熙皇帝自己就说过这个话:自己感觉到痛苦极了。从历史看来,中国有多少个皇帝,叫年轻人背一背,连二十个也说不出来!叫什么名字都不知道,只晓得叫皇帝而已。这个锦绣乾坤江山,从历史上看来,像下棋一样,一下输了,一下赢了,通通过去了。"人天福德枉成痴",梁武帝问达摩祖师,他修庙、斋僧那么多,将来福报怎么样?达摩祖师就笑他:"此乃人天小果，有漏之因。"他骂这个梁武帝，你这点算什么了不起，人天小果，你死后不过升天而已，天人享福完了，照样会堕落。人天小果，有漏之因，就是有限度的福报，不是无漏之果，无漏是永远没有缺点。所以说，人做了好事，他生来世做帝王将相，升官发财，功名富贵，世间的福报很好，但是智慧丧失了。

禅宗有一个故事，有一位大师，叫沩山禅师，是禅宗五家宗派里的一位开山祖师，沩山仰山是佛教沩仰宗。沩山禅师三世为皇帝，几乎丧失了神通，失掉了智慧，迷糊了，所以他不干了；这个神通不是说千里眼，或者会飞之类，而是智慧。智慧是大神通，他几乎丧失了这个悟道的智慧，如果学佛为了求福报而学，求来生怎么样而学，不错，是有这个事，但不是彻底的，所以说人天福德枉成痴。

"原来佛法无多子"，这是禅宗的话，临济禅师悟道以后说：原来佛法是这个样子，无多子。实际上这三个字，是当时的土话：用现在话来讲，无多子就是这么一点点东西，没有什么多的。

"脱缚离黏说向谁"，佛法的目的是什么呢？我们被人世间一切的烦恼感情捆缚着，要解脱三界的情欲、烦恼、妄想，脱开一切的黏缚，回到自己本来的面目，这就是佛法的究竟。所以佛法讲了半天，三藏十二部，都是为了这个，要把那些黏着的、捆着的，都彻底解脱了，这就是佛法的精要。

第九品　一相无相分

> 须菩提。于意云何。须陀洹。能作是念。我得须陀洹果不。须菩提言。不也。世尊。何以故。须陀洹。名为入流。而无所入。不入色声香味触法。是名须陀洹。须菩提。于意云何。斯陀含能作是念。我得斯陀含果不。须菩提言。不也。世尊。何以故。斯陀含。名一往来。而实无往来。是名斯陀含。须菩提。于意云何。阿那含能作是念。我得阿那含果不。须菩提言。不也。世尊。何以故。阿那含。名为不来。而实无不来。是故名阿那含。须菩提。于意云何。阿罗汉能作是念。我得阿罗汉道不。须菩提言。不也。世尊。何以故。实无有法。名阿罗汉。世尊。若阿罗汉作是念。我得阿罗汉道。即为着我人众生寿者。世尊。佛说我得无诤三昧。人中最为第一。是第一离欲阿罗汉。世尊。我不作是念。我是离欲阿罗汉。世尊。我若作是念。我得阿罗汉道。世尊。则不说须菩提。是乐阿兰那行者。以须菩提实无所行。而名须菩提。是乐阿兰那行。

在我们开始讲第九品之前，先来解决几个问题。

见思惑

我们都晓得佛学分成大乘小乘，严格地讲，小乘里头又分两个：一个是小乘，另一个比小乘高一点，普通我们叫它中乘。小乘又叫声闻，比声闻高一点叫独觉，也叫缘觉。

像阿难、须菩提等，在佛的弟子里只能算是声闻，再高一点就是独觉佛，独觉佛又叫作辟支佛，辟支是梵音。

独觉就算生在没有佛没有文化，甚至没有佛教的世界，他自己也能开悟；虽不算大彻大悟，可是还是做一个了不起的超现实的圣人，这个属于独觉，也叫作缘觉，仍属于小乘。

所谓小乘，目的是先求自了，先求跳出世界，避免入世。小乘又分四果罗汉，果是果位。初果罗汉叫须陀洹，二果罗汉叫斯陀含，这都是梵文译音。三果罗汉叫阿那含。四果罗汉叫阿罗汉。罗汉不一定是出家人，无论在家出家，修行到一定的程度，都可以成罗汉。不过佛在世的时候，证得罗汉果的，出家人比较多。

如何能够修到四果呢？必须能够断掉见惑、思惑。

"见惑"有五个，是思想上，学问上，观念上的问题；就是"身见""边见""见取见""邪见""戒禁取见"。许多宗教家、哲学家、大学问家，都脱不了见惑的范围；或者落在身见，或者落在边见，思想学问愈高的人，这个五见愈厉害。邪见、戒禁取见，多数是属于宗教信仰方面的，认为非这样不可，初一十五非拜拜不可，否则就犯戒了。有些教一定要吃什么东西才行，这些都属于戒禁取见。见取见是说自己的心得修养，譬如有人打坐修行有了境界，或者见光了，认为这个光才是道，你没有得到光就没有道，这就落在见取见上，都是思想观念的问题。

"思惑"也有五个，就是贪、嗔、痴、慢、疑，这也是人性，是一个人与生俱来的。什么是贪？贪名、贪利，贪感情，放不下，贪这个世界上的一切，都是属于贪。

我们举一个佛门里的例子来说明，有一位法师一辈子做好事、做功德，盖庙子、讲经说法，自己虽没有打坐、修行，可是他功德太大。年纪大了，就看到两个小鬼来捉他，那个鬼在阎王那里拿了拘票，还带个刑具手铐。这个法师说：我们两个商量好不好？我出家一辈子，只做了功德，没有修持，你给我七天假，七天打坐修行成功了，先度你们两个，再度你们老板，阎王我也去度他。那两个小鬼被他说动了，就答应了。这个法师以他平常的德行，一上座就万念放下了，庙也不修了，什么也不干了，三天以后，无我相，无人相，无众生相，什么都没有，就是一片光明。这两个小鬼第七天来了，看见一片光明却找不到他了。完了，上当了！这两个小鬼说：大和尚你总要慈悲呀！说话要有信用，你说要度我们两个，不然我们回到地狱去要坐牢啊！法师入定了，没有听见，也不管。两个小鬼就商量，怎么办呢？只见这个光里还有一丝黑影。有办法了！这个和尚还有一点不了道，还有一点乌的，那是不了之处。

因为这位和尚功德大，皇帝聘他为国师，送给他一个紫金钵盂和金缕袈裟。这个法师什么都无所谓，但很喜欢这个紫金钵盂，连打坐也端在手上，万缘放下，只有钵盂还拿着。两个小鬼看出来了，他什么都没有了，只这一点贪还在。于是两个小鬼就变老鼠，去咬这个钵盂，卡啦卡啦一咬，和尚动念了，一动念光没有了，就现出身来，他俩立刻把手铐铐上。和尚很奇怪，以为自己没有得道，小鬼就说明经过，和尚听了，把紫金钵卡啦往地上一摔，好了！我跟你们一起见阎王去吧！这么一下子，两个小鬼也开悟了。就是这一件故事，说明除贪之难。

有一位朋友来谈，他什么都不要，现在住在山上，最喜欢他那个茅棚，那个清风明月。我说：你真了不起，快要证道了，当心啊！还要被老鼠咬。贪一个茅棚也是贪，真修行是修这个，不要以为打坐气脉通了，眼睛放光，以为那个是道，那个不是的！道在心念！在这个"思"念里头，这个东西叫思惑，在思想观念里头，这一点解不开是不行的。知识分子喜欢看书，照样是这一念，贪恋于书也是贪，不要认为这个不是贪，没有哪一点不是贪，贪是人性根本，范围是非常非常广泛的。

有人自认不贪，什么都不要，年纪大了，功名富贵看通了。信不信？真来个功名富贵摆在他前面，他照样的去了。

谁不嗔　谁不痴慢疑

再说"嗔"，嗔心嗔念，大家以为自己都没有，脾气大，当然是嗔念，恨人、杀人、怨天尤人，都是嗔，是非分明也是嗔。或者你说什么都不会生气，就是爱干净，看到不干净受不了，也是嗔，一念得嗔就是厌恶。你念佛啊，打坐啊！你念得再好，如果这个思惑，这个心理行为一点没有转变，免谈学佛。这是真正的佛法啊！不管你是念佛的、参禅的、密宗的，随便你什么宗，你说天宗都没有用，必须要断这个思惑。

"痴"就更不要说了，大家都痴，痴痴呆呆，每一个人都痴。我有两个好朋友，交往二十多年，都跟我在一起学佛。我告诉他说你差不多了，儿女都出国得博士了，也都结婚了，不过么，我对这位朋友太太讲，将来生了孙子你又去忙了。她说不会不会，老师啊！那个时候一定完全跟你学佛了。结果呢！两老在家里没有事，哎呀！把外孙从美国接过来玩玩吧！照样痴起来。这还算很普通的，痴心有很多很多种，《红楼梦》上林黛玉葬花，那个是痴到极点了，所以贪嗔痴，普通佛经上讲三毒，就是使我们不能悟道，不能超凡入圣的三毒。

"慢"叫作我慢，就是自我的崇拜，自我的崇高。我们大家检查一下，人最佩服的就是自己，每个人都佩服自己。至于阿Q精神，没有办法跟人家打，不要紧，自认为还是老子。所以人最崇拜的就是自己，这个叫慢。

"疑"就更难了，佛学再研究下来，了解人性，人根本不会相信别人，因为有我，有我慢，所以人对一切真理都不信。譬如说，很多宗教徒，佛教的，基督教的，信什么教都不管，他跪下去拜拜，菩萨你保佑我，上帝你保佑我，你说他相信了没有？拜下去了以后，心想，哎！不晓得灵不灵！都在疑。没有一个会真正绝对信的人。所以贪、嗔、痴、慢、疑这五样，是思惑，思想上根本障道，不能解脱。学佛是求解脱，能解脱一样已经是了不起了，五样都能解脱了，才能够证到四果罗汉。

前面讲到四果的证果，就是我们学佛的重点；学佛先不谈大乘，大乘是以小乘为基础的，小乘都做不到，大乘大不起来。

话说再来人

初果罗汉叫"须陀洹"，中文的意思是"预流果"，断了五个见惑，但是，根本思惑还没有解脱，因为余习未断，所以要七还人间。余情是剩余不来的情感，断不了的，还是要七还人间才能了。如果七还人间时，不晓得再进修，还是会后退的。

修到了预流果的人，死后不到这个地球上来了，而升天去了。在天上的一辈子，比我们地球上长得多，天上的生命结束了再来做人，这一种人称为再来人。当然再来人不晓得是男人还是女人，是漂亮或不漂亮，是大富贵或者是穷苦，都不一定的，这个账很难算，电脑也算不清。他们是来世间受报的，因为有些账没有还，要来还账，七还人间，生了死，死了生。

所以，依我看来，社会上很多都是再来人，当然在座之中也许很多，不过自己不知道罢了。须陀洹再来人间，就是还债，自己也不知道。假使自己能够知道，就已经不是初果罗汉了，一下就超过去了。

不来行吗

到了二果"斯陀含",是"一还果"了,思惑的根根拔出来一点,死后再来一次世间,把所有的债务清了,可以到另外清净的地方去,也只能算是暂时请假,还非究竟。

三果"阿那含"叫作"不还果",不回到人世间来了,直接从天上证四果入涅槃。佛经上说,他们涅槃的时候有几句话:"我生已尽,梵行已立,所作已办,不受后有。"梵行已立,我生已尽,清净修行的,不一定得道啊!天人清净境界的修行,已经建立得到了。所作已办,欠债还钱,债务都没有了。不受后有,不再来了。有些经典上用四个字形容,"长揖世间",向人世间作个揖,大家再见,不再来了,这个叫不还果,三果罗汉。有许多朋友学佛修道说:人生好苦啊!想这一辈子修成功了,不再来。有那么容易吗?不再来要修到三果罗汉才行,才能长揖世间。要到四果阿罗汉的果位,才算在这个世间有成就。

阿罗汉是译音,阿是无的意思,阿罗汉就是无生,永远没有烦恼,没有魔障,心中之贼拔去了,此心永远清净光明,这是阿罗汉果。这四个罗汉果位,包括了三界的天人。

三界的天人

初果、二果罗汉死后不来,就暂时升天去了,升的不是色界天,而是欲界天。我们中国人讲的三十三天,是欲界天的一个中心而已。这一层天的中心并没有离开日月系统;所谓欲界是指生命由男女情爱结合而延续的。不但人是如此,任何的生物都是由两性雌雄的关系而来,因为有爱有欲,所以称为欲界。欲界里的天人地位比我们高,譬如普通民间拜神拜仙啊，称所拜的神、仙是菩萨，这些都是欲界天天神的境界。初果罗汉死后往生，是上不了色界天的，只是升到欲界天而已；因为他只断了一部分的情，而且这个情是压下去的，欲的根未尽，所以仍在欲界天。

有些人的表现，可以看出来是天人中的人，他的情绪与一般人不一样，他一无所好，或者只喜欢种种花啦，爬爬山啦！对人世间的一切很淡泊。他对人世间虽淡泊，但对于山水花鸟还留情，所以还是欲界，只是他已经升华多了。

到了三果，才能够升到色界天，色界天的最高处"大自在天"，佛经中又叫"有顶天"，好像天顶有盖一样。佛经中说，假使从有顶天丢一块石头，佛说要十二万亿年才能到我们这个地方。换句话说，欲界天还在这个银河系，色界天已经超出银河系了。

再上层是无色界天，那就难爬了，大阿罗汉可以到。大阿罗汉差别很大，譬如须菩提、阿难、迦叶尊者，有时也称大阿罗汉。严格讲起来，释迦牟尼佛也是大阿罗汉，不过，他这个大阿罗汉就大了，大到叫如来了，所以到达大阿罗汉的境界很难很难。我常鼓励爱写小说的青年同学们，可以写一本三界中的婚姻故事，一定畅销；譬如欲界人道小孩出生是从女性下生的，到了色界天，有的是从男人肩膀上生，有的是从坐膝边上裂出来的，色界天人只有光色，无色界里的天人，连形象都没有了。

我们的老祖宗，不是吃了苹果变的，不是什么细菌变的，而是色界"光音天"的天人下来的。大概他们科学很发达，到太空来探险，他们一身有光，又不要吃东西，飞来飞去。可是有一次尝了一下地味，大概是盐巴，吃了以后身体变重了，飞不起来，所以就留下来了。这就是这个地球上人种的开始。光音天的人又是无色界里下来的，至于无色界的人种从哪里来，佛说不可说，那就要推到原人论去了。这些都是大问题，佛经里头这些问题多得很，现在我们不要扯远了，回转来只谈我们现在做人的修养；一个人要把心中的贪嗔痴慢疑洗刷干净，平等，慈悲，爱一切世人，设法除掉见思两惑。

解结去惑

三界的见思两惑叫作"八十八结使"，欲界里最多，像八十八个疙瘩，结在一起。能够修行解开一两个，那已经不得了了，脸上放光了，能够解开四五个，连头发都会发亮呢！所以真正讲修行，就是解开结使，转变自己心理的行为。心理行为转变了，进一步能够把智慧开发，断了思想上、见解上的偏见，才叫作解脱。学佛修行，不论大乘小乘，都是五个程序，戒、定、慧、解脱、解脱知见。

为什么要持戒呢？那是要使自己心中的结使不再与外界连起来，不再打结了，不准外面打进来，自己也不想打出去。但是持戒就要定力，所以要修定，打坐不过是修定的一种方法而已！真正修定要随时都在定，心中凝住在一点，止于至善，固定在善的一点上，这时，八十八结使还没有动摇，要到达智慧发起了，结使才开始有一点点动摇；等到解脱了几个结使，才解脱了思惑。

知见又不同了，见是看到，看到慧，见到性空缘起真正空性的一面，性空缘起翻过来是缘起性空。所以说佛法各宗各派，认为只有修中观才对，或修什么才对的，对不起，你都困在五见里的见取见了。主观认为只有这个才对，你已经被它束缚住了。所以，要把这一切解脱了，才能叫作学佛。

花了好大的力气，报告到这里为止。现在我们回过来看《金刚经》，这一节就是讲这个问题。

初果的罗汉

> 须菩提。于意云何。须陀洹。能作是念。我得须陀洹果不。须菩提言。不也。世尊。

佛又问须菩提,你的意思怎么样?"须陀洹能作是念",一个修道的初果罗汉,心里能不能有已经得须陀洹果的念头?这个意思是一个悟道的人,能不能逢人便说他已经悟道了?如果真有人如此,大家不把他送疯人院才怪。一个圣人,或有学问的人,处处挂个招牌,说自己是有学问的人,这不是疯子吗?中国人的老话:学问深时意气平。学问到家的人,意气都很平和了,何况果位上的罗汉!所以,须菩提听了佛的问话,就说那不可能的。

> 何以故。须陀洹。名为入流。而无所入。不入色声香味触法。是名须陀洹。

须陀洹就是预流果,预流就是入流,入什么流呢?入到圣人之流了,已经站到圣人队伍里去了;也可以说,他所悟的道已经入法性之流了。法性不是人性,人性是丑陋的一面,等于说,我们人性是这一面,法性是那一面,他已经由普通的纵欲、情感、爱欲解脱出来,进入清净的法性一面了。

佛说,怎么样能够达到初果罗汉呢?佛在这里已经讲到功夫了,刚才是讲原则;所谓的入流,反而无所入。换言之,他证到空的境界,就是缘起不起了,缘起性空了,也就是证到了性空,念念都是空的境界。

所以说他不入色,眼睛视而不见,一切人、形象、青山绿水看着都很好,都无所谓了。普通人一看到好,结使就来,被好捉住了;

初果罗汉不会被好境界捉走，此心归到平淡，没有事。不入色、声、香、味、触、法，这是什么境界？这就是应无所住，这就是真的无所住。修养到在人世间做人、做事，利益一切人，一切都不住，心中都不留，甚至做了无量的功德，过了就过了，能够随时如此，打坐也好，不打坐也好，都是这个境界，这才算接近初果罗汉。

有一个年轻同学，过去也问过我，他说：老师啊，像我们现在打坐用功，经常愣住了，愣在那里，好像看不看都没有相干，这是不是入到预流果啊？我说差不多啦！入到芒果那里去了，茫茫然，那是愣住了，那并不是不入色声香味触法。

你不要看这是愣住了，这也是有一点道理，只不过，这是他用功过程中的现象而已！如果认为这样就是入了预流果，那就不对了。有人修行用功，有时菜饭吃到嘴里是什么味道也不晓得，你说真的不晓得味道吗？又不是，他味道也知道，只是感受上没有那么强烈，比较平淡而已！真正学佛用功，会到达这个境界的，可惜不能持久！而且都是瞎猫撞到死老鼠，偶然来一下，过两天就没有了。不要说我们是如此，连大阿罗汉们也不行啊！《维摩经》上都有，像迦叶尊者，及佛在世的一些大阿罗汉们，都难完全到达不入色声香味触法的境界。

迦叶起舞　毕陵慢心

迦叶尊者定力之高是有名的，出家前，与太太两人同修，约好假结婚，房间里一个柱子为界，各住一边，有夫妇之名，无夫妇之实，后来带着太太一同出家。像他这样高定力的人，却当天乐鸣空时，习气深处贪爱音乐的根本发起了，他一边闭眼盘腿打坐，一边不自觉地打拍子，摇了起来，坐在那里跳舞。这是什么道理呢？这就是《维摩经》上所讲：余习未断。所以《维摩经》有天女散花的描述，天女把花撒下来，落在大阿罗汉身上就粘住了，落到大菩萨身上，粘不住就掉下来了。维摩居士说：一切大阿罗汉，八十八结使断了，但是余习未除，剩余那个根根的一点习惯还没有断除，这就叫余习未除。大阿罗汉尚且如此，何况我们平常人！

另外还有一个例子，佛的弟子毕陵伽婆蹉，他已经是罗汉了，功夫很高又有神通。据佛经上说，有一天他要过河，那河的管辖权属于一个女河神，毕陵伽婆蹉站在河边，两手一比，叫道：丫头，你把那个水断了，我要过去。女河神没办法，功力不及他，只好把水断了让他过去。事后这个女河神就来向佛告状说：你的大弟子还骂人！脾气那么大，骂我"丫头"。佛就笑了，把他找来对他说：过河用神通是犯戒的！犯戒还不说，你还公然骂她。毕陵伽婆蹉说：佛啊！这很冤枉，丫头，你讲，我骂过你吗？女河神说：佛啊，你看当着你的面还骂我。毕陵伽婆蹉说：你怎么搞的？丫头，我实在没有骂你。佛对女河神说：你不要见怪，他五百世生婆罗门家，骂人骂惯了，结习未断，所以这一生得了哮喘，果报还没有还完呢！你以为他骂你啊！他没有骂。毕陵伽婆蹉还说：我真的没有骂你，丫头，你不要难过。等于有些人骂人骂惯了，你叫他道歉，他也道歉了，可是他还再骂你一句。

所以说，得了初果罗汉，对于六根六尘不是不动心，只能说入流而已，可是心念之流还没有空，等于石头压草，碰到某种环境，还是会暴发的。关于这方面，有许多资料记载，譬如苏东坡，以及很多人，都是大修行人转生来的，但是转一转生，他就忘记了。

再如明朝有名的王阳明，据有些文献记载，就是一个老和尚转世的。有一次王阳明来到江西一个庙里，看到一个房间锁着，外面灰尘很厚。和尚说这个房间是不能开的，王阳明位高权重，怀疑庙子里和尚做坏事，就下令一定要打开，进去只见一个涅槃老和尚的肉身，已经干瘪了，坐在那里，前面挂着一块布，上面写了几句话："五十年前王守仁，开门即是闭门人。"王阳明一看就傻了，但是他一生不再谈这件事。

这些都是什么道理呢？这是说明结使的问题，前面我们讲到，得罗汉果的七还人间，至于变成什么样子的人，不一定。在四川时有位老前辈也很有名啦，他俩夫妻人很好，年轻时我很羡慕他们，我说人世间神仙眷属就是你们，自己有别墅在山上，两个人感情又好，子孙满堂。他俩夫妻都学华严观，太太还得过眼通。她说前生是个喇嘛，受他供养，结果修行也没有修好，骗吃骗喝，所以这辈子变成他太太服侍他的。因为她修刘洙源先生那个佛法要领，自己前因后果很清楚，我认为这些都是再来人，这就是说到得预流果的道理。

说了许多的故事，大家不要听岔开了啊！所谓故事者，即非故事。现在再归到《金刚经》。

二果三果作什么

须菩提。于意云何。斯陀含。能作是念。我得斯陀含果不。须菩提言。不也。世尊。

佛又问须菩提，关于二果罗汉一样的问题。

何以故。斯陀含。名一往来。而实无往来。是名斯陀含。

二果罗汉，只有一次回转人间，名义上讲再来一交，等于没有来。什么道理呢？有许多人生死到了，过去的业债已经完了，有时候来入胎一下，在胎儿阶段就流产了，做完了，这一生债算是还够了。这是真的啊！讲得很实在，听起来好像死无对证。有许多人跟父母的因缘很好，但是时间很短，缘也完了，他也不需要再来，你应该替他高兴，他是已经成就了的人，只不过欠你这么一点亲情之债。但是你也欠他眼泪啊！你也为他伤心哭这么一场，账也完了，就可以了啦！这是二果斯陀含。

> 须菩提言。于意云何。阿那含能作是念。我得阿那含果不。

这是不还果，这一生过完就结束了，是三果了。

> 须菩提言。不也。世尊。何以故。阿那含。名为不来。而实无不来。是故名阿那含。

三果罗汉就高了，说不来人间，也不一定，他还是来，因为他已经无生死可了，来也不怕，只是罗汉有隔阴之迷，投一个胎就迷掉了。到了三果以上，定力高的人可以不迷，自己知道。

我自己这些年没有到处跑，所以也没有听到什么；年轻在大陆时到处跑，听了许多奇事。譬如我有一个四川朋友，他就告诉我记得三生的事情，他是很有名的一个名人，学问好，文章好，当然他也不轻易讲这种事。到了三果的再来人，有时候他明知而不说，因为他生死可以来去自由。有些人入胎不迷，住胎的时候迷掉了；有些人入胎住胎都不迷，出胎那一刹那迷掉了，各种情况不同，都是因为三果罗汉定力程度的差别而产生的结果。这一品讲三果罗汉"名为不来，而实无不来"，就是因为三果罗汉生死来去比较自由的缘故。

罗汉的前途

> 须菩提。于意云何。阿罗汉能作是念。我得阿罗汉道不。须菩提言。不也。世尊。何以故。实无有法。名阿罗汉。

讲到阿那含的果位，不再来人世间这个欲界了，实际上来不来呢？还是要来；就是到了四果阿罗汉，也不是绝对的不来。大阿罗汉一定八万四千大劫，地球形成又毁，毁了又成，但是他不出定则已，一出定怎么办？也只有回向大乘，由般若智慧的解脱，才能成佛。所以小乘的前途，还是要回向大乘，由小乘的声闻，向这个大乘，才能真正成就。也就是说，真正四果的阿罗汉，"实无有法，名阿罗汉"，就是没有一个具体的法证到空。如果你还有空的境界，就落在边见了。如果说你是无边，则又落在见取见了，这都是见地不真。

所以真正的空，是没有空的境界可得。我们现在有少数的同学朋友们，打坐坐得很好，自觉进入空的境界，可是你千万不要把空的境界，弄成只有比身体大一点点的范围。那不是空，那是一个洞，那样的空是落入边见的小边见。

为什么人会有空的范围而落在边见呢？原因是智力有限，人的智力与心力有限度，所以才会产生这一种见解。所谓《金刚般若波罗密经》，它是没有限度，没有范围的无限。最后我们看他的结论，这是须菩提讲的：

> 世尊。若阿罗汉作是念。我得阿罗汉道。即为着我人众生寿者。

须菩提认为，到达了阿罗汉的境界，他没有丝毫我已证果的念头存在。如果有这一念在，一念就是万念，这一念就会牵连到重重叠叠，所以《华严经》称为"帝网重重"。帝就是大，我们的思想、感觉、情感，像一个无比大的大网，只要一个网眼洞动一下，其他的眼洞都跟着一起动，就是所谓帝网重重。我们修持的业力，心性的业力，一念动，百千万亿念都牵动其中。说有一切有，说空一切空，就是这个道理。

所以说，大阿罗汉，如果有自觉已证得阿罗汉的境界，他的我人众生寿者四相都有，他只能算是个货真价实的凡夫，根本没有得道。拿禅宗来讲，如果有人说他已经"悟"了，那就是言旁口天的"误"。有人还自认为是大彻大悟呢！当然啰，那是大错大误！就像一个人身上有一万块钱，他绝不会在街上到处向人去讲的，这是个普通的道理，更何况一个得道悟道的人，绝不会自觉有道了。须菩提接着报告自己的心得。

世上的第一名

　　世尊。佛说我得无诤三昧。人中最为第一。是第一离欲阿罗汉。

　　须菩提说，佛说他（须菩提）已经证得了无诤三昧，一切无诤。你骂他也好，恭维他也好，你喊他是天王老子也好，他都无所谓。不是没有听到啊！只是他听到心中平常得很，既无欢喜亦无悲，是非一门，一切无诤。

　　说到这里，我想到《老残游记》的作者刘鹗，这个人的才华还不在《老残游记》，而是《老残游记》中桃花林遇仙的六首诗。实际上这些诗都是刘鹗自己所作，后来有人在墙壁上看到这些诗，其中有一句"回首沧桑五百年"，惊奇得不得了，等他出来的时候，那个人赶快跪下来拜，以为他就是神仙，其实那只是刘鹗作的诗。作诗总是乱打妄语的，我作诗也是一样；但是刘鹗的诗有时境界很好，我们因为讲到无诤三昧，引用刘鹗的诗：

　　曾拜瑶池九品莲，希夷授我指玄篇。
　　光阴荏苒真容易，回首沧桑五百年。

　　这一般人佛学都通得很喔！只能讲他佛学很通达，修持功夫不见得。

　　引用《维摩经》的境界，这就是天花着身。佛给须菩提的评语，说他已经得到无诤三昧，但是下面一句话你注意啊！"人中最为第一"，还是人啊！是人类当中学问道德最高的。以学佛四加行来讲，人中最为第一就是世第一法，做人到了最高处，道德修养都是第一名，人中最为第一。佛给他的下一个评语"是第一离欲阿罗汉"，这是讲须菩提在的时候，佛给他的评语，还只能够超出欲界，所以是离欲阿罗汉。至于能不能完全跳出三界，在当时还不一定。后来《西游记》写须菩提收孙悟空为徒的时候，那已经很高了，但是在佛讲《金刚经》的时候，须菩提的程度只是离欲阿罗汉，绝对无欲而已。

这个欲是广义的，不是指男女之间情爱之欲，是指一切的欲，连修道、贪恋打坐、贪恋清净的那个欲望，都是欲。须菩提已经空了一切的欲，所以是第一离欲阿罗汉。

世尊。我不作是念。我是离欲阿罗汉。世尊。我若作是念。我得阿罗汉道。

他说，尽管你老人家给我这样一个评语，说我已经达到这样一个境界，但是，他说，我绝对没有这样一个观念，我不会认为我已经到达了人中第一，我更不会认为我已经得到阿罗汉道。

世尊。则不说须菩提。是乐阿兰那行者。以须菩提实无所行。而名须菩提。是乐阿兰那行。

这话怎么讲呢？假如佛给我这个评语，已经证到了离欲阿罗汉，是人中第一，在同学里头是第一，我自己想都没有想，丝毫没有这个观念；假定我心里头有这么一点观念，您就不会说我是一个乐于寂静的行者了。寂静，就是彻底清净的人，喜欢住山，自然就有一个寂静的庙，庙在哪里？庙就在你心中，也就是我们经常提到古人的一首诗："人人自有灵山塔，好向灵山塔下修。"

这一品就是说明四果罗汉的修法，《金刚经》上所讨论的重点在什么地方？无所住，到了这个极果，心中还有这个得道的观念，那就已经有所住了，那就错了。所以我给它的结论偈语是这样的：

第九品偈颂

四果阶梯着意成，由来一念最难平。
儿啼黄叶飘然落，诳捏空拳大小擎。

"四果阶梯着意成"，罗汉有四个果位，大乘菩萨道有十地，这些是如何区分呢？其实都是见地问题，所见的范围，所见程度，也是一念的关系。四果这个阶梯怎么来的？是由作意而成。

"由来一念最难平"，人生学佛修道，这一念能平静，则万法皆空。但是这一念最难平，这一念就是当下一念，由于贪嗔痴慢疑的感受及执着，当下这一念不能平，因此所有的修持都是白费了。

"儿啼黄叶飘然落"，这是《法华经》上的典故。《金刚经》上教人不能够执着佛的法，执着了佛法就不是真正学佛的人。在《法华经》上，佛用另外的方法表达，佛说他说的法，等于指黄叶为黄金，为止儿啼而已。那个小孩哭了，怎么办呢？为了使他不哭，顺手捡了一片黄叶来逗他：这个好玩啊！这个是金子。只要把小孩哄住了，不管它是鸡毛也好，树叶也好，只要小孩不哭就行了。佛告诉我们，他讲的佛法，就是这个样子，指黄叶为黄金，为止儿啼而已！其实任何一法都是黄叶，都是为止儿啼而已。如果一念停了，黄叶就不要了。

禅宗祖师有四句话："佛说一切法，为度一切心。我无一切心，何用一切法。"达到这个境界就是佛，什么参禅啊、打坐啊、念佛啊、念咒啊、观想啊！管它白骨红粉都可以观；白骨观不起来，观红粉，红粉观不起来，观白骨。佛说一切法，为度一切心，我无一切心，何用一切法。这是《金刚经》彻底的意义，佛都告诉你了，你还要求这个法，求那个法，千里迢迢从外国跑回来，非要在这里学不可。那当然！因为你有一切心嘛！你就必须回来求一切法。

"诳捏空拳大小擎"，佛说他说法，如空拳哄小儿。小孩子哭，你只要能使他不哭，我里边有糖，我给你一毛钱，实际上都没有，都是哄那个小孩罢了。禅宗有个祖师五祖演，编了两个故事，说明佛法修行的道理。

小偷与越狱的人

一个是小偷的故事，大概很多人都听过的，我们再重复一次。有一个小偷本事高强，儿子长大了，就缠着要他传衣钵。有一天被儿子缠不过了，就答应当天夜里带他去偷。父子偷偷摸进了一家人家，发现房间内有个大柜子，这个父亲想办法把锁打开了，叫儿子进去拿东西。儿子进了柜子，这个父亲立刻把柜门关上锁住，并且大叫有贼啊……然后自己跑掉了。这一家人被吵醒都起来了，点起灯火到处找，有个丫头拿着蜡烛进了房间，柜子中的儿子情急智生，就用口技学老鼠打架，吱吱吱吵个不停。丫头叫了起来，太太，不得了啦！小偷没有看见，柜子里有老鼠作窝啊！立刻拿钥匙开锁，这个小偷的儿子冲出来，一口气把蜡烛吹灭，就跑掉了。跑回家中看见老子躺在那里睡觉，儿子就把他叫醒，质问他：为什么这样害自己的儿子？这个父亲说：你不是出来了吗？你成功啦！衣钵传给你啦！他说：小偷无定法，只要你逃得出来，就成功了。所以五祖演第一个就告诉徒弟们，要成佛没有定法，随便修哪一样，自己想办法。

有一次，五祖演对徒弟们说，佛法大乘、小乘，还来个《金刚经》，哎呀！不要那么啰嗦！我告诉你们一个故事：

有一个犯人坐牢，判了无期徒刑，他想逃出监牢，就与有些同牢的难友商量，那些做小偷的都不说话；可是不久小偷慢慢挖地洞，一天挖一点，最后成功了。等到小偷逃走，这个犯人就把地洞盖好，他自己呢？不想逃，反而跟那个看守变成好朋友。家里送来好吃的，大家一起吃，好玩的一起玩，后来与看守人无话不谈，大家放心他，晓得他不想逃。慢慢的，有一天家里大拜拜，送来很多的虾啊鱼啊，肉啊，白兰地酒、金门高粱、啤酒都有。他请这个牢里的看守一起来庆祝，等到看守的人酒喝醉了，他就从看守身上把钥匙取出来，打开自己手铐脚镣，穿上看守人的制服，把牢门打开，他就大摇大摆地走了。

　　五祖演说，那个学小乘的呀！就是学那个小偷，花了很大的功力挖个地洞逃出来，逃出来以后，还很可怜的，东躲西躲。学大乘的啊，想要跳出这个世界的牢笼，要跟牢犯、阎王、看守都变成朋友才行。学大乘就是这个样子。佛法讲三界如牢狱，至于什么方法逃出来，不论念佛，拜佛，还是念咒子，是密宗还是显教，都不管，你只要有办法出得来就行。这就是佛说无定法的道理。

第十品　庄严净土分

佛告须菩提。于意云何。如来昔在然灯佛所。于法有所得不。不也。世尊。如来在然灯佛所。于法实无所得。须菩提。于意云何。菩萨庄严佛土不。不也。世尊。何以故。庄严佛土者。即非庄严。是名庄严。是故须菩提。诸菩萨摩诃萨。应如是生清净心。不应住色生心。不应住声香味触法生心。应无所住。而生其心。须菩提。譬如有人。身如须弥山王。于意云何。是身为大不。须菩提言。甚大。世尊。何以故。佛说非身。是名大身。

心空及第归

现在讲第十品经文之前，先讲一下庄严净土，这是大般若的净土，佛的净土，不是仅指西方极乐净土。所谓庄严净土就是一念不生全体现，是心清净，心空，真净土。

说到这里，想到禅宗丹霞祖师的一副对联；丹霞祖师与吕纯阳一样，是唐朝人，都是去考功名，半途改去修道。这位丹霞在赶考的路上，遇到一个人与他闲谈，后来对他说：看你这个人的志气才华，何必要考功名，你到江西的考场找马祖，可以成佛，比这个功名好。后来丹霞就去找马祖了，这是丹霞禅师的公案。

丹霞的禅堂有一副对联："此是选佛场，心空及第归。"等于说我们这个禅堂也是考场，是选佛的考场，心空就是净土，就考取了。真能够空此一念就考取了，心空及第归。学佛的究竟，就是空此一念，俗名叫作现在的现实净土。所以佛在维摩经上说,"随其心净则佛土净",处处都是净土,处处都是极乐世界,只要心净就是净土了。

《金刚经》的这一品,梁昭明太子给它的标题是:"庄严净土分"。

> 佛告须菩提。于意云何。如来昔在然灯佛所。于法有所得不。

前面这一分是佛与须菩提的对话,讨论修小乘四果罗汉的境界,讨论到这里为止。现在佛拿自己的经验来谈了,他说,我当年在然灯佛那里,得了个什么法吗?这个"当年"很早了,不是前生的事,是很多生以前的事,第一个给佛印证的老师就是然灯佛,后来小说《封神演义》上写成然灯道人。这个然灯佛是古佛,非常远古,地球没有形成以前那么古。佛说他当年在然灯佛那里修行,然灯佛给他授记印证,他得到了一个什么东西吗?

> 不也,世尊。如来在然灯佛所。于法实无所得。

须菩提说:不是的,据我的了解,你当时在然灯佛那里,你真正的境界,了无所得,一切都空,空到极点,连有所得、无所得、空的境界都没有了。须菩提答复到这里,佛不讲话了,第二个问题来了。

庄严佛土在哪里

> 须菩提。于意云何。菩萨庄严佛土不。不也。世尊。

他说我问你,你认为一切菩萨有一个另外的世界,譬如天堂,天堂外面的国土等,一个另外非常庄严、好看、漂亮的佛土吗?

根据《金刚经》这一句,我经常对同学们说,你们可以写一本比较宗教的书,把各个宗教描写天堂、佛国的书,写出来作一个比较,这些资料都有。西方人讲的天堂，其中布置都是西方式的，而且你注意，都是欧洲式的，那个神啊，空中的天使，也是欧洲形式的；印度人讲的是印度形式的，中国人讲的，穿的衣服是中国式的。

究竟天堂或者佛土是什么形状呢？那就是说，随便你爱画成什么形状就什么形状，反正大家都没有去过。

所以一般人心中的佛国世界及庄严佛土，都是因人而异的，爱黄金的人想到的是黄金遍地；爱山水的人，一定梦到佛站在高山顶上，好清净！好美！这叫作各如其所好，也就是《楞严经》上的四句话："随众生心，应所知量，循业发现，宁有方所。"

世界上一切知识的范围，宗教哲学的境界，都是依一般人自己的心灵造成的。随众生心量的大小，你那个天堂，你那个佛土，也有大小。应你所知的范围，量的大小，佛国就有多大小。

循业发现，有些人同样的学佛打坐，但所看到的佛都不一定，你那个佛鼻子高一点，我那个佛鼻子塌一点，总有点不同。这是什么道理？是个人心境业力的发现不同。宁有方所，没有一个固定的方向，没有一个固定的心所作用，是绝对的唯心，纯粹的唯心。

所以佛在这里问，"菩萨庄严佛土不"？须菩提说不是的，他否认所谓的庄严佛土世界存在。

何以故。庄严佛土者。即非庄严。是名庄严。

《金刚经》常用这种论辩方法，所谓庄严佛土，只是一句形容的话；"即非庄严"，实际上不是我们想象的那种庄严。我们想象的庄严，一定是地方清净，大家闭着眼一想啊，一定想一个什么都没有，空空洞洞的境界。但是这只是你想象的，有这么一个境界相，已经是不庄严了。绝对的清净，绝对的空，绝对不是你想象的，是名庄严，所以叫作不可思议。

这三句话，正，反，最后的综合，告诉你毕竟的空灵，而你所讲的空，想象当中的空，已经是不空了。真正佛土的庄严，你没有亲自证到过，不要空洞地想。这是须菩提回答的道理。

打火机

> 是故须菩提。诸菩萨摩诃萨。应如是生清净心。不应住色生心。不应住声香味触法生心。应无所住。而生其心。

教我们修行的方法来了，注意啊！《金刚经》讲到这里，就告诉我们一个修行的方法，是第二等的方法，因为第一等的大家不懂，是没有字的；第二等是有字的，应无所住。什么叫无所住呢？应随时生清净心。譬如有人讲，老师啊，这两天修行很好呢！有清净心。现在大家听过《金刚经》，很内行了，他只要有一个清净心，已经是所知量，范围很有限了。

现在佛解释什么叫清净心？"不应住色生心。不应住声香味触法生心。应无所住。而生其心。"禅宗六祖初步悟道，就是这一句话，听到了"应无所住而生其心"就开悟了。此心本来无所住的啊！因为你不明白此心无所住，无所住是毕竟空；有个空的境界，就不对了，就有所住了，就住在空上了，那是住法而生心，住在空法上。

所以真正的清净心，不是有个光，有个境界，而是不住色，不住声香味触法，他说真正的修行，应无所住而生其心。应该随时随地无所住，坦坦然，物来则应，过去不留。用我们常谈的这两句话，勉强来描写，就是此心无事，像个镜子，心如明镜台，有境界来就照，用过了就没有。当年我有个朋友，学佛有点心得，那个时候刚刚有打火机，人家问他：佛是什么？他说就像个打火机一样，卡达！用它就有，不用就没有。

因师而瞎的眼

> 须菩提。譬如有人。身如须弥山王。于意云何。是身为大不。须菩提言。甚大。世尊。何以故。佛说非身。是名大身。

"譬如有人，身如须弥山王"，注意这一句话喔！须弥山王就是讲法身，得到应无所住，而生其心，可以初步证到一点法身了。法身是不生不灭，不垢不净，不增不减，所以法身也是大身，也叫作无边身。他说你要得到应无所住而生其心啊！对佛的法身庄严净土，都知道了，佛的世界，佛的净土，就是这个样子。他说，我再告诉你啊！假使我讲一个人，身体大得像须弥山一样，像喜马拉雅山那么大，胖得比昆仑山还要胖，你说他大不大？那是一个譬喻，是说法身无量无边的大，永远的不生不死。佛告诉他最后的结论，"佛说非身，是名大身"。摆脱了我们肉体的身见，身见就是八十八结使第一个解脱不了的疙瘩，把身见空掉了以后，就可以证得不生不死的法身。

不生不死的法身，也是一句抽象的话，佛法只有实证，你证到了以后才知道，是法不可说，不可说，凡是说的都不对，这个就是法身。所以禅宗讲的悟道，第一步就是要证得这个空性的法身，身见才能够脱掉，才可以说学禅。

这两天你们考试的题目禅是什么？大家答的都是牛头不对马嘴；禅是佛的心法，根据《楞伽经》，或根据《金刚经》，佛讲得很清楚；可是大家没有留意，随便说要学禅，观念、见地上都不清楚。这个见地不清楚就一错再错，所有的修持做功夫，走的都是歪路，因为起步走错了。这不能瞎搞的，不能乱玩的，所以禅宗祖师有一句话："我眼本明，因师故瞎。"这是一个大禅师悟道后讲的两句话，因为原来的师父指导错误，以至本来明亮的眼睛，等于被老师弄瞎了，看不清楚。所以那些乱七八糟的著作，与我一样，乱搞的，经常会把人家的眼睛搞瞎了的，这一点要注意，要特别注意！

这一品庄严净土，我们给它的结论偈子如下：

第十品偈颂

> 外我无身是大身，若留净土即留尘。
> 然灯吩咐庄严地，挂角羚羊何处寻？

"外我无身是大身"，外我无身是引用老子的话，"外其身而后身存"。我们学佛修道，先把身见能够解脱了，所以外我无身，到达了无身见的境界，那第一步的学佛，已经证得了。法身也就是大身。

"若留净土即留尘"，你心中还有一个净土，认为是佛境界，这个清净就是尘，留尘就是障碍。

"然灯吩咐庄严地"，佛不是说吗？他在然灯佛那里悟道，所以然灯佛给他授记，说他悟了，再转身修持，将来在这个世界上成佛，做教主，说这个证道是庄严净土。名词上叫作净土，叫心净，叫心印，并没有个实际的境界啊！若有个实际境界，若留净土即留尘。所以然灯吩咐庄严地，就像禅宗祖师说的："挂角羚羊何处寻。"据说羚羊睡觉的时候，把身体一翘，羊角挂在树上就睡觉了，打猎的人不知道，在地上找这个羚羊也找不到。所以说我们一切应无所住而生其心，此心本如羚羊挂角。其实，只是譬喻而已。

譬如我们两个钟头来研究《金刚经》，这一百二十分钟的时间，所说的，所听的，都是挂角羚羊何处寻，现在就在净土中了。

第十一品　无为福胜分

　　须菩提。如恒河中所有沙数。如是沙等恒河。于意云何。是诸恒河沙。宁为多不。须菩提言。甚多。世尊。但诸恒河尚多无数。何况其沙。须菩提。我今实言告汝。若有善男子。善女人。以七宝满尔所恒河沙数三千大千世界。以用布施。得福多不。须菩提言。甚多。世尊。佛告须菩提。若善男子。善女人。于此经中。乃至受持四句偈等。为他人说。而此福德。胜前福德。

不可数的福

今天《金刚经》说到第十一品了,是"无为福胜分"。这个题目,虽然都是后世加的,但是重点都标出来了。

无为福属于清福之类。无为福胜就是说清净的福气高过世间一切功名富贵的福气。胜就是超过,超越的意思。

上一品讲到大身的问题,就是指一切众生的生命,肉身后面,那个形而上的根本的身,叫作法身,不生不死的大身。

现在就转到福气的问题!人要找到自己生命的本源,得到那个不生不死的大身,那是需要多大的福气啊!这个福气是无为之福,这一品就是讨论这个问题。

　　须菩提。如恒河中所有沙数。如是沙等恒河。于意云何。是诸恒河沙。宁为多不。须菩提言。甚多。世尊。但诸恒河。

尚多无数。何况其沙。

恒河是印度一个主要的大河，就像中国的黄河一样。现在佛提出来一个问题，恒河里头沙子有多少？数也数不清，多到没有办法计算，这是第一句的一个观念。

第二个观念，"如是沙等恒河"，还有很多条恒河，像恒河沙那么多条的河，这是第二个观念。"于意云何"，你的意思看看，"是诸恒河沙"，是所有这么多条恒河里头的沙子，"宁为多不"？是不是很多？"须菩提言，甚多，世尊。"须菩提就说了，世尊，佛啊！这当然很多很多啦！

佛又说："但诸恒河，尚多无数，何况其沙。"这个世界里，我们这个宇宙里，在印度是看到一条恒河，在中国还有一条黄河呢！在欧洲或其他各地，都有一条极大的河，很多像这样的大河，还多得很。

这里我们看到两个观念，第一个就是佛说的三千大千世界，佛的世界宇宙观，每一个宇宙里河流多少？佛经上常说，我没有办法告诉你，因为你们的知识不够，无法了解。过去我们听了好像说空话，现在因为科学的证明，就晓得他所说的是老实话。

其次第二点，他就告诉须菩提，像恒河一样的河流都多得数不清了，何况每一条河流的沙子呢？更数不清了。

须菩提，我今实言告汝。

讲到这里，他又叫一声须菩提，我老实告诉你：

若有善男子。善女人。以七宝满尔所恒河沙数三千大千世界。以用布施。得福多不。

这几句话连起来是一个问题，我现在要老实告诉你，假定现在所有世界上不管男的女的，用人世间最贵重的七宝，"满尔所"，装满了你所住的这个像恒河沙数多的三千大千世界,都拿来布施给人家,救济世界上所有的众生,你想这个大好人,得福多不多?他所得的善报多不多?

须菩提言。甚多。世尊。

这当然太大了,这个人做了这样的善事,这福报太大了。

受持四句偈

佛告须菩提。若善男子。善女人。于此经中。乃至受持四句偈等。为他人说。而此福德。胜前福德。

这就很严重了,他说假使这个世界上,有一个善人,对于《金刚经》的内容完全了解了,乃至"受持",这两个字特别注意啊!意思是接受了,并且照着经典上去修持。

进一步说,对于《金刚经》的道理义理了解了,功夫证到了,有所领受;道理上领受没有用,是真的懂了佛法,身心有感受,有转变了,这个才叫受。光是受还不算数。要永恒保持那个状况、那个境界,所以叫作受持。

受持二字不要随便把它看过去了,有人天天一卷《金刚经》,也叫受持,那是普通的,因为念完《金刚经》,你就不管了。

如果懂了经的扼要,等于吃饭吃菜一样,最精华的营养已经吸收到了,用不着管那些渣子。《金刚经》中也讲过,佛所说的法,像过河的船一样,你已经过了河,这个船就不要了;你《金刚经》不念都没有关系,就是要你真懂得,那才叫受持。

假使有这样一个人,不要说受持全部的《金刚经》,只要中间的四句偈,能够真正领悟了,有所领受,而保持境界,然后再来教导别人，为他人解说，这个人的福报，比用全宇宙财宝布施的福报还要大。

这个很严重啊！这样说来，那讲《金刚经》的人，福报就大得不得了啦，大得没有办法装了，连宇宙都装不下了吧！这个福报是无为之福，清净的福，可不是世间的鸿福。

关于这个四句偈等，前面已经提过，是千古以来研究《金刚经》经常问的。因为《金刚经》四句偈不止一个，经里头好的句子，都是四句连起来的，没有说究竟是哪个四句偈，这是一个大问题。

我们可以告诉年轻人作参考，我的话不一定对，你们诸位用自己的般若去参究。佛说过的，他说的话不算数，他的话就是医生开的药方，治你的病，你的病治好以后，如果你还捏着这个药方不放，那你就变疯子了，这是《金刚经》里他自己讲的。

禅宗各宗各派，经常提到一句话，要"离四句，绝百非"，这样才能够研究佛法。离开了四句，绝掉了百非，一切都不对，都要把它放掉。

离四句绝百非，也就是一切的否定。那四句也在《金刚经》上，也不在《金刚经》上，就是"空""有""亦空亦有""非空非有"这四句。世界上的事情、道理，都是相对的，正，反，不正不反，即正即反。

所以说，离四句绝百非，才是真正受持了《金刚经》的要义，四句偈的道理，就是这个要义。

这一品是说明无为福的重要，也就是说学佛修道的结果，是求无为之果，中文翻译叫无为，梵文就叫涅槃，涅槃就是无为的意思。无为之道就是最上等的成就。

从这一点说起来，大家在那里打坐做功夫可不是无为啊！相反的，那是非常有为！在那里打坐做功夫，生怕功夫掉了，生怕境界跑了，有时候偶然来一点清净，把清净抓得比七宝还要牢，生怕清净跑掉了。

有些人打坐，两个眼睛看着地下，我在年轻的时候就过来问：你丢了什么东西？他说：没有丢什么呀！我说那你为什么老是盯在地上看，好像东西掉了一样？

可见多数人都在有为之中，达不到无为；真达到了无为，那就是成道的境界。

资　粮

那么，要怎么样才能成道呢？要依循行为上的善行成就，福德成就，自然可以成道。所以学佛只有两种要事，一个是智慧资粮，一个是福德资粮。譬如我们现在研究《金刚经》，以及所有的佛经，都是找智慧，就是储备智慧的资粮。诸恶莫作，众善奉行，是找福德的资粮，智慧不够不能成道，虽有智慧，福报不够也不能成道。

但是在这个有缺陷的世界上，没有一个人的人生是圆满的，假使圆满他就早死掉了，因为佛称的娑婆世界，是一个缺陷的世界；所以要保留一点缺陷才好。曾国藩到晚年，也很了解这个道理，他自己的书房叫作求缺斋，一切太满足了是很可怕的，希望求到一点缺陷。

因此在这个有缺陷的世界，有福报的人没有智慧，有智慧的人没有福报。书读得好的，多半是福报差一点；命运好一点的人，多半在知识上少一点，有了这一面就少掉那一面。要想什么都归了你，那只有成佛才行。

可是成佛求的不是这个福报，而是无为之福，无为之福是很难的。现在看无为福胜的偈子：

第十一品偈颂

万斛珠量斗富豪，江山无主月轮高。
娑婆泪海三千界，争入空王眼睫毛。

这是我给这一品的结论,这个偈子的意思就是说,古代有钱的人用斗量珠斗那些豪富。譬如魏晋时候,一个有名的大富豪叫石崇,家里财产不晓得有多少,金刚钻、珍珠都是用斗来量。有钱人家都爱跟别人比斗自己的财产,就是:

"万斛珠量斗富豪",在普通人眼里,这个人福气大,有那么多财产;不过,有人比他还厉害,就是皇帝。如果皇帝发了脾气的话,一概没收,他也就没有了,所以皇帝的福报比他还要大。

"江山无主月轮高",但是我们看看历史,大福报的皇帝们,现在都过去了,也没有了。这个江山世界,谁能够做得了主啊?!一代一代,一个一个都换过去了。但是几千年前那个月亮,今天出来,明天还是出来,汉朝出来,唐朝还是出来,它管你世界上的人闹些什么!以帝王之富贵,也不过是一场春梦。

"娑婆泪海三千界",可是这个世界上的众生,对于富贵的福报,看得很重,由生追求到死,到死还不肯放手。所以,常啼菩萨永远在哭,悲痛这个众生的愚痴、愚蠢。这个世界叫娑婆世界,娑婆泪海啊!个个都是可怜人。

"争入空王眼睫毛",空王就是释迦牟尼佛,成佛了的人称空王。成了空王的人,眼睛这么一眨,看一下,一切皆空;一万年的历史也是弹指过去了,这一切的富贵像灰尘一样地过去了。但是,要想证到这个道果,就要超越人世间的福德,要有真正大福报的人,才能了解《金刚经》的经义,有智慧成就的人,才能成佛。

由此我们可以了解,这一品里所讲的福德,才是真正的福德,是智慧的福德,大智慧就是大福德,这个智慧的福德不是钱可以买的。

世界上最值钱的东西也最不值钱,最值钱的东西没有价钱,智慧是绝对无价;但是智慧也一毛钱都不值,这就是佛常说的众生颠倒。"争入空王眼睫毛",大家争先恐后的想成佛。

第十二品　尊重正教分

　　复次。须菩提。随说是经。乃至四句偈等。当知此处。一切世间天人阿修罗。皆应供养。如佛塔庙。何况有人。尽能受持读诵。须菩提。当知是人。成就最上第一希有之法。若是经典所在之处。即为有佛。若尊重弟子。

放《金刚经》的地方

　　复次。须菩提。随说是经。乃至四句偈等。当知此处。一切世间天人阿修罗。皆应供养。如佛塔庙。

这是佛吩咐的话，我们要特别注意。他说：须菩提啊！"随说是经"，再次告诉你，这个《金刚经》，乃至《金刚经》里面的四句偈等，它有多大的感染力呢？当这一本经放在这里，"当知此处"，你应该要了解这个放经的地方，只要有这个经摆在那里，或者经里的四句偈放在那里，他说不管天、鬼、神、阿修罗等，都要磕头膜拜，就应当供养。

他说这一本经，或者里头的四句要义，就代表了佛的塔庙，好严重啊！可是几十年来用《金刚经》包烧饼油条的也很多呢！那个时候《金刚经》不是塔庙，而是烧饼油条了。

　　何况有人。尽能受持读诵。须菩提。当知是人。成就最上第一希有之法。若是经典所在之处。即为有佛。若尊重弟子。

这本经典乃至四句偈在那里一摆,就代表了释迦牟尼佛本身在此,有那么严重!一切天、人、神、魔鬼,不能不顶礼膜拜。更何况还有人能够研究这个经典,懂了这个经典,进而修行,领受在心,保持佛的境界;乃至有人,每天念一卷,或者一节《金刚经》,这个功德大得不得了,威力也大得很。

须菩提啊,我告诉你:

"当知是人成就最上第一希有之法。若是经典所在之处,即为有佛,若尊重弟子。"你要知道啊,这个人如果能够照样的印出来;古代是靠写经的,有的出家人还刺血写经,大陆上常有人这样写经,不过只能拿来供养,因为白纸上用血写起来呈半咖啡色,并不清楚。

我年轻时皈依一位普钦大法师,他刺血写了一部《华严经》,八十卷啊!《金刚经》才一卷!他写了三年,也是八指头陀,两个指头燃了供佛的。燃指供佛是用棉花包起手指,放在油里泡,然后用火点燃供佛。要跪在那里声色不动,脸都不红,所以说,不能不使人肃然起敬。后来他闲谈时告诉我,血刺出来,马上拿笔蘸去写是不行的,因为血会凝结成块,所以血滴下来以后,马上用中药店买的白芨,一起像研墨一样研开才能用。古人经典要靠抄写,所以写经的功德很大,现在是靠印刷就行了。

《金刚经》放在何处

佛告诉须菩提,一个人能够喜爱《金刚经》,研究它又使它流通,这个人已经成功了,在这个世界上是第一等人,成就了最为希有之法。是人中少有的了不起,成就第一希有之法。在四川、湖北经常用的一句土话,对于很久没有来的朋友,偶然来了,称他为希客,难得来一次的希客。也就是稀少之稀,两个字通用。

刚才说,这本经典所在的地方,就等于代表了佛,等于佛就在这里，甚至代表佛的弟子们，须菩提、舍利佛、目连、迦叶等，这个经典多严重啊！

可是我刚才向大家报告，包油条也经常看到，就像当年我印禅宗的《指月录》这本书的故事一样。还记得是请萧先生和好多人帮忙，印好了《指月录》，但是销不掉，有个朋友向屠宰公会推销，一共销了二三十部，等到后来《指月录》没有了，我就请他赶快想办法把那些书收回来，他跑去只要到了三五部，原来他们用来包猪肉包掉了。

天下有这样的事情！佛经拿来包猪肉，这都是现在的公案。前面说到《金刚经》有这么严重、这么伟大，我们现在人各一本，不知道有多少塔庙啊！

大家千万注意！读《金刚经》，读佛经，千万不要被文字骗过去。这本经典在这里真有那么大的威力吗？

我讲一个故事，这是中国读书人过去所讲的，说《易经》有八卦可以驱鬼，所以有个年轻人跑到深山里头读书，除了读的书以外，特别带了一本《易经》，放在枕头下。因为怕鬼，夜里听到鬼叫，他就拼命拿《易经》出来摇，越摇鬼越叫得响，一夜吓得半死，等到天亮跑到屋外一看，原来是窗外一条绳子，挂在树上，夜里大风一吹发出声响，他当成鬼了。

所以《易经》连绳子都赶不跑的，一本《金刚经》是不是同样的道理呢？当然也一样。

那么这怎么解释呢？这是说要变成你自己，经义在你自己心中才行。佛所说经典在的这个地方等于是塔庙，但是他没有讲是这一本印的书啊！他也没有讲在什么地方啊！

所以我们要重复古人的偈子，这个偈子是很有道理的："佛在灵山莫远求，灵山只在汝心头，人人有个灵山塔，好向灵山塔下修。"佛在灵山，你不要跑去找了，灵山只在你心中，就是这个道理。

所以经典上面教你受持，这个经典在这里等于佛，即心即佛，你真悟到了金刚般若波罗密多是智慧的成就，悟道了，你这个心地的本处就是佛，就是佛的塔庙，一切天人、阿修罗，没有不皈依，不供养的，道理就是这个。

现在我们给它的偈语：

第十二品偈颂

天人针砭一言师，尊敬方知无可疑。
涕泪感恩拜未了，万缘放却只低眉。

这个偈语给它的结论，也没有什么，只是一种礼拜、一种感慨。说到真正的佛法，这一段话就是佛法，你要想开悟，就在这一品。

这其中的道理就告诉我们，做人做事就是一个恭敬的敬，就是儒家所讲的敬。一个人能够敬己，然后才可以敬人；敬别人，恭敬别人，也就是可以敬自己。一念的诚敬，当下就可以证到佛的境界，所以这一段的道理，是叫我们正信。

任何的宗教徒，不管是佛教、伊斯兰教、基督教、天主教，当你一看到塔庙，真正很诚恳无所求而拜佛，那一念的尊敬，就是佛境界。第二念就不是了，拜一下然后想想，哎哟，我的香蕉放在这里蛮可惜，水果在这里恐怕烂了，庙上恐怕吃不完，最好分一点给我带回去，这第二念就不是佛了。

"天人针砭一言师"，这是天人一针救命的针，中国的中医学本来是一砭二针三灸四汤药。现在所谓刮痧子、拔火罐等方法，都是砭法的遗传，原来的方法是用石头来刮的，病深一点时只好扎针。第三步就是用灸，就是拿火烧，病深进入了内脏，再吃汤药。

所以针砭两个字经常合起来用，就是由这个道理来的。当然，中国后世医学，针是针，灸是灸，砭是砭，分开了，开药方的尽管开药方，实际上，中医是连贯一套。

佛说的话是向人天下了一针，针砭就是这一念，一句话。所以我们称佛为天人师，这一句话是什么呢？

"尊敬方知无可疑"，就是尊重，尊重就是恭敬。一尊重啊，当下可以悟道，所以只有感谢这一句话。

"涕泪感恩拜未了"，感谢懂了这一句话以后，放下万缘，佛的塔就是这里，佛的庙在哪里？就是这里，佛法在哪里？就在这里。

"万缘放却只低眉"，所以菩萨慈目低眉，眼睛一闭，一打坐，万缘放下。

第十三品　如法受持分

　　尔时须菩提白佛言。世尊。当何名此经。我等云何奉持。佛告须菩提。是经名为金刚般若波罗密。以是名字。汝当奉持。所以者何。须菩提。佛说般若波罗密。即非般若波罗密。是名般若波罗密。须菩提。于意云何。如来有所说法不。须菩提白佛言。世尊。如来无所说。须菩提。于意云何。三千大千世界所有微尘。是为多不。须菩提言。甚多。世尊。须菩提。诸微尘。如来说非微尘。是名微尘。如来说世界。非世界。是名世界。须菩提。于意云何。可以三十二相见如来不。不也。世尊。不可以三十二相得见如来。何以故。如来说三十二相。即是非相。是名三十二相。须菩提。若有善男子。善女人。以恒河沙等身命布施。若复有人。于此经中。乃至受持四句偈等。为他人说。其福甚多。

再说大智慧

现在开始《金刚经》的修法了。大家不要忘记前面说过，从第一品到了第十品已经告一段落，佛已经告诉我们一个修道的方法，就是应无所住，一切不住的这个方法。你做到了一切不住，你就懂了般若波罗密。十三品说修法之前，插进来十一、十二两品，说明这个重要性，以及要如何尊重；说完以后，佛另起炉灶，开始又告诉我们一个方法。

> 尔时须菩提白佛言。世尊。当何名此经。我等云何奉持。

佛的经典都是与弟子们当场商量，来决定这一本经的经名。这里须菩提就提出来问：将来这个记录要如何定名？我们将来（也代表将来的人）看了这个佛经，怎么样依您所教来奉行？怎么样修行？

> 佛告须菩提。是经名为金刚般若波罗密。以是名字。汝当奉持。

你可以把这一次的对话记下来。这一本经典，叫作《金刚般若波罗密》，你就用这个名字来奉持就好了。

> 所以者何。须菩提。佛说般若波罗密。即非般若波罗密。是名般若波罗密。

《金刚经》经常碰到这些话，就是儒家经常反对的，认为这样一句话，翻来覆去，般若波罗密，不是般若波罗密，就是般若波罗密，好像很不合理。

实际上，《金刚经》是无上智慧法门，佛自己说，什么理由呢？须菩提你要知道，真正的佛法没有定法。

人说非要拜佛不可，西藏密宗非要吃荤不可，中国显教非要吃素不可，非要这样不可，那样不可，这都是定法，不是佛法；那些说法只是教育法一时的方便，不是究竟。所以佛在这里充分地告诉我们，不可执着一法为佛法，那都搞错了，那都是毁谤佛，因为佛无定法。

这个意思也就是说，不一定这个形式就叫佛教，那个形式也是佛教。所以你们青年们要弘法，能够一句佛话也不讲，一个佛字也不提，就能将这个道理教导别人，就是佛法！何必要加一个"佛"字呢？那只是外衣呀！这个外衣是可以脱掉的。

所以，开始我们已说过，真正的佛法是超越一切宗教、哲学，一切形式之上的。也就是佛说，真正的智慧成就，即非般若波罗密；智慧到了极点啊，没有智慧的境界，那才是真智慧。这也等于老子说的，大智若愚；智慧真到了极点，就是最平淡的人。世界上最高明的人，往往就是最平凡的，相反的，平凡就是伟大。

有些同学们常问，那悟道的智慧在哪里呢？我说就在你那里，"小心啊"这一句就是"道"；"留意啊"这一句话就是"道"。因为你的"意"就是留不住，你能留到意就得道了。小心！你就是小不了心，你小到那么小心，就得道了。不要看到世界上这些都认为通俗，这都是金刚般若波罗密。最平凡的一句话，你能懂得了，就是圣人在说法。留意，谁能把意留得住？小心，谁能把心小得了，做到了，就得道了。般若波罗密，即非般若波罗密。

黄山谷与晦堂

刚才我们讲到，佛说般若波罗密，即非般若波罗密，是名般若波罗密。这其中还有一层意义，我们需要了解；因为佛讲这个大智慧成就，般若波罗密，就是智慧到彼岸，所以有些学佛的人，就天天去求智慧。般若波罗密，即非般若波罗密，成佛的那个智慧，不要向外求啊！它并不离开世间的一切。世间法就是佛法，任何学问、任何事情，都是佛法，这一点要特别了解，千万不要认为般若波罗密有一个特殊的智慧，会一下蹦出来开悟，很多人都有这个错误的观念。佛告诉你般若波罗密，即非般若波罗密，是名般若波罗密。一切世间的学问、智慧、思想，一切世间的事，在在处处都可以使你悟道，所以禅宗悟道的人，有几句名言："青青翠竹，悉是法身。郁郁黄花，无非般若。"般若在哪里？到处都是。中国的禅宗，专以《金刚经》为主体，有人因而开悟，并不是念《金刚经》开悟，很多人随时随地开悟，这是开悟以后讲出来的话。

其实，我们现在看马路上，车如流水马如龙，那个就是般若，你看到了、了解了，当下悟道，也就是青青翠竹，悉是法身，到处都是这个不生不死的法身。郁郁黄花是形容之词，开的是韭菜花也行，也无非般若。他说在看花中就能悟道了，在风景中也能悟道，就能成佛。这些就是禅宗的公案。

宋朝与苏东坡齐名的一位诗人，名叫黄山谷，跟晦堂禅师学禅。他的学问好，《金刚经》更不在话下，但是跟了三年还没有悟道。有一天他问晦堂禅师，有什么方便法门告诉他一点好不好？等于我们现在年轻人呀，都想在老师那里求一个秘诀，这样他马上就可以悟道成佛了，黄山谷也一样。晦堂禅师说：你读过《论语》没有？

这一句话问我们是不要紧啊，问黄山谷却是个侮辱，古代读书人，小孩时代就会背《论语》了。既然师父问，黄山谷有什么办法，只好说：当然读过啦！师父说：论语上有两句话："二三子，我无隐乎尔！"二三子就是你们这几个学生。孔子说：不要以为我隐瞒你们，我没有保留什么秘密啊！早就传给你们了。

黄山谷这一下脸红了，又变绿了，告诉师父：实在不懂！老和尚这么一拂袖就出去了，他哑口无言，心中闷得很苦，只好跟在师父后边走。这个晦堂禅师一边走，没有回头看他，晓得他会跟来的。走到山上，秋天桂花开，香得很，到了这个环境，师父就回头问黄山谷：你闻到桂花香了吗？文字上记载："汝闻木樨花香么？"

黄山谷先被师父一棍子打闷了，师父在前面大模大样地走，不理他，他跟在后面，就像小学生挨了老师处罚的那个味道，心里又发闷；这一下，老师又问他：闻不闻到木樨桂花香味？他当然把鼻子翘起，闻啊闻啊！然后说：我闻到了。他师父接着讲："二三子，我无隐乎尔！"这一下他悟道了。所谓般若波罗密，即非般若波罗密，是名般若波罗密。这是有名的黄山谷悟道公案。

黄山谷与黄龙死心悟新

他悟道以后，很不得了，官大、学问好、诗好、字好，样样好，道也懂，佛也懂，好到没有再好了，所谓第一希有之人。第一希有就很傲慢，除了师父以外，天下人不在话下。后来晦堂禅师涅槃了，就交代自己得法弟子，比黄山谷年轻的黄龙死心悟新禅师说：你那位居士兄黄山谷，悟是悟了，没有大彻大悟，只有一半，谁都拿他没办法，现在我走了，你拿他有办法，你要好好教他。黄龙死心悟新马上就通知，叫黄山谷前来，师父涅槃了，要烧化。

当和尚死了，盘腿在座上抬出去，得法的弟子，拿一个火把准备烧化，站在前面是要说法的。这个时候，黄山谷赶来了，一看这个师弟，小和尚一个。黄龙死心悟新虽然年轻，却是大彻大悟了的，比黄山谷境界高，又是继任的和尚，执法如山。黄山谷一来，黄龙死心悟新拿着火把对这位师兄说：我问你，现在我马上要点火了，师父的肉身要烧化了，我这火一下去，师父化掉了，你跟师父两个在哪里相见？你说！黄山谷答不出来了，是呀！这个问题很严重，师父肉身化掉了，自己将来也要死掉的，两个人在哪里相见？

你们在座大家也说说看！有人一定说：西方极乐世界见面，黄山谷不会那么讲。不要说别的，我们大家坐在这里，都是现在人，你们大家回去，夜里睡着了，我夜里也睡着了，我们哪里相见？就是这个问题。

这一下黄山谷答不出来了，不是脸变绿，是变乌了，闷声不响就回去了。接着倒霉的事情也来了，因为政治上的倾轧，皇帝把他贬官，调到贵州乡下地方，当个什么小职员，从那么高的地位，一下摔下来，一般人怎么忍受啊！

刚才讲到无为福胜，倒霉了，他正好修道。在到桂林的路上，有两个差人押着去报到，差人怕他将来又调高官，也不太为难他，他就沿途打坐，参禅。有一天中午很热，他就跟这两个押解的人商量，想午睡休息一下。古人睡的枕头是木头做的，他躺下去一下不小心，那个枕头"蹦咚"掉在地下，他吓了一跳，这下子真正开悟了。他也不要睡觉了，立刻写了封信，叫人赶快送到庐山给黄龙死心悟新禅师，他说：平常啊，我的文章，我的道，天下人没有哪个不恭维我，只有你老和尚——现在叫他师弟老和尚，客气得很啦！只有你老和尚不许可我，现在想来是感恩不尽。

所以啊，般若波罗密，即非般若波罗密。真正的，另一层的，我们从道理上解释，一切世间法都是佛法；学佛法，不要被佛法困住，这样才可以学佛。如果搞得一脸佛气，满口佛话，一脑子的佛学，你已经完了，那就不是般若波罗密了。我们把这个重要的先解决，下面的慢慢就懂了。

微尘　外色尘　内色尘

　　须菩提。于意云何。如来有所说法不。须菩提白佛言。世尊。如来无所说。

我再问你，佛真正说过法吗？须菩提当场答话，就向佛说，世尊，据我所了解，你没有说过法啊！没有传过法啊。

你看，两个人当面扯谎！释迦牟尼佛三十一岁悟道三十二岁出来就开始教化了，他说了四十九年法，现在师生两个对话，却说没有说过。

　　须菩提。于意云何。三千大千世界所有微尘。是为多不。须菩提言。甚多。世尊。

这第二句问话，好像与前面不连贯似的，实际上是相连的。须菩提说了没有说法之后，佛又问了：你的意思怎么看法，这个三千大千世界，这个物质的宇宙，所有的微尘合起来，多不多啊？须菩提言：甚多，世尊。

　　须菩提。诸微尘。如来说非微尘。是名微尘。如来说世界。非世界。是名世界。

这是讲什么话？微尘不完全是灰尘，我们先叫它灰尘来讲，如来说一切的微尘非微尘；我说没有灰尘，不是灰尘，姑且叫它做灰尘。佛说这里告诉你，三千大千世界，没有世界，姑且叫它做世界。你说这讲的是什么啊？怪不得儒家认为《金刚经》不能看，不晓得讲些什么，般若波罗密，即非般若波罗密。三千大千世界，又非三千大千世界。你说了没有？我没有说。不晓得搞些什么！

微尘是佛学里的名词，微尘又叫外色尘，过去佛经所讲的外色尘，等于现在说电子、核子、原子之类。除了外色尘，还有内色尘，内色尘厉害极了，学佛的人假使念佛念到一心不乱，或者修观想的人，观成功了，心物一元，可以变成另外一个人站在前面。大家还可以看得到，也能说话，也能做事，这就是一切唯心所造，这是内色尘的力量把它发出来的。当然，现在世界上很少有人证到这个道理，但是这是绝对的真理，是可以证到的，也就是缘起性空，性空缘起。

现在佛说的这个外色尘的微尘，再分析下去，又分成七分，就是色、声、香、味、触、法、空。所以啊，过去两千年来的佛学很难讲，大部分的佛学家和大法师们，说到这里就不说了，因为无法讲。现在科学昌明了，勉强还可以解释一下，这些，佛在两千多年前，就知道了。

核子、原子，爆发了，完全空，空了以后能够发光，能够震动声音，能够死人。所以原子一爆炸，那个空的力量一过来，人都变形了，原子尘沾到的不死也医不好了。原子、核子最后分成空，所以微尘分七分，色、声、香、味、触、法、空。

换句话说，佛告诉你，这个世界一个一个灰尘，一粒一粒灰尘，一个分子一个分子，组合拢来，构成了一个物理世界。你把地球物理世界打烂了、分析了，本来就是空的，没有世界的存在，也没有微尘的存在，一切本空，这个物质世界的空，同般若波罗密、智慧、心念最后的空是会合的，是心物一元。

会合最后是真空，那个空的境界，是佛的境界，就是悟道；那个时候的悟道，是修证到的，不是理论，要功夫证到。那个境界，不可说，不可说，说了半天，都不是，所以佛才说没有说法。须菩提讲：是啊！你没有说啊！因为实在没有办法说，说不出来的，说个空已经不是它了！说它是有，世界上有的东西又终归空的，所以空有都不能讲，即空即有，非空非有。

《金刚经》文字非常流利，很容易懂，不是理论上难懂，是修证到最难，修证到这个境界，才是真正算是学佛。

这一段说了以后，他又转到另外一个问题。

你我的三十二相

须菩提。于意云何。可以三十二相见如来不。不也。世尊。不可以三十二相得见如来。何以故。

我们学佛不能着相，也等于其他宗教反对拜偶像一样。什么是偶像？佛经上讲的佛不得了，每一个佛成功了有三十二相，三十二种与人不同的相貌。八十种随形好也是别人所没有的。这个问题很大，这就是话头。

比如我们塑的佛相，眉间镶颗珠子，头上鼓起来有个包包，眉间鼓起来有根白毛。这根白毛不是乱长的，平常收拢来，"白毫宛转五须弥"，向右转圈的，白毫这根毛拉出来有多大呢？有喜马拉雅山五倍那么大。"绀目澄清四大海"，那两颗眼睛发蓝的，眼白发碧青的颜色，比四大海水还清，四大海水并不清，不过形容它的清。

譬如我们讲过的，因为佛修行三大阿僧祇劫，没有讲过一句谎话，因此他的舌头吐出来，可以遍布三千大千世界，我们衣服都不能晒了，他舌头一吐出来，太阳都被他遮住了。所以佛有三十二种相，皮肤都是平满的，无一不好，出来一身都是亮光。

当年有人问我们，你们禅宗开悟了就是佛，怎么没有三十二相呀！我们看看自己，还是那个手，也没有长根毛；说开悟了，一点都没有变嘛！牙齿掉了也没长出来，头发白了也变不黑，这个悟靠不住啊！

后来再看一看，每个人都有三十二种相好，你的相，我绝对没有，我的相你也没有，你长成我那个相，你也不是你了。然后看一切众生，各有各的三十二相，八十种好。如果真执着三十二相的观念，那只能说宗教信仰则可，真正的佛法被你糟蹋了。学佛法不能着相，所以他自己提出来，问须菩提，能不能以三十二相八十种好这样的观念来看佛，须菩提回答说不可以，不可以三十二相见如来。

如果你们打坐看到哪个佛放光，或者昨天夜里梦到，佛告诉你些什么，那是做梦，你千万记住，不能以三十二相见如来。那个梦中见的是真的假的呢？梦中见的也是真的，那是你阿赖耶识所变，不是假，自他不二，也是真的，但是你不能执着。佛说：何以故。什么理由呢？

如来说三十二相，即是非相。是名三十二相。

我确定地告诉你，佛说一切人成佛功德圆满，都有三十二相。这不是法身的相，法身无相，所以，可以叫他三十二相，也可以叫他六十四相。你懂了《金刚经》这个道理,你就悟到了中国的《易经》;《易经》有六十四卦,也就是六十四相,道理是完全一样的。所以啊,《易经》八八六十四卦,其实一卦都不卦,因为卦不住的,卦者变也,都是变相。讲到这里,想到一个禅宗的典故,你能理解了,你们年轻智慧高的也可以开悟。

夹山大师

有个禅宗大师叫船子诚,又名船子和尚,船子是外号,就像我们说济颠和尚,济颠是外号,法名叫道济,因为疯疯癫癫,大家叫他济颠和尚。那个船子和尚开悟后,与其他两个师兄弟下山去,有人到湖南去教化,有人到江西去教化,最后就问船子诚准备到哪里去。

船子说:师兄啊!我看你们这一生有好福报,将来可以做一方的大师,我这个苦命人,此生做个平凡的人,多做一点好事再说吧!不过拜托你们两位,将来有第一等的人才,给我送一个来,接接我的这一支。师父把学问传给我,我不交代下去,上对不起历代先圣先贤,也对不起师父啊!只要有人接我的法,我就心满意足了。

所以他就跑到江苏华亭,一个小地方,做个渡船人,一只小船整天渡人过河来去,给他钱,他收两个,不给钱也没有关系。

后来有个大法师夹山和尚,佛法好,学问好,讲经说法,听众极多,名气大得很。船子诚的师兄道吾和尚听到了,心想那个师弟船子,还天天在摇渡,道吾也是禅宗的大师,穿了件破破烂烂的和尚衣服,言不压众,貌不惊人,就去听夹山讲经。到夹山道场找个后面的角落坐下听经。听见有人起来问:"如何是法身?"夹山和尚回答:"法身无相。"又问:"如何是法眼?"他说:"法眼无瑕。"答得多好。法身无相嘛!根据《金刚经》,三十二相皆是非相。法眼是没有一点瑕疵的啊!心如明镜台,无所不照,无所不知。照佛学的理论,这个回答的确没有问题。

可是坐在那个角落的道吾,嘻!就给他那么一笑!这个笑是冷笑。夹山受不了啦,赶快下堂,经也不讲了,下来把和尚的大礼服袈裟一披,就去找这个破破烂烂的道吾和尚顶礼。他说:老前辈啊!我刚才答话,哪里错了?道吾说:错倒没有错,可惜没得师承。换句话说,你理论是对,你功夫上没有到,你不要瞎说。夹山就问当今天下,哪一位是明师啊?道吾说,明师是有,但是你今天名气那么大,恐怕做不到,除非把招牌丢掉,名利不要,我再指给你一条明路。像道吾这种和尚,给师兄弟找徒弟,多有本事。

夹山果然丢弃既得盛名地位,捆一个小包袱就去了,夹山在声名显赫时居然能为道而舍弃一切,证明他后来的大彻大悟是有道理的。道吾说:我说的这个人啊,"上无片瓦,下无立锥"。上无片瓦,下无立锥,就是住在船上嘛!他说你到华亭三十里外,那个河边去找一个和尚。后来夹山就找到这个船子诚,中间我们就不详细报告了,大家可以参考《指月录》。

夹山见船子

船子诚一看这个夹山啊,将来一定是个大师,知道是师兄搞来的,夹山上船以后,也没有说出道吾,也没有自我介绍,他们两个彼此考察。

船子和尚就问夹山:"大德高栖何寺?"当时他们两个人的学问都很好,说话满口的字句文雅,夹山说:"寺即不住,住即不似。"喝!那都是开悟了的话。就是我们普通讲:你贵寺在哪里?夹山答话:"寺即不住,住即不似。"这似乎是应无所住而生其心嘛!还有所住就不是了!所以禅宗叫机锋,一句话,不等你考虑一下讲出来,等你考虑了一下再答,就已经不是了,那就住即不似了。

这两个人学问都好，佛学都呱呱叫，平常大概都在佛教刊物上登文章的！

最后没有办法，船子和尚就拿起那个船桨，一下子就把夹山打下水去了。

人掉下水去，不会游泳，咕噜噜……狼狈不堪，刚冒上来，船子诚就说：你说你说！夹山正准备张嘴，船子又把他按下去了，来往一共按下三次。人掉到河里去了，咕噜噜水吞下去，刚刚冒上来一点，又把他按下去，你快说，一定又讲道理，寺即不住，住即不似，赶快又把他按下去，不等他讲。

最后，把他满肚子学问道理给水泡光了，再一次冒上来，夹山说我懂了，再不要把我按下去了。这一下开悟了，船子说：我告诉你，佛法就是这样，你可以走了。

当然夹山在船上帮师父划船划了多久，就不知道，后来师父叫他走，他告辞师父走了，一边走，一边回头看这个师父。我们一定觉得他未免有情，恋恋不舍，但是这个师父一看到，说："和尚，你以为我还没有教完你啊?!"把船弄翻自己就沉下去了，这样坚定夹山的信心。不过他吩咐过夹山，从此不许住在闹市里当法师，要好好到深山里头，没得吃的都可以，古庙冷湫湫的，好好去修行，修成功了再出来。

后来不知过多少年，夹山再出来做大师，有前辈又出来请问他，如何是法身？答以法身无相。如何是法眼？答以法眼无瑕。还是这两句话。同样是这两句话，悟后是证到了这个境界，开悟前只是理念上的话。理念上虽对，但是，你嘴巴上会说，叫作口头禅，身心没有证进去。所以，有关这个相的问题就是这样，你着了相，终以为外面有个佛像，看到有个佛来，是打坐也好，入定也好，做梦也好，你看到佛在显身，你就着相了，就不是佛法。三十二相即是非相，就是这个道理。

大的功德

讲到这里,有一点很重要的交代,这个世界最高的东西,不是唯物的,是绝对唯心,但是这个心是心物一元的心,不是与唯物相对的唯心。这个心物一元的心是看不见的,不着相,不能着相。真正的佛法是破除迷信的,是不着相而起正信的,法身无相正是悟道;这就是前面讲的两个重点,讲完了,他就告诉须菩提:

> 须菩提。若有善男子。善女人。以恒河沙等身命布施。若复有人。于此经中。乃至受持四句偈等。为他人说。其福甚多。

假使这个世界上有一个人,拿恒河沙一样的生命,布施给人家了,这个功德比把充满宇宙的财富布施还要大。

人生最舍不得是两样东西,第一是财,第二是命。当有命的时候,钱财是最舍不得的!所以有命活着的人,肯布施钱财就很了不起了。若是掉到河里马上要死的时候,你只要救我上来,什么都可以给你啊!那个时候命舍不得的;所以命比钱财还要重要。

上一节讲到拿宇宙一样多的财宝布施,得福很多,这一品更严重了,拿恒河沙那么多的身命来布施,你看这个福报大不大?当然很大,但是,却比不上懂得《金刚经》四句偈,能够受持,修证,甚至自度度他,自悟悟他,为他人说的这个大福德。

这是什么大福德?是无为之福,是正信之福。

这一品我们给它的偈语结论:

第十三品偈颂

世界微尘沤沫身,悬崖撒手漫传薪。
黄花翠竹寻常事,般若由来触处津。

"世界微尘沤沫身"，这个世界是物理、物质的微尘累积所造成的。微尘质量没有形成之先是空的，形成以后，变化到最后没有世界物质存在时，又归于空的。

何况众生偶尔暂存的生命，只如水上浮沤泡沫，空作有时有亦幻，幻有灭去还归空。

"悬崖撒手漫传薪"，如果证悟到"缘起幻有，性自真空。空生幻灭，缘起无常"。便知有亦不假，空亦不真。到此犹如古德所说："悬崖撒手，自肯承当。绝后再苏，欺君不得。"便可此心安住，得大自在了。

"黄花翠竹寻常事"，然后回观古德所说："青青翠竹，悉是法身。郁郁黄花，无非般若。"便知本来平实，一切现成。

"般若由来触处津"是说：原来般若波罗密多，是处处现在，时时现成，便登彼岸了。佛与众生，性相平等，福德性空，宛然如是。

第十四品　离相寂灭分

尔时须菩提。闻说是经。深解义趣。涕泪悲泣。而白佛言。希有世尊。佛说如是甚深经典。我从昔来所得慧眼。未曾得闻如是之经。世尊。若复有人。得闻是经。信心清净。即生实相。当知是人。成就第一希有功德。世尊。是实相者。即是非相。是故如来说名实相。世尊。我今得闻如是经典。信解受持。不足为难。若当来世。后五百岁。其有众生。得闻是经。信解受持。是人即为第一希有。何以故。此人无我相。无人相。无众生相。无寿者相。所以者何。我相即是非相。人相众生相寿者相。即是非相。何以故。离一切诸相。即名诸佛。佛告须菩提。如是如是。若复有人。得闻是经。不惊不怖不畏。当知是人。甚为希有。何以故。须菩提。如来说第一波罗蜜。即非第一波罗蜜。是名第一波罗蜜。须菩提。忍辱波罗蜜。如来说非忍辱波罗蜜。是名忍辱波罗蜜。何以故。须菩提。如我昔为歌利王割截身体。我于尔时。无我相。无人相。无众生相。无寿者相。何以故。我于往昔节节支解时。若有我相人相众生相寿者相。应生嗔恨。须菩提。又念过去于五百世。作忍辱仙人。于尔所世。无我相。无人相。无众生相。无寿者相。是故须菩提。菩萨应离一切相。发阿耨多罗三藐三菩提心。不应住色生心。不应住声香味触法生心。应生无所住心。若心有住。即为非住。是故佛说菩萨心。不应住色布施。须菩提。菩萨为利益一切众生故。应如是布施。如来说一切诸相。即是非相。又说一切众生。即非众生。须菩提。如来是真语者。实语者。如语者。不诳语者。不异语者。须菩提。如来所得法。此法无实无虚。须菩提。若菩萨心。住于法而行布施。如人入暗。即无所见。若菩萨心。不住法而行布施。如人有目。日光明照。见种种色。须菩提。当来之世。若有善男子。善女人。能于此经受持读诵。即为如来。以佛智慧。悉知是人。悉见是人。皆得成就无量无边功德。

我们今天讲《金刚经》第十四品，《金刚经》开始到现在，讲了十三品，这其中再提起大家注意，《金刚经》虽然在说大般若的修持，这个般若不是纯粹的般若，他讲的是般若的体，就是道体，及见道之体的修行方法。开始先告诉我们，如何是修戒的般若，就是"善护念"这个要点，由开始发心修行到最后的成佛，就是善护念。接着下来，就说善护什么念？无住。无住就是定，善护念就是戒，《金刚经》的般若，本身就是慧，这是拿戒定慧的道理，来说明《金刚经》的本身，般若法门就是如此。

如果以六度来讲，《金刚经》首先讲的无住，所以令一切众生入无余依涅槃而灭度之。这是布施，布施度，由布施而到达般若的成就，证得阿耨多罗三藐三菩提，就是大彻大悟而成佛。布施以后持戒，持的什么戒？持的菩萨大戒，无我相，无人相，无众生相，无寿者相，善护此念就是持戒波罗密，而到达般若波罗密，到达智慧得度，智慧的成就，这是一个基本修持的阶段；由此而学佛，由此而修行，由此而成佛。说到十三品这里，差不多作了一个结论。

现在第十四品开始，是讲由忍辱波罗密，到达般若波罗密，我们今天这一段，重点就在这里。

解悟　喜极而泣

> 尔时须菩提。闻说是经。深解义趣。涕泪悲泣。而白佛言。希有世尊。佛说如是甚深经典。我从昔来所得慧眼。未曾得闻如是之经。世尊。若复有人。得闻是经。信心清净。即生实相。当知是人。成就第一希有功德。

这里只有三个小节，是另起一个阶段，前面都是须菩提与佛的对话，一问一答，记录下来，就是经典。

"尔时"，这时候，就是当问话的时候，须菩提听了这个经典的感受，听了佛说般若成就法门的感受。"深解义趣"，希望大家特别注意这四个字，大家念经时，很容易轻易把它念过去，深解义趣是深深的，很深刻的理解到了。这个理解到是我们现在讲的话，就是真正的悟到了那个道。

后世禅宗门下，把它分成两个阶段：一个叫解悟，一个叫证悟。解悟就是知见上的，所知所见到达了，但是还不是普通的学术思想所说的理解，而是这个身心马上感受到有一种脱落感、脱滞感，这就是解悟的一种境界。所以他说深解义趣，深深的得到解悟，不谈证悟。

"义"就是解悟到佛法修证至高无上的道理，义也就是义理，义在古文就代表理，最高的道理。"趣"并不是兴趣的趣，而是趋向的趋，就是向那个方向，到那个路上，目标的趋向。佛经上经常看到这个"趣"字，趋向，已经到达这个境界，已经进入了这种情况。深解义趣是一件事实，不是文学上空洞的赞叹名词。须菩提深解义趣以后哭了，他为什么哭呢？人往往喜极而泣，高兴到了极点，会痛哭流涕。人所追求的，始终没有追求到的，忽然追求到了，会哭起来；这个哭是无上的欢喜，所以也是一种悲心的流露。

学佛修道的人，在自己自性清净面快要现前的时候，自然会涕泪悲泣，这是自然的现象，否则就是一个疯子了。当这个人性自然的清净面，所谓本性，本来的面目呈现的时候，自己有无比的欢喜，但是找不到欢喜的痕迹，自然会哭起来。而你问他哭什么，他并不伤心，而是自然的，天性的流露。等于说，自己失掉的东西忽然找到了，那个时候就有无比的欢喜，但是也没有欢喜的意思，是自然涕泪悲泣的感受。

因此，须菩提一边哭一边讲，希有世尊啊！伟大了不起的佛啊！希有难得的佛啊！这都是赞叹之词。"佛说如是甚深经典"，他说，你现在讲这样高深的道理，什么道理？就是般若，智慧的解脱，智慧的成就，这个经典重点在这里。"我从昔来所得慧眼"，这位须菩提，是佛弟子有名的谈空第一，他天生有慧眼，所以在佛的修持行列中，般若智慧成就最高。所以他说，自从我有慧眼以来，"未曾得闻如是之经"，从没有听到过这样深刻究竟道理的经典。

信心清净

讲到这里，又加上称呼了，等于我们讲话，经常说"老兄"啊，"老弟"啊！"世尊。若复有人。得闻是经。信心清净。即生实相。"他说：假定有一个人，听到这个般若波罗密经，听到佛说的如何以智慧来自度、成佛的这个法门，"信心清净，即生实相"。这八个字是这一品重点的中心，千万记住。也就是我们后世众生，要想成佛的必经之路，必要的法门。达不到这个程度，与成佛的距离还很大，只能说你刚开始在学，一点影子都没有。达到了这八个字的程度，也可以说你进入了般若之门，建立学佛的基础了。

信心清净有两种意义：一种是专讲个人的信仰，因为真正的信仰并不是迷信。为什么不是迷信呢？因为是深解义趣，把道理彻底了解了来学佛,才是一个真正学佛的人。假定说佛学的理不透,盲目地去信仰、盲目地去礼拜,那不能说他是不信;不过,严格地说,还属于盲目迷信的阶段。真正佛法的正信,是要达到深解义趣这四个字;先懂得理论以后,再由这个理论着手修持。所以说,一个真正学佛的人,必须要深解义趣,这个信心才是绝对的正信,这一个法门,才是真正的佛法,才是宇宙中一切众生,自求解脱成佛之路。

所谓正信,要信什么呢?信我们此心,信一切众生皆是佛,心即是佛,我们都有心,所以一切众生都是佛。只是我们找不到自己,不明我们自己的心,不能自己见到自己的本性,因此隔了一层,蒙住了,变成凡夫。

凡夫跟佛很近,一张纸都不隔的,只要自己的心性见到了,清楚了,此心就无比的清净。佛的一切经典,戒、定、慧,一切修法,不管是显教的止观、参禅、念佛或是密宗的观想、念咒子各种修法,都是使你最后达到清净心。清净有程度的不同,所以有菩萨阶级地位的不同、修学程度深浅的不同,也就是了解自心的差别程度不同。

说到信自心,我们都信得过啊!我的心烦得要死,这个信心烦恼,就是绝对的凡夫。无烦恼、无妄想,就是信心清净,自然达到清净的究竟;立刻可以见到形而上的本性,即生实相。实相般若就是道,明心见性就是见这个。

所以说要想明心见性,必须先要做到信心清净,能够生出实相。看了这个经文,知道须菩提明白地告诉了我们,因为他自己了解,才能说出这个道理,让别人以及将来的人,听到佛说这个道理,信心清净,能生实相。

希有的功德

"当知是人。成就第一希有功德。"假定有一个人,研究这个经典，而到达这个程度，他说，这个人已经成就了第一希有的功德。第一希有功德的人是谁？我们在本经前面已经看到，须菩提赞叹佛："希有世尊。"换句话说，这个人学佛就可以到达佛境界，因为这个人已成就了第一希有的功德，这个道理我们先要把握住。下面，他解释什么叫实相。

我们讲《金刚经》开始，就解释了般若智慧，一共有五般若，最难的就是实相般若，就是见道之体。实相般若就是菩提，涅槃，自性，真如，各种名字都是讲这个东西。你如果认为实相般若不晓得有多大，有没有凤梨那么大，有没有萝卜那么大，那你就着相了，那就很糟糕。须菩提叫了一声世尊，自己又加解释，说出他自己的心得。

世尊。是实相者。即是非相。是故如来说名实相。

这个"是"，青年同学们特别注意，这是古文的写法，拿现在白话文说，这个"是"就是这个，所谓这个实相这个东西啊，是无相，即是非相。我们应该还记得，前面在《金刚经》中佛也说过，"若见诸相非相，即见如来"。所以，不着一切相，无我相，无人相，无众生相，无寿者相等等，都不着相，乃至无佛相，也无非佛相，一切相皆不着，连不着相的也不着了。

实相又是什么呢？即是非相。分析开来讲，无我相，无人相等等；归纳起来讲，若见诸相非相，即见如来。所以他报告心得说，所谓实相，就是一切无相。在无相的这个成就中，佛勉强给他一个名称，叫作如来实相。

世尊。我今得闻如是经典。信解受持。不足为难。

须菩提的意见，再度的报告说：我啊，就是在佛在世的时候，能亲自跟着佛，今天能听到这种经典道理，"信解受持"，信得过了，解悟到了，再经常领受这个实相境界，随时随地在这个境界里，以此悟后起修。

"信解受持",也是四个修行的阶段,就是后世所有对佛经的解释。信解受持,也就是教、理、行、果。"信",把佛经的所有的教理信得过了。"解",解悟到佛学的各种义理。"受持",悟道了以后起修,修行以后证果,教理行果。也有一个说法,叫作信解行证。自心信这个理,解悟到了,悟道以后修行,修行以后最后证到佛的道果。所以信解受持,教理行果,信解行证,是同一个修行的情形,这四个字不能随便当一句话念过去。须菩提说,像我们现在亲自跟着佛,听到这个道理,信解受持,不足为难,不稀奇。因为他们当时亲自见到佛,有佛亲自指导,当然是不足为难。

谁是五百年后希有人

> 若当来世。后五百岁。其有众生。得闻是经。信解受持。是人即为第一希有。

将来过了五百年,为什么说五百年呢?为什么不说一千年呢?或者三百年呢?这就是佛自己对于佛教的说法。佛在世的时候,叫作正法住世;佛涅槃以后,而有些大弟子们还在,仍算是正法住世。五百年以后,是像法住世,那时佛的大弟子们活得最久的,五百年也都要涅槃了,不住世了。自此以后,只有经典、佛像等住世,所以说是像法时代。据说像法也不过五百年到一千年,以后就是末法时代,就是尾巴啦、尾声啦!末法并不是说没有,是说真正佛法的修持,快要到尾声,快要向末了,这是在各种戒律上,各种寓言上所记载佛所讲的。

但是也不尽然,譬如说在许多大经中所讲,如在《华严经》里,佛就承认佛法没有没落的时候,什么道理呢?因为佛法是真理,真理是永恒的，真理只有一个，不会变的，是不生不灭、不增不减。所以大家可以放心，否则现在早过了五百年，大家岂不是更难了吗？这里须菩提说，假使后五百岁，有人在像法末法时代，看了这个经，研究了这个经，也能与古人与须菩提及佛大弟子们一样，达到了信解受持，他说这个人就是第一希有。第一希有是《金刚经》特别提出来的，第一希有就是了不起，超凡而入圣；第一希有就是几乎等同于佛。

　　何以故。此人无我相。无人相。无众生相。无寿者相。

　　在佛及大弟子们都不在世的时代，有人研究这个经典，这个人当然已经进入无人、无我、无众生、无寿者相的境界。四相皆离，不着一切相的境界，他本身已经到达了。

为什么我不是我

　　所以者何。我相即是非相。人相众生相寿者相。即是非相。何以故。离一切诸相。即名诸佛。

　　这两句话千万注意！如果参加佛学考试，一定会考到的。"所以者何"，这是什么理由？所谓我相，本来是非相，是假相，下面接着人相众生相都是假相。佛学说的这个"我"，就分析来看，我们现在一定是有个我，有个身体，佛学说这个身体是四大假合之身，骨头呀，肉呀，这些东西凑拢来而成的暂时的我。而且生下来到了第二天，那个第一天的我已经衰老了，满月以后，与第一天生下来也完全不同，十岁与一岁也完全不同。总而言之，我们今天坐在这里，十二年以后的我们，全身连骨头都换了。所以这个肉体不是我，是假我，这是个工具，暂时借来用。等于这个电灯泡，暂时借来用一用。所以此身非真我，是非相、假相，不要认假为真了。

身体的我既非真我，那么我们的思维意识，念头是不是我呢？也不是，因为每一分、每一秒思想意识都会变去；尤其年龄大的时候，过去几十年，甚至现在说的话，都随时忘记，所以说能够思维、意识、念头也非我，这些都不是我。"我"都尚且非我，哪里还有你、我、他，那都是非我，一切无相。万有的相是因缘凑合，是假合的虚妄相，不是真实。但是虚妄不是没有，只是偶然暂时的存在而已。所以说我相即是非相；推而广之，人相众生相寿者相也都是非相。《金刚经》使我们同时认清，不要被虚妄的人生，和物理世界的暂时现象，骗去了自己的智慧，骗去了自己真性的情感。

真性的情感这句话，有没有问题呀？有问题！真性怎么会有情感，真性不是没有情感吗？所谓情感者，即非情感，是名情感。情感也是虚妄相；但是，如果佛没有情感，佛不会发大悲心，大悲心即是情感心。不过，佛的情感不是痴迷的，一切相即是非相，真正的悲心，没有悲心的痕迹，只是理所当然而行去，道理就是如此。

如何见佛

接着是一句非常重要的话，大家要学佛，去哪里见佛啊？"离一切诸相，即名诸佛"，离开了一切的相就是佛，这是真正的佛。那么你说：我们在大殿上不需要拜佛了！要拜呀！即假即真。相是虚妄，因为礼拜这个虚妄相，你自己此心有真正的诚恳，发起了真实的诚敬，那就是"信心清净"，就可以"能生实相"。这个实相的境界就是离一切诸相，一切相皆不着。所以，有人不着相的礼佛，就是一念之间，也不必合掌，也不必跪拜，他一念之间，已经顶了十方三世一切诸佛。

有一个禅宗公案，说有一个小孩要小便，跑到大殿上转来转去，后来对着佛的正面，他就小便了。有个法师出来看到说：你这个小孩太没有礼貌，怎么对着佛就小便？小孩说：十方三世都有佛，你叫我向哪一方小便呀？

反过来说，十方三世都有佛，方方都是佛，中央是毗庐遮那佛，中心一念诚敬，十方三世诸佛皆在目前。怎么样在目前？离一切相，即名诸佛，这个道理必须要搞清楚。

这多半是须菩提在那里演讲，讲给佛听，佛是听众。换句话说，是他向佛报告，接着是佛的印证，佛的奖状发下来了。

难得的人

佛告须菩提。如是如是。若复有人。得闻是经。不惊不怖不畏。当知是人。甚为希有。

佛说，是的，就是这样，你讲得很对，就是这样。未来世的众生，有人听到《金刚经》的道理，没有被吓住，那就是一个希有的人。惊是吓住了，怖是精神恐慌，非常恐慌；譬如我们走夜路，看到一个黑影子，一下子吓住了，那个是惊。怖呢，非常恐慌，持久的心里恐吓，那个是怖。畏时间更长了，不停的害怕。像我们在座的，个个都是第一希有，听了《金刚经》不惊不怖不畏，而且没有不懂的人，个个都懂了。

事实上有没有又惊又怖又畏的人呢？这在修持佛法的时候就看到了。我们很多人学佛，都想求空，等到空的境界一来，反而吓住了。许多人说：我吓死了，吓得我的汗啊，像黄豆那么大，因为我没有了。我说你学佛不是想求个无我吗？怎么还吓住了呢？所以说慧，这个佛学名词，用得非常好，慧是要力量的，慧力不够，功德的功力不够，就有惊、怖、畏的现象。

将来的时代，有人成就《金刚经》般若这个法门，不惊、不怖、不畏，佛说，这个人，真是非常难得了。佛说这个希有，就很重，佛给我们的这个价钱，奖金就很重了，非常希有，几乎不可能，如果可能了，就是超凡入圣。

何以故。须菩提。如来说第一波罗密。即非第一波罗密。是名第一波罗密。

何以故？什么理由呢？《金刚经》的特点，是使我们知道无住、无相、无愿，这是大乘的心印。此心要随时无住，随时不着相，随时随地的无愿。你说正要我们发大愿，怎么无愿呢？大慈悲当然是愿力，慈悲过了就不住，没有叫你一天到晚坐在那里哭啊！过了就不住，所以说愿而无愿。

第一波罗密是大智慧成就，大彻大悟，成佛，也就是般若实相。般若实相本来无住，本来无相，本来无愿。当然大家不要会错了意，青年同学们根本发不起愿力，以为你本来无愿，已经合于佛法了，那就很糟糕。无愿，就是一切大慈悲用过了便空，无住。因此说，第一波罗密，即非第一波罗密，是名第一波罗密。第一波罗密也就是般若，大智慧；而般若里的实相般若，就是见道体，也就是我们后世禅宗所谓的明心见性。

什么是忍辱

须菩提。忍辱波罗密。如来说非忍辱波罗密。是名忍辱波罗密。

问题来了，前面一路下来都是讲般若，是菩萨六度里最后的一度——智慧成就。所谓的六度也已经说过，就是布施、持戒、忍辱、精进、禅定、般若。换句话说，这也是学佛的一个次序。

首先，学佛的要学布施，布施就是能够舍；舍并不是叫你光把口袋里的钱掏出来，而是一切的习气都要舍掉，改变，丢掉，把整个人生转化。放下也是舍，万缘放下就是布施，这是内布施。真布施了，此心清净，才算真持戒；心不清净的持戒，那是小乘戒，是有意去操作的。做到了此心清净，念念清净，不需要持戒了。因为他本身就是戒了。戒者，戒一切坏的行为，恶的行为，此心念念在清净中，无恶亦无善，是名至善。这就是持戒，持戒还好办，忍辱最难办。

你说自己心也很清净，戒律也很好，那是当你没有受到打击的时候，打击一来啊，就火冒八丈高了，也管不了清净不清净，什么毛病都出来了。所以忍辱是六度的中心，因为那是最难最难的。也因为这个缘故，大乘菩萨必须进入无生法忍，才能登上菩萨地。

无生者，本自无生，信心清净，一念不生处。这个一念不生处，不是压制的，也不是没有思想、没有知觉，而是一切杂念不起，信心清净就是无生。

光是无生是不够的，要"无生法忍"，切断一切万缘叫作法忍。我们中国文学的形容词是，拔开慧剑，斩断情丝。有时我们的剑是拉不开的啊！有时候又只拉一半，有时候剑拉出来了，看看剑却愣住了。不要说斩啦，扯都扯不断，那个剑早就钝了。所以说，法忍也就是六度的中心，忍辱的意思。

首先我们来了解佛学忍辱的意思，看到一个"辱"字，我们会想到受人侮辱叫作辱，譬如别人骂你啦、打你啦，各种不如意的刺激，算是辱，这是从文字上的了解。在佛法上讲，一切不如意就是辱，受一切痛苦就是辱。譬如我们老了病了，老病就是辱，老病招来自己许多烦恼，也带给别人许多烦恼。不要说我们人是如此，你只要看看动物，拿蚂蚁来说，你仔细观察，年轻的蚂蚁经过老化蚂蚁的旁边，都走得远一点，这样的辱，这样的难堪忍。

所以，这个有缺陷的娑婆世界非常难堪忍，没有一样事情是圆满的，而这个世界上的一切众生堪忍，受得了；所以这个世界叫作娑婆世界，是堪忍的世界。也因为如此，这个娑婆世界上的众生，才最能够成佛，因为生在天堂没有痛苦、没有刺激，天天在享福，众生也不想修道，用不着嘛！生在地狱里，受苦受难都来不及，没有时间搞这一套。只有生在娑婆世界，有苦有乐、有善有恶，各有一半，所以能够刺激你发生解脱的智慧，是成佛的捷路。

忍辱并不是完全讲侮辱，大家不要搞错了，一切的痛苦能够忍的都是辱。譬如我们这个世界上做生意的、创事业的，乃至发财的，你问他这个日子好不好过，他一定说不好过。受不受得了呢？有什么办法呢？反正能够忍得住就这样忍下去；所以说娑婆世界的众生堪忍，能够忍受。

佛跟须菩提两人对话到这里，如果不仔细看这个经，突然看他在中间来一个忍辱波罗密，会觉得奇怪。所以刚才我先提起大家注意，这一部经把六度波罗密都讲完了，为什么现在提出这个忍辱波罗密呢？

忍辱的榜样

我们要想学佛，要想修行成就，"忍"是最难做到的，就像打坐修定，为什么定不住啊？两个腿痛，你就忍不住了，这个忍就是忍辱里的一忍啊！当然硬忍是很难，但是你明明知道此身两腿两手，四大皆空，那个时候你就是空不了，忍不过去。所以这六度的一关忍辱度，你就过不了，过不了的话，这一切皆是空谈。你说我们会念《金刚经》，无我相，无人相，无众生相，无寿者相，木鱼敲起来非常好听……阿啾！糟糕，我感冒了，怎么办？看哪个医生好，因为怕死掉，众生相就来了，寿者相就来了，这一下就忍不过去了。

所以忍辱的道理，放在《金刚经》的中心，大家要特别特别注意！佛把自己本身修持的经验告诉我们，做个榜样。所以佛说，真正智慧彻底悟道的人，才晓得忍辱波罗密本身没有个忍。如果有坚忍的念和感受在那里，就已经不是波罗密，就已经没有到彼岸，也没有成就。

何以故。须菩提。如我昔为歌利王割截身体。我于尔时。无我相。无人相。无众生相。无寿者相。

什么理由呢？佛又对须菩提说，以他本身做榜样，像我从前的时候，曾经被歌利王割截身体；歌利王是过去印度一位名王，不过印度不注重历史，这种历史资料只有在佛经里才找得到。

这位当时历史上的名王非常残暴，那个时候，释迦牟尼是个修道的人，相当有成就，到达菩萨地了；虽然是缘觉身，无佛出世自己也会悟道，后来歌利王因闹意见要杀释迦。他说，你既然是修道的人，我要杀你，你会不会嗔恨？释迦佛说：此心绝对清净，假使我起一念嗔心，你把我四肢分解割掉后，我就不能复原，结果歌利王一节一节把他割了。释迦牟尼没有喊一声唉唷，心里头也没有起一念恨他的心理，只有一念慈悲心。完了以后，歌利王要求证明，释迦牟尼说，假使一个菩萨的慈悲心是真的话，我的身体就马上复原，结果他立刻复原了，又活起来。

所以佛说，昔为歌利王割截身体，他在当时无我相，无人相，无众生相，无寿者相。佛把自己本身的故事，说给我们修行的人做榜样；当然，并不希望我们被别人割了作试验。现在不必谈割截身体了，叫你不说话你就受不了，叫你坐着不动也受不了，其实这个就是忍辱与禅定、般若的道理；只因为智慧不够，悟道并没有透彻，所以你受不了。

达摩与苏格拉底

刚才讲到忍辱波罗密，我们再提起注意，所谓忍辱，包括了人世间一切的痛苦、一切的烦恼，忍到没有忍的观念、没有忍的心理，忍到无所忍，自然而清净，这才是忍辱到达波罗密成就的程度。所以佛说，当我被歌利王割截身体的时候，他说他无我相，无人相，无众生相，无寿者相。首先他没有觉得这个生命是属于"我"的，这一句话特别注意啊！我们这个身体是属于我们暂时所有，是暂时附属于我，并不是我真正永远地占有，因为此身本来不是我。要把这个道理，不仅理解清楚，还要实际上证到，才信心清净，才有希望证得般若实相，这是真正的功夫。

但是功夫又是什么地方来的呢？般若见地来，智慧不透彻不能大彻大悟。大彻大悟是智慧的境界，并不是功夫的境界，如果叫功夫的境界为大彻大悟，那就是气象局发的警报，路上有雾，小心撞车的那个"雾"了，就看不见了。这个悟是清朗的，智慧破除一切阴影的境界。

何以故。我于往昔节节支解时。若有我相人相众生相寿者相应生嗔恨。

说到这里，先要有一个认识，佛现在所告诉我们的，不是假想，是一个实际的修持。无我相，无人相是智慧的解脱。譬如西方的大哲学家苏格拉底，最后被人家谋害，拿到一杯毒药，朋友们劝他不要吃，他明知道毒药，笑笑，仍然谈笑风生，最后喝下去死掉。

又如中国禅宗达摩祖师，在中国传道的末期，遭到其他法师们妒忌，五次毒死他，都未成功。等到第六次毒他时，他把毒药吃下去告诉弟子们，跟你们的因缘到了，我要走了。弟子们当然不让他走，他说因缘已到，我已经吃下毒药了。另外密宗的木讷祖师，最后也是被人毒死的。这些人都知道因缘已到，杀人抵命，欠账还钱，应该走就走了。又如耶稣被钉上十字架等等，这些都是智慧的解脱。所以禅宗五宗宗派之一的法眼祖师，有偈子说：

理极忘情谓，如何有喻齐？
到头霜夜月，任运落前豀。

这个偈子有八句，我们引用要点，只说它的一半，理极就是真正的道理，智慧的领悟，理解、悟解到达了极点；忘情，这些妄念的情没有了。这个境界是没有办法描写的，没有办法讲、没有办法说，理到了极点、智慧到了极点就是理极忘情谓。后面几句是描写无我相、无人相等等的境界，自然而然，理到了，事也到了。

所以佛教的华严境界，又称"理无碍，事无碍，理事无碍，事事无碍"，理到了也是无有障碍，所以光是研究佛学就不能在修持上得受用。大家把三藏十二部的教理，没有融会贯通，没有到达理极，所以我相、人相仍在。像佛说的身体被人家残害，而只有慈悲心，不动嗔念，到达忍受没有痛苦的境界，这是理的境界，智慧的成就。

忍辱的功夫

说到功夫的成就，就要提到南北朝时候禅宗的二祖，他尽管是接了达摩的衣钵，最后还是受报；多生多世欠的命债，最后还是要还。佛法的基础是三世因果，六道轮回。有一个祖师在被杀头的时候，写了一个偈子：

四大原无我，五蕴本来空。
将头临白刃，犹似斩春风。

他很慷慨的把头伸出来,砍吧!此外像印度禅宗的祖师师子尊者,也是还债,头砍下来没有血,脖子里冲出来像牛奶一样,数尺高。这证明经过修持,色身已经转化,再进一步白血化掉,他身体变成空的,杀头也杀不了啦!

在色身还没有变空以前,受报被杀了,像杀头、受伤害,不流血只流白乳的情况,并没有痛的感觉,所以那个不算忍辱。忍辱的时候有痛的感觉,有非常痛苦的感受,而心念把痛苦拿掉,转化成慈悲,这才是忍辱波罗密。到达没有痛的感觉,那是功夫境界,不能说是忍辱波罗密的功德。尽管功夫到达这一步很不容易,但是这个功夫不稀奇,等于我们上了麻醉药,开刀不会痛,那不能说你本事好不痛啊!如果没有上麻醉药,极痛而能不痛,那是你真正的智慧成就,你当场就可以把五蕴里的受蕴与想蕴,都拿开而解脱了;学佛也是要学解脱,这个道理我们必须要加以说明。

所以菩萨道的忍辱是有形象的,痛苦是痛苦,烦恼是烦恼;能够把烦恼、痛苦观空而转化了,就是道德的行为,心理上的心性,这才是菩萨的功德。因此我们学佛的人注意:别人态度不好,或一句话不中听,马上起计较心,乃至起嗔恨心,你所有的功夫、修道,都垮掉了。青年同学们注意,不要听了《金刚经》讲忍辱,就万事不做,自以为那是忍辱;要入世忍人所不能忍,行人所不能行,才是修菩萨道的基本精神。菩萨是积极的,不管自我,只有做利他的事,而入世利他是非常痛苦的,也是非常烦恼的。要处处牺牲自我,必须要有无我相,无人相,无众生相,无寿者相的境界,忍人所不能忍,行人所不能行,才是真正的大乘道的忍辱精神。譬如说,佛为什么让人家砍他的身体?他是为了证明给世人,修证佛法确有其事,这个道理我们一定要晓得。

须菩提。又念过去于五百世。作忍辱仙人。于尔所世。

无我相。无人相。无众生相。无寿者相。

他再告诉须菩提，回想过去五百生以前，专修忍辱。他说那一生的修行，专做忍辱功夫，的确达到了无我，无人，无众生，无寿者，不着相。所以他强调一句话，怎么样学佛？

是故须菩提。菩萨应离一切相。发阿耨多罗三藐三菩提心。

这就是学佛的精神，换句话说，不要被一切现象骗了，或迷惑了。有个庙子，有个房子，有件衣服，有个地方，这些都是相；此心不要被佛堂、房子、财产，或名誉所迷惑了。所以前面曾说，要离一切诸相，即名诸佛。大乘菩萨走大乘的路，应该离一切相，发起求大彻大悟菩提之心。

无所住的心

不应住色生心。不应住声香味触法生心。应生无所住心。若心有住。即为非住。

学佛做功夫的人，大家就要注意了，我们在做功夫学佛，好像就在这色、声、香、味、触、法六样里面滚，就在这六根六尘之中打转。你千万记住，"不应住色生心"，一切境界、一切现象都不是，那是我们后天的，心理上、生理上、精神上的幻化。"不应住声生心"，听到声音当成佛菩萨对你说话，耳朵里最容易发起声音，走上这个路子，佛都救不了你。你看戒律的部分，佛在世时，很多走上这个路子，佛只好放弃。所以不应住色、声、香、味、触、法生心，一句话就是重点。要学佛的人，离一切相，"应生无所住心"，要随时观察自己，观心，要使此心无所住。如果心心念念住在某一种东西上，或住在某一种习气上，始终不能解脱，已经是走入魔道了。佛法初进中国时是"磨"字，意思是折磨你的。后来齐梁时代改成魔鬼的魔，因为讲魔鬼大家会害怕小心一些，所以千万千万注意，离一切相，应生无所住心。

接着下去，我们很多学静坐，及观心法门的同学要注意了，"若心有住，即为非住"。你们做观心的功夫，做静坐的功夫，心境上有一个清净在，你心住在清净，已经不清净了；至少那个清净是非常狭小的。还有些人觉得空了，他那个空啊，不过是水桶那么大，也许比水桶还小一点，都是你意识上一个境界，不是真正的空。这就是心住相；着相，着在一个空的现相上，有所住。所以"若心有住，即为非住"，是错误的，错误的空观，错误的住心法门。若心有住，可以训练意识专一，比较能够宁静，但是认为这个有相的，水桶那么大的空，或者清净就是道，那不是你骗了道，就是道骗了你，也许你骗了释迦牟尼佛。所以若心有住，即为非住，这是最好的观心法门。

如何布施

是故佛说菩萨心。不应住色布施。

为什么讲忍辱，一下子又跳到布施来了呢？就是今天讲课一开始跟大家提醒的，《金刚经》布施、持戒、忍辱，是一贯连下来的，不像现在的文章条理化、科学化，过去的文学行云流水，看起来漫无次序，好似一个不规律的排列，但是却构成不规律的美。所以说，"菩萨不应住色布施"，就是不应着相，住色法的布施是有形的，非常着相。用白话文来讲，就是一切受物理、环境影响的东西，都要把它放掉，万缘放下，就是不住色布施。

须菩提。菩萨为利益一切众生故。应如是布施。如来说一切诸相。即是非相。又说一切众生。即非众生。

佛再三地告诉须菩提，佛法大乘菩萨道的精神，就是为利益一切众生而有所作为，一切一切的作为，都是处处牺牲自我，成就他人；应如是布施，应万缘放下，利益他人的身心。为什么人放不下呢？因为不肯真正布施，因为众生着相。

"如来说一切诸相，即是非相"，不要着相，哪一相都是停留不住的，都是非相。譬如我们人最着相的，是希望自己多活几年，尤其是中年以上的人，寿者相。但是生命留得住吗？一切诸相，即是非相。这些现象，不是你要留就能够留的；它本身留不住，本来无住，本来不可着相的。凡夫众生之所以为凡夫众生，是明明知道这个道理，尤其是学佛的人，都非常清楚，但他心中仍在想：留不住的都是他们，我大概能留得住吧！总觉得自己不同一点，比不知的、不学佛还可怜。所以我经常提到我那袁老师的诗："五蕴明明幻，诸缘处处痴。"说学佛的人，明明知道五蕴皆空，但是啊，自己到处痴迷重重。这就是因为行不到的缘故，行不到就不是修行人。修行是行，行为上的行。

所以佛又说"一切众生，即非众生"。再进一步说，不但无我，也无人，也无众生。有些年轻人，自以为有了大乘的精神，又不肯自修，我就常常劝他们，你先求自修啊，自修好了，再来度人，你连自修都没有修好，怎么去度人呢！这也是我经常感叹自己的，本欲度众生，反被众生度。自己都没有学好，度个什么人啊！只怕你自己不成佛，不怕你没有众生度。众生愈来愈多，有的是事需要你去做的，自己修行没有基础，何必急急忙忙去度人呢？

彻底地说，众生不要你度，个个自己会度，有些菩萨们度众生，绝不是说法，反而加重众生的苦头，等他吃够了苦头，受不了，他自会回头的；这也是一个度人的法门，并不一定要教他打坐学佛。

因为有些年轻的同学们，心心念念在学佛，而且发疯一样的想成佛，成佛干什么？要度众生；众生自己会度，不要你度！"又说一切众生即非众生。"你要晓得佛法的理，一切众生皆是佛，你去度佛干什么？每个众生都是自性自度。所以六祖悟道以后，对他的师父讲：迷时师度，悟后自度。众生都是自性自度，在佛教早晚功课中要念到，自性众生誓愿度，自性烦恼誓愿断，都是自性自度中。

佛怎么说话

> 须菩提。如来是真语者。实语者。如语者。不诳语者。不异语者。

一共五种语，佛说法是真实的，不说假话，说的是老实话，实实在在，是什么样子就说什么样子。实语、真语，都容易了解，但什么是如语呢？不可说不可说，闭口不言，其声如雷，这个就是如语。如者如同实相般若，生命的本来毕竟清净，清净到无言语可说，就是如语，所以佛是如语者。

全部的《金刚经》说的就是如语，所以佛在《金刚经》上说了半天，他又说他说法四十九年，一个字都没有说，这就是如语，是不可说不可说。

不诳语，是不打诳语，不异语是没有说过两样的话。我们把三藏十二部大小乘经典拿来看，两样话都非常多。但是再仔细研究，他只说过一个东西，没有说过两样，这一个东西说了四十九年还说不清楚。所以佛说他没有说过一句话，这是如语。在这部经典，佛为什么要像赌咒一样，怕人们不相信，说他从来没有说过不老实的话呢？这是教我们信心清净，要切实相信，切实相信一个真正的佛法。这个佛法是什么样子？

无实亦无虚

>须菩提。如来所得法。此法无实无虚。

真正的佛法就是这一句话，佛把彻底的消息都告诉我们了。有一个东西可得吗？得到个什么？如果买一个萝卜，买一个南瓜，还有个东西可以带回来；但是得道得一个什么都没有！无实，没有个东西；无虚，但是不假的。所以形而上的道理，真正的佛法，不真不假，也就是《金刚经》的中心重点，这里已经全部点出来了。由布施、持戒、忍辱到般若的成就，告诉你真正佛法的修持，不住、不着相、不执着，放下万缘。

放下就对了吗？放下的也不对！所以马祖告诉弟子们，放不下就提起来！提起来，心有所住；心有住，即为非住，提也提不起来。

大家用功的人，也都是提也提不起，放也放不下。有一个同学来问：老师啊，我现在提也提不起，放也放不下。我说：那你不是成佛了吗？我要向你磕头了，你已经到了无实无虚嘛！这个情形不是提不起放不下，他那是闹情绪，闷在那里，那就不对了。真懂得提也提不起，放也放不下，懂得了无实无虚，换句话说，到这个时候，要提起就用，不提起就放下，就是这样简单。所以真正的佛法是"此法无实无虚"，佛讲这一句好严重！他先向我们赌了一个咒：我一辈子没有说过谎话，我说的都是老实话，你们要相信啊！你们听我的啊！我告诉你，此法无实无虚。你懂了就是你的，不懂还是我的，就是这个话。你要懂得当然是你的嘛！他说的都是老实话。此法无实无虚。

>须菩提。若菩萨心。住于法而行布施。如人入暗。即无所见。若菩萨心。不住法而行布施。如人有目。日光明照。见种种色。

他进一步告诉须菩提,他说修菩萨道的人,心执着一个佛法可得,一个佛法可修,执着了佛法的一种法就错了。随便举一个例子,许多学佛修道的人,都说:哎!我万缘放下了。问他:那你现在干什么?他说:现在就是修道呀!对不住,一点都没有放下。学佛修道不是万缘里头的一缘吗?难道是万缘以外的一缘吗?这就是说,你是有所为修,有形象去做,这是菩萨心住于法而行,这个人永远不会见道。

等于人闭上眼睛,到了一个黑暗的房间,他看不见了,永远摸不出来。假使真想明心见性、见道,"若菩萨心不住于法而行布施",一切无所住,这是真正的解脱,真正的放下,此人绝对可以见道。等于这个人有了慧眼,有了眼睛,又在太阳底下,当然万象森罗,什么都看得很清楚。

无量无边的功德

> 须菩提。当来之世。若有善男子。善女人。能于此经受持读诵。即为如来。以佛智慧。悉知是人。悉见是人。皆得成就无量无边功德。

阿弥陀佛!我们跟佛客气一下,你老人家言重了,对我们太好了。他告诉须菩提,"当来之世",将来的时代,或者一个善男子,或者一个善女人——功德、智慧有成就者,才算是善男子善女人。能够接受这部经典的般若要义,照此修行,甚至深入义趣的读诵,这个人就等于是佛。这句话多严重啊!所以我说,佛啊,你老人家言重了,不敢当。应该我们念到这里,要加一两句话,佛啊,对不起你老人家,实在不敢当。他说,真能够这样即同如来。

但是佛的话,为什么讲得那么客气,那么严重?这是有道理的,我们引用《楞严经》两句话就可以了解，"心能转物，即同如来"。这是佛说的，后来禅宗的达摩祖师也说过，"一念回机，便同本得"。这就是说，能够对《金刚经》的道理都了解了，以此修行的，相同于佛的行；并不是说你就是佛，是等同于佛。以佛的智慧，完全可以了解这样的人，了解他对于《金刚经》般若智慧如此透彻，这样的人"皆得成就无量无边功德"。

这一篇的一个结论，就是大智慧的一个成就，理解到证悟到智慧的成就，才能够发起心地修行的作用。以智慧悟道，起心行的作用，修忍辱行，在苦海茫茫中，做利益一切众生的事，此人成就无量无边功德。结论偈子：

第十四品偈颂

> 优昙花发实还无，尘刹今吾非故吾。
> 笑指白莲闲处看，污泥香里养灵珠。

"优昙花发实还无"，优昙花就是昙花，佛经上经常引用。在中国内地难得开花，在台湾都看过昙花，色、香都好，但却非常短暂，所谓昙花一现。当昙花开到最香的时候，就是它凋落的时候，所以佛经经常用昙花来形容。

站在宇宙看人类的历史，几千万亿年的时间，也只是昙花一现。大家活了几十年，回头一看，几十年像昙花一现，非实非虚，非真非假，即空即有，要从这个角度去体会。修持佛法有没有真成就的？绝对有！但是不能着相，非实非虚。所以，像优昙花开了，当时是有嘛！又好看又好香；马上没有了，又是空了。但是你说空了是没有吗？不是没有！尘尘刹刹，这是用佛学名词，物质世间就是尘，刹代表一切土地。

"尘刹今吾非故吾"，这个物质世间现在的我，不是以前那个我，不是前生的我，也不是来生的我，这个我是假我，今吾非故吾，不是我生命本来的那个生命。离开这个现在的我，才可以找到本来常乐我净的那个真我。生命的真我在哪里找呢？

"笑指白莲闲处看"，所以佛经上叫我们往生西方极乐世界，莲花化生，尤其佛重白色的莲花，八叶巨莲，莲花不在好的地方成长，愈脏愈烂的泥巴里头，莲花愈开得茂盛。

"污泥香里养灵珠"，大乘的精神是入世的，要入到最稀烂的地方修道，才能成功；跑到高山，跑到清凉的地方住茅棚，成不了道啊！那是道要成你，不是你要成道。

第十五品　持经功德分

　　须菩提。若有善男子。善女人。初日分。以恒河沙等身布施。中日分。复以恒河沙等身布施。后日分。亦以恒河沙等身布施。如是无量百千万亿劫。以身布施。若复有人。闻此经典。信心不逆。其福胜彼。何况书写受持读诵。为人解说。须菩提。以要言之。是经有不可思议。不可称量。无边功德。如来为发大乘者说。为发最上乘者说。若有人能受持读诵。广为人说。如来悉知是人。悉见是人。皆得成就不可量。不可称。无有边。不可思议功德。如是人等。即为荷担如来。阿耨多罗三藐三菩提。何以故。须菩提。若乐小法者。着我见人见众生见寿者见。即于此经不能听受读诵。为人解说。须菩提。在在处处。若有此经。一切世间天人阿修罗。所应供养。当知此处。即为是塔。皆应恭敬。作礼围绕。以诸华香而散其处。

最难的布施

　　须菩提。若有善男子。善女人。初日分。以恒河沙等身布施。中日分。复以恒河沙等身布施。后日分。亦以恒河沙等身布施。如是无量百千万亿劫。以身布施。

　　什么叫初日分？中日分？后日分？这是印度的习惯。印度这个民族不太注重历史，觉得过去的就过去了，未来的还没有来，记那么清楚干什么？对于数字一个两个、一万个两万个，开口就是八万四千，就是很多的意思。印度一年分三季，以四个月做一季，也是一年十二个月。佛经上讲时间，一天分三时，就是三个阶段。初日分就是上午，中日分就是中午，后日分就是下午，这三句话其实就是一天。

以身布施很难啊！譬如我们现在输血给人家，或者把眼角膜捐给人家了，有人受伤，需要一块皮去补，把自己身上割一块去帮他等等，都是身布施。另外妈妈生孩子，父母带孩子也可以说是身布施，不过看不出来，还布施得很愿意，很高兴呢！劳碌一辈子，最后被儿女骂一顿，说你这个落伍的老头子，愈骂愈高兴，这就是做父母的布施。其实严格讲起来，这不算布施，因为父母的爱儿女，是基于自己私心的爱。又如你爱一个人，愿意为他服务，算不算布施呢？这是布施的行为而已。实际上，这是你的痴心，贪嗔痴慢疑的痴、愚痴的痴。我们常常引用龚定盦的两句诗，"落红不是无情物，化作春泥更护花"。真布施是舍掉自己舍不得的，是一种自我牺牲。譬如说只有砍掉我的膀子，才能够治好你，我愿意砍掉给你，忍人所不能忍，行人所不能行，这是布施。所以以身布施，非常难。

为什么这里提到身布施呢？大凡人生在世，有两件事情最难布施，这一件是钱财。我们常听四川朋友讲一句笑话，"钱、钱、钱，命相连"，那个钱真是与生命一样要紧；所以钱财最难布施。但是等到要命的时候，绝对慷慨地把钱财付出去，只要保命就好了。

第二件是身布施难。最难布施的是"我"。佛现在讲，假使有一个人，以恒河沙等身布施，什么是恒河沙等身布施？我们一个身子牺牲了，算是一个身体布施，自己死了以后，再来投胎，那个身子再来布施，生生世世都拿生命来布施，牺牲自己，为社会为众生，这是以恒河沙那么多的生命来作布施，这个是讲数量之多；牺牲不止一次，牺牲像恒河沙那么多次数，这是讲生命的布施。

老人的救生圈

其次讲时间，连续的布施，投胎再来，又来还是为众生再布施，再来还是布施，经过百千万亿那么多的劫数，都是以身布施，行菩萨道，这个功德你说有多大？所以有一点大家要注意，常有人问我是不是佛教，我说我什么都不"叫"（教叫谐音），为什么呢？我没有资格当佛教徒，因为我没有办法以身布施。

世界上很多不是佛教徒的人，所行的真是菩萨道。曾告诉大家，二三十年前，我在基隆的时候，一条船在海上碰到了台风，那是海军拍卖掉的旧船，快翻了。一个有肺病的人在船上，水手拿了一个救生圈给他，他看见一个女的抱着一个小孩子，在喊救命，就把救生圈套上了母子两个，自己就不要了。那个船员一上来看到，急得不得了，东找西找又找一个救生圈丢给他；他一转身，看到一个年轻人在找板子东找西找，很危急的时候，他又把这个救生圈给这个年轻人了。他说你年轻还有用，我又老又病，没得用了，最后他牺牲了。这个就是菩萨，在危难的时候，没有考虑到自己。

所以我说我不是佛教徒，不能以身布施，你假使多跟我谈一下，我就不高兴了，心想怎么搞的，尽讲，我都累死了。这就是不肯以身布施，对不对？假使有人家要你帮忙，多跑一点路，哎呀！我那么大年纪，还给你跑，这也是不肯以身布施。所以真正学佛，以身布施是一件非常难的事。

布施两个字不可以轻易谈，你说这里出十块钱，那里出一百块钱，是布施吗？你是算过的，这一百块钱拿出来，对自己没有什么影响，因为还有八千一万在身上；那不算布施。只有自我牺牲去助人救人，才算是真布施，所以真正的布施之难，这一点需要注意。至于有些人布施了一点钱，还希望留下一个名字，走过来看看，啊！我都布施了，怎么还没有名字？那个不是布施，而是施布了，布施倒过来了。所以学佛要了解布施之难，真布施需要真放下。这里谈布施没有提到钱财，只说以身布施，这样一个人，无始劫来以身布施，这个功德当然很大，但是佛又说了：

信心不逆的福报

若复有人。闻此经典。信心不逆。其福胜彼。何况书写受持读诵。为人解说。

佛说，假使有一个人，拿自己的生命布施，经过无穷无数的时间，只有布施，不要求收回来，这个人福报很大。可是，如果有一个人，学了《金刚经》的法门以后，做到"信心不逆"，这一点是重点，彻底相信金刚般若波罗密大智慧的自性自度的道理，信得过自心自性；光信还不行，信心不逆，没有违背，这个人的福德超过前面以身布施的福德。

信心不逆是很难的，许多人佛学的道理了解很多，但在行为上，做人做事上，都与佛法相反，都是违逆。譬如说劝人家劝的比唱的还好听，哎呀，放下，看开一点……他自己放不放得开？你马上逗他一下，他就看不开了。这就是信心有逆。要做到信心不逆，不是理论而是绝对的信心，这样去修行，那么这个人所得的福报，超过前面所讲的专门以布施为功德的人。更何况还有人对《金刚经》的佛法，广事宣扬，乃至古代没有印刷，只有抄写，受持，接受了，照这样修持，每天读诵，为人家解说这个道理；这个福报比前面的还要大。

如来说给谁

　　须菩提。以要言之。是经有不可思议。不可称量。无边功德。如来为发大乘者说。为发最上乘者说。若有人能受持读诵。广为人说。如来悉知是人。悉见是人。皆得成就不可量。不可称。无有边。不可思议功德。

最要紧的一句话，《金刚经》这个经典的本身，有"不可思议"，想象不到，"不可称量"，没有办法去量一下有几斤重，或者多长。总而言之，它有无量无边的功德，可是你们注意下面两句话啊！这个功德那么大，大家都研究了，大家都带一个功德回去吗？都没有带走，为什么？因为此经"如来为发大乘者说，为发最上乘者说"。这一个经典的内涵，是为了真正发大乘心、大菩萨道的人说的，也是为最上上乘，不是普通智慧的人，而说的经典。他说假使有人能够受持读诵，当然，我们不一定是上上智，可是，能够接受，读诵研究这个经典，"广为人说"，普遍向人家宣扬的话，"如来悉知是人，悉见是人"。佛，完全知道这个人。佛可以给你证明，他完全可以看得见，完全可以了解这个人，"皆得成就不可量、不可称、无有边、不可思议功德"。他说，这样的人，不久的将来，都能得到无量无边的功德。什么理由呢？

　　如是人等。即为荷担如来。阿耨多罗三藐三菩提。

他说这样的人，他就等于佛，他有责任感，把佛法的这个担子挑起来；所以，他就有这样大的智慧、这样大的福德。只要你发这样大的心，肯挑这样大的担子，就有这个功德、有这个智慧。荷担什么呢？阿耨多罗三藐三菩提。就是无上正等正觉，普通话叫作大彻大悟。他说挑负了这个担子，自然有一天会大彻大悟。

你喜欢小法吗

何以故。须菩提。若乐小法者。着我见人见众生见寿者见。即于此经不能听受读诵。为人解说。

在《楞伽经》里，把人的根性分类五种，有些人天生走小乘路子，喜欢修小乘法。你教他修大乘菩萨道，最上乘的法，他不能接受，也无法接受。等于学校的学生，很多人只能够到某种程度，因为他的智商不够，只能受最低的教育。学佛法也是一样，虽不是智商的问题，但是他的根器发心，喜欢走小的路子；弄点功夫啊，打打坐啊，打坐眼睛里看到光啊，听个声音啊，哪里气跳啊，今天脸色又发光，明天脚又发热，指甲发亮啊等等。这些就是所谓乐小法者。这种人的观念思想，已经落在我见，人见，众生见，寿者见。他们一切只是为"我"，希望在人中做个了不起的人，而且希望自己活得长寿健康，希望自己不死；至于大乘的法门，如何见性成佛，朝闻道夕死可也，他们根本不予理会。所以，佛说这些乐小法的人，对于这个经典所讲的真义，没有办法听受、没有办法读诵，更不会弘扬，为人解说。

须菩提。在在处处。若有此经。一切世间天人阿修罗。所应供养。当知此处。即为是塔。皆应恭敬。作礼围绕。以诸华香而散其处。

佛说的这一本经，始终讲这个经怎么重要怎么重要，现在告诉须菩提，在在处处，随便在什么地方，只要有《金刚经》这本经典所在，不管世间的人，乃至天上的神，乃至阿修罗、魔王、魔鬼，都自然应该供养这个经典。有这本经摆在那个地方，等于有个佛塔在那里，大家自然都应该供养，应该恭敬，顶礼，乃至拿香花供养它。

我们说一句对佛不太恭敬的笑话，佛好像宣传广告做得非常好一样！这一本经啊，完全运用广告的手法，说这个般若法门怎么重要怎么好，大家如果念经念到这里，很可能会产生这个感觉，里头好像没有讲到什么东西。可是里头是不是讲了东西呢？这就是《金刚经》翻译的特殊，说法特殊。他讲的第一重点，请大家注意，"信心不逆"，他讲一切相不住，一切心放下，就可以到家。可是人信不过，做不到；尽管嘴里讲可以放下，事情到来一点都看不开，更放不下。

所以我常常讲的几个字，我自己号称十二字真言，人生都是"看得破，忍不过。想得到，做不来"。这就是信心有逆。第二个重点就是敢为佛法挑担子，荷担如来正法，挑大乘法门，承先启后，继往开来，在滔滔浊世中，要有这样的精神。要顶天立地地站起来，为人类的文化、为众生的慧命，而生存、而奋斗。这样的精神需要无比的忍辱、无比的牺牲，所以要懂得忍辱度、要懂得布施度，这就是重点。佛并不是只作广告，把这两个重点抓出来，再读这一品，就知道它的意义所在了。偈子如下：

第十五品偈颂

跃马投鞭星斗横，一呼百诺作雷鸣。
江山无恙渔翁老，何似灵山补衲轻。

"跃马投鞭星斗横"，这是拿世间法来比方，英雄人物出来，像汉高祖、唐太宗、朱元璋这一类人等，骑在马背上。投鞭是用秦王苻坚的典故，他带兵打仗，几十万大军，自称投鞭断流，部队那么多，马鞭一丢，连河水都可以塞住不流了。星斗横，天上的星星都被他震动了的样子，威风惊天动地。

"一呼百诺作雷鸣",一个人当了帝王那个威风,福报是太大了,随便叫一声,下面多少人答应,好像上天打雷一样,这是说人世间做了皇帝,福报是最大的;所以人人都想当皇帝,但是这个不是真的福报,真的福报在哪里呢?

"江山无恙渔翁老,何似灵山补衲轻"。天下太平,人人有饭吃有衣穿,无是非,都过着安定幸福的生活,而自己又懂得了佛法。穿一件百衲衣,破袈裟,从前和尚穿的百衲衣,现在很少看到,过去大陆上,许多专门住茅棚的,身上穿的衣服,就像小说上画的那个济公活佛的衣服一样,叫作粪扫衣。就是垃圾堆捡来的破布,一块一块把它缝起来,一针一针都把它密密缝起来,破了又缝,一身都是线的样子,也叫作补衲衣,衲衣就是和尚穿的衣服。人生真正的福报,还是清福最难,如何享到这种清福呢?发上乘心大乘心,由担当如来家业发起,这一个大心发起,就有真正的福报。

第十六品　能净业障分

　　复次。须菩提。善男子。善女人。受持读诵此经。若为人轻贱。是人先世罪业。应堕恶道。以今世人轻贱故。先世罪业。即为消灭。当得阿耨多罗三藐三菩提。须菩提。我念过去无量阿僧祇劫。于然灯佛前。得值八百四千万亿那由他诸佛。悉皆供养承事。无空过者。若复有人。于后末世。能受持读诵此经。所得功德。于我所供养诸佛功德。百分不及一。千万亿分。乃至算数譬喻。所不能及。须菩提。若善男子。善女人。于后末世。有受持读诵此经。所得功德。我若具说者。或有人闻。心即狂乱。狐疑不信。须菩提。当知是经义。不可思议。果报亦不可思议。

被轻贱的前因后果

　　复次。须菩提。善男子。善女人。受持读诵此经。若为人轻贱。是人先世罪业。应堕恶道。以今世人轻贱故。先世罪业。即为消灭。当得阿耨多罗三藐三菩提。

这是个大问题啊！佛告诉须菩提，假使有人诚诚恳恳学佛，研究《金刚经》，结果一辈子倒霉，为人轻贱。有人事业很好，生意也做得很大，功名也很好，偏要跑来学佛，我说你不要搞啊！这个事情不是好玩的，学佛就要倒霉的。他说菩萨会保佑发财；我说佛不管这个事，因为佛学是空道，你要学只有放下。当然也有些人学佛反而发了财，大部分都是遭遇更多困难。不但学佛如此，信别的宗教也是一样的，很多人说自己一辈子做好事，结果倒霉透顶，什么坏事都到他身上。历史上司马迁也怀疑这个问题，善人做好事，偏要倒霉；坏蛋个个好得很，身体又健康，精神又好又发财，又有办法，这个世界上因果报应到哪里去了呢？这是个大问题。

首先我们要了解，佛法的基础是建立在三世因果、六道轮回上。佛法讲的因果是讲三世，认为生命是连续不断的，不是现在这一生，佛在别的经典里答复过这个问题。有人问过佛说，为什么世界上有许多人做好事，结果却那么惨呢？佛说因为他过去的恶业还没有报完，所以先还这个恶报的债。他现在又做好人又做好事，那是将来或他生来世要去收账的。

讲到三世因果，大家很不容易相信，因为看不见的缘故。其实很容易看，我告诉你一个办法，可不是神通啊！不要瞪起眼睛，以为有个法子传你。你只要看看我们自己一生就晓得了，尤其我们在座中年以上的朋友，我们中年所遭遇的环境，是年轻时候已经埋伏下的因；晚年所得的果，也就是年轻及中年自己所作所为的结果。把人生分三个阶段，二十岁前当前生，二十到四十当这一生，四十到六十当后生。这个三世因果也差不多了。或者看近一点，昨天就是前生，今天就是现在生，明天就是来生。

我们很多同学常常跑来跟我开玩笑，老师啊！我前生究竟是什么变的？我又没有神通，但是你自己可以看得见啊，"欲知前生事，今生受者是"。你这一生所遭遇的事，就是前生的果报，"欲知来生事，今生作者是"。佛法最难之处就是这个三世因果，六道轮回，它承认生命是永恒的，但生命的现象则是变来变去的。

中国文化中的《易经》也讲因果，可是《易经》的因果，与三世不同。像代表儒家的孔孟学说，与代表道家的老庄学说，个个都谈到因果的道理。《金刚经》的这一节，特别提出来，假使有人读诵这个经典，结果为别人轻贱，被人家看不起，就是笑你，甚至说现在的时代，最落伍的是学佛的人。随便搞一个玩意都好，怎么去学佛？好像一学佛，这个人在社会上已经被打出去了，落伍到极点，处处被人家轻贱、看不起。佛说你要知道，以因果报应来讲，是因为这个人先世的罪业，应该堕于恶道，"以今世人轻贱故，先世罪业，即为消灭！"换句话说，将功折罪，抵个罪。因为现在做好人、做好事，把过去生的业报减轻了、消灭了，而另外得一个果报；这一个果报太不容易了，当得"阿耨多罗三藐三菩提"，大彻大悟，要成佛。

我们听了佛这个话，只好对他老人家说，你老人家说的是对啦！但是我是不敢啦！只好客气一点。你要晓得，世间的福报已经不容易了，何况要想大彻大悟而成佛呢！但是禅宗的顿悟观念很流行，一般人都想学禅，而且每个年轻人学禅，都等在那里开悟。还有个同学说，已经坐了一个月了，怎么还没有开悟？我说：慢慢等吧！再等下去吧！《金刚经》现在告诉你，你看懂了吧！要把过去、现在，自己身心的业报清理完了，开悟的那一点消息才会来，所以永嘉禅师说："了却业障本来空，未了还须偿宿债。"我们人生在世，一切的因果和遭遇，本身一定有其必然的原因，才有其必然的结果。所以《金刚经》这一点，大家不要轻易地看过去了，这是反转来告诉我们，要如何修持才有结果；必须先要真修行消掉自己的业报，智慧才能启发。过去生的业报没有消减，智慧是启发不了的；因为你还在受罪，所以不会得阿耨多罗三藐三菩提，不会大彻大悟。下面佛自己举一个例子：

诚敬努力的人

须菩提。我念过去无量阿僧祇劫。于然灯佛前。得值八百四千万亿那由他诸佛。悉皆供养承事。无空过者。

释迦牟尼佛报告自己的经过,回忆过去无量无数时劫,曾跟随那由他诸佛修持。那由他是无量数的意思。释迦牟尼佛第一次开悟时的老师是然(同"燃")灯佛;中国后来有一本小说《封神演义》中,就有一个然灯古佛。佛在然灯佛那个时候,发心学佛,可是他中间经过的善知识、名师,共有八百四千万亿那么多的佛,每一个佛前面他都去学,而且供养过。

什么叫供养呢?像孝顺父母一样的孝顺师长,衣服、饮食、卧具、汤药,四事供养。他说他都供养承事,他曾经都替他们做过事,做过弟子;他只要碰见一位善知识,自己绝对不敢放逸,没有空过的。换句话说,总要学一点回来的。他讲的这几句话,就是说自己的求学精神,勤劳而精进,谦虚而向学。

> 若复有人。于后末世。能受持读诵此经。所得功德。于我所供养诸佛功德。百分不及一。千万亿分。乃至算数譬喻。所不能及。

他说,其实当时啊!没有一个人给他讲过般若《金刚经》的道理。现在释迦牟尼佛本人,说出来这个道理,说假使有一个人,在后来末法的时代,能够抓住这部经的要点,受持读诵,他所得的功德,比我当年供养几千万亿佛的功德还要大;百分不及一,千万亿分所比不上,乃至算盘、电脑,算都算不出来功德有多大。换句话说,我们现在拿着这本经在研究,所有的成果、所得的功德,比释迦牟尼佛过去所有的功德还要来得大!他是这样鼓励我们。

不可思议的果报

> 须菩提。若善男子。善女人。于后末世。有受持读诵此经。所得功德。我若具说者。或有人闻。心即狂乱。狐疑不

信。须菩提。当知是经义。不可思议。果报亦不可思议。

他告诉须菩提说，未来世上，有受持读诵《金刚经》的人，所得功德之大，他说：啊！我都不敢讲出来，我怕讲出来以后，有人听了会狂乱发疯，甚至于对佛法都不相信了；觉得牛吹得那么大，没有这回事。所以佛说，不敢说，说了有人会不相信的、会怀疑的、会发疯的。

佛是真的没有说啊！但是他补充了一句，这个《金刚经》的经义不可思议。你不要以为《金刚经》文字看懂了，就以为懂了《金刚经》，它一层层道理多得很。"当知是经义"，义是道理，这个道理不可思议，不是你的知识范围所能想象的。因此，这个经的果报、功德的果报，也不可思议。

第十六品偈颂

业识奔驰相续流，茫茫无岸可回头。
同为苦海飘零客，但了无心当下休。

"业识奔驰相续流"，在佛学上说，我们生命的延续，就是一个业识的作用，业识是佛经专有名词。首先了解佛学上叫"业"，业不是罪，业是一股习惯性的力量。这股力量包括了善的，叫善业；恶的，叫恶业。就是佛经上讲的业报；像造业、作业这些名词，都出于佛经。譬如我们有些小动作，有些人喜欢抓抓耳朵呀，或者抓头呀，这个习惯，没有什么意识，无意识自然做出这些动作，就是习惯的力量。

无意识又是什么呢？现在心理学讲的下意识，在佛学上是第六意识背后的一面；譬如现在最流行的第六感呀、灵感呀，都属于第六意识的范围。超过了第六意识，有一个东西，就是我们的业识。我们活着自然有触觉的感受，这是业识。这个业识属于第六意识的最后面，是第七、八识的范围；现在心理学就很难解释，还在研究中。

人生寿命的长短、身体的好坏，甚至于应该生哪一种病，或者环境上应该有哪一种遭遇，都是这个业识的作用。业识分析起来非常麻烦，但是，我们至少有一个了解，我们坐在这里活着的人，是身体在这里起作用，浑身每一个细胞都是由于业识作用而存在、而活着。所以上一品佛讲身布施，身布施很难，因为业识不容易布施的缘故。

譬如我们在座许多青年学打坐，为什么心静不下来呢？因为你身体血液还在流，身上的感觉还是有，是业识静不下来；业识茫茫，静不下来。如果真拿智慧的力量，心理的作用，克服了这个业识茫茫，把身体的感觉放下来，当然大彻大悟；就算不大彻大悟，也可以小彻小悟吧！所以佛在前面讲的以恒河沙等身布施，那绝不是一件容易的事；因为身体的感觉布施不了，越打坐病还越多。有些人，静坐学佛，把那个业识的陈年老账，通通翻出来了，这些非要还不可，把它还清了，了脱了以后，才能得解脱、才能够开悟。这个生命中，昨天、今天、明天；去年、今年、明年；青年、中年、老年，业识的因果连续不断。学佛的经常有一句话，回头是岸，岸在哪里啊？

"茫茫无岸可回头"，苦海茫茫，回头是岸，这一句话大家经常说，却没有去想岸在哪里，岸就在回头那里，就是因为你回不了头。

所以我们大家做功夫，譬如打坐的人，两个眼睛开着也好、闭着也好，你总是注视在前面，没有办法回转来，所以，回头是岸，这句话已经告诉你岸在什么地方了。岸是什么呢？是广阔是空灵，到达了回头是岸的时候是怎么样的情况呢？不要忘记《金刚经》的一句话："此法无实无虚。"你说它空的也不对，说它有也不对，到这个境界你就找到了岸。假使不晓得回头本身就是岸，那就是业识奔驰相续流，茫茫无岸可回头。

"同为苦海飘零客"，所以我们有一个感叹，我们众生，当然我自己也在内，都在茫茫苦海里头翻翻滚滚。要怎么样才真得解脱？怎么样才真得道呢？

"但了无心当下休"，当下无心，无心不是没有念头啊！说它是念头，把它压下去也是不对的。能记住《金刚经》上一句话，无所住心，此法无实无虚，大致上说来，对真正的修行，可以找到一点眉目了。希望大家在这里特别注意一下。

最后的结论也就是《金刚经》上这一品的原文，"当知是经义，不可思议，果报亦不可思议"。果报到达什么不可思议？可以使你成佛，这是成佛的捷路。

第十七品　究竟无我分

　　尔时须菩提白佛言。世尊。善男子。善女人。发阿耨多罗三藐三菩提心。云何应住。云何降伏其心。佛告须菩提。善男子。善女人。发阿耨多罗三藐三菩提心者。当生如是心。我应灭度一切众生。灭度一切众生已。而无有一众生实灭度者。何以故。须菩提。若菩萨有我相人相众生相寿者相。即非菩萨。所以者何。须菩提。实无有法。发阿耨多罗三藐三菩提心者。须菩提。于意云何。如来于然灯佛所。有法得阿耨多罗三藐三菩提不。不也。世尊。如我解佛所说义。佛于然灯佛所。无有法得阿耨多罗三藐三菩提。佛言。如是如是。须菩提。实无有法。如来得阿耨多罗三藐三菩提。须菩提。若有法。如来得阿耨多罗三藐三菩提者。然灯佛即不与我授记。汝于来世。当得作佛。号释迦牟尼。以实无有法。得阿耨多罗三藐三菩提。是故然灯佛。与我授记。作是言。汝于来世。当得作佛。号释迦牟尼。何以故。如来者。即诸法如义。若有人言。如来得阿耨多罗三藐三菩提。须菩提。实无有法。佛得阿耨多罗三藐三菩提。须菩提。如来所得阿耨多罗三藐三菩提。于是中无实无虚。是故如来说一切法。皆是佛法。须菩提。所言一切法者。即非一切法。是故名一切法。须菩提。譬如人身长大。须菩提言。世尊。如来说人身长大。即为非大身。是名大身。须菩提。菩萨亦如是。若作是言。我当灭度无量众生。即不名菩萨。何以故。须菩提。实无有法。名为菩萨。是故佛说一切法。无我无人无众生无寿者。

> 须菩提。若菩萨作是言。我当庄严佛土。是不名菩萨。何以故。如来说庄严佛土者。即非庄严。是名庄严。须菩提。若菩萨通达无我法者。如来说名真是菩萨。

现在《金刚经》讲到第十七品了，梁昭明太子下了功夫研究，把它分成三十二品，现在已经讲完第十六品，刚好是一半。一半就是半斤，半斤就是八两，二八就是十六了，一半一半。这一半讲完了，下面还有十六品，另起炉灶，这个分类是有一个道理的，不能不注意；这不像我们现在写书，高兴写到哪里，拿个数字随便来标一下就算了，这里研究的，同《易经》数理的哲学，有着密切的关系。所以现在第十七品，回转来，又是一个新的起头。

发什么愿

> 尔时须菩提白佛言。世尊。善男子。善女人。发阿耨多罗三藐三菩提心。云何应住。云何降伏其心。

你看，又回头了！又是老问题，这个须菩提也同我们一样，够啰嗦的了！《金刚经》一开始，他就问佛这两个问题，佛一路给他讲下来，讲到了现在，他老哥是等于为我们问话，老师啊！我还没有懂咧！他说一个学佛的人，刚刚要发大乘心，要想成佛，想明心见性悟道，"云何应住"呀？我的心定不了啊，怎么住？住在哪里呀！"云何降伏其心"呀？我的思想烦恼多得很啊，怎么把它降伏下去呢？还是这个老问题。你看，很滑稽吧！假使把它当一个剧本，不要当佛经看，这个演员够啰嗦的了！

> 佛告须菩提。善男子。善女人。发阿耨多罗三藐三菩提心者。当生如是心。我应灭度一切众生。灭度一切众生已。

而无有一众生实灭度者。何以故。须菩提。若菩萨有我相人相众生相寿者相。即非菩萨。

还是老话，不过这老话很不同啊！这个话里头有骨头。当《金刚经》开始的时候，佛对须菩提这个问题的答案是"善护念"，"应如是住"。这里答复的不同了，他告诉须菩提，一个准备开始学佛，想求大彻大悟而发阿耨多罗三藐三菩提心的人，"当生如是心"。如是心是什么心呢？这就是佛家讲的发愿，立一个志向，发愿就是立志。立志做什么？"我应灭度一切众生"，我要救世界上一切的众生，那些在苦恼中的众生我都要救，灭度他。

什么叫灭度呢？使他离苦得乐，进入涅槃。所谓涅槃的境界，就是离苦得乐，灭度就是这个意思。你不要看到"灭度"两个字，以为是把他砍头杀了，那还得了！灭度就是涅槃两个字的翻译，是形容词，走入了寂灭、清净的境界；是回头是岸那个岸。这个境界也就是离一切苦，得究竟的乐。要想学佛，第一个动机，就是要有这个心。

其次，"灭度一切众生已，而无有一众生实灭度者"。事实上，你度了一切众生，做了就做了，心里头并没有说，我已经度了那么多人了，如果有那种心理状态就错了。前天有一位同学告诉我，他妈妈生了他们十六个弟兄。我说这个老太太真伟大；但是尽管老太太生了十六个，最后走的时候，实无一可生者，还是等于没有生嘛！怎么样一个人来，还是一个人走，对不对？每一个人都是光光的来、光光的走，来的时候很不高兴，一出来还大哭一场，走的时候自己来不及哭了，别人帮他哭。更妙的是小孩子生出来就是抓，捏着拳头抓。个个都想抓一把，抓了一辈子，抓到临终没办法了，只好放手。普通一个人生就是这么一个境界，做了一辈子的事业，生了一大堆的儿女，最后，实无一事可灭度者，一样都带不走。

佛说，由这个人生可以了解到，学佛的人发心度一切众生，救了这个世界一切众生，心中一概不留，认为是应该做的事，这就是菩萨道，是菩萨发心。如果今天帮了人家一点的忙，心里还念念不忘，还希望人家恭维一下，那就完了；不要说学佛不行，做人都不行。所以说，学佛的人，要这样发心。

他说什么理由呢？告诉须菩提，一个学佛修菩萨道的人，只要有一点自认崇高，自我的伟大，自觉了不起的话，他已经着在我相、人相、众生相、寿者相了。这样的人，佛说：完了！"即非菩萨"，这个人够不上是学佛的人，不是真正行菩萨道的人。中国文化也讲大公无私，无我相、无人相、无众生相、无寿者相；救尽天下苍生，心中不留一念，这样才是大公无私，才是菩萨，否则，佛说即非菩萨。

然灯佛所得什么

　　所以者何。须菩提。实无有法。发阿耨多罗三藐三菩提心者。

"所以者何"这四个字就是说什么理由？他告诉须菩提，你们天天想悟道，明心见性，大彻大悟，我告诉你，没有一法，没有一个东西叫作道。大彻大悟就是悟到一个没有东西，你觉得有一个法可学，有个道可得，你就错了，你已经着了我相、人相、众生相、寿者相，即非菩萨。所以禅宗六祖慧能大师悟道时候的偈子说：

　　菩提本无树，明镜亦非台。
　　本来无一物，何处惹尘埃？

　　就是这个道理，没有一法，可以使你发阿耨多罗三藐三菩提心者。

　　须菩提。于意云何。如来于然灯佛所。有法得阿耨多罗三藐三菩提不。不也。世尊。

佛问须菩提：当年我在然灯佛那里开悟的时候，你想一想，我真的得到一个东西吗？真的阿耨多罗三藐三菩提有多大多小啊？这个阿耨多罗三藐三菩提是什么东西嘛？他说，你想想，我得到一个东西吗？须菩提说："不也。世尊。"须菩提很恳切地回答，据我所知，你悟道的时候，了无所得。这是真正悟道。

如我解佛所说义。佛于然灯佛所。无有法得阿耨多罗三藐三菩提。

须菩提说，假使我的理解没有错的话，我跟你学了那么久，了解佛所说佛法的道理，佛当时在然灯佛那里，并没有得到一个什么东西，叫作什么阿耨多罗三藐三菩提；并没有得到一个叫作什么大彻大悟的东西。所以须菩提答得很清楚。但是须菩提说我没有证道，我的了解是这样，不知对不对？

佛言。如是如是。

佛就说了，就是这样，就是这样。这样究竟是怎样？所以啊，真正你们要学禅宗，这就是话头，"如是如是。"这一句就是话头，你参通了就对了。天天只要参"如是如是。"不过也不要搞错了，明朝末年，有一个名妓叫作柳如是，她姓柳，采用《金刚经》如是两个字作名字。"如是"是佛说的，翻成白话文就是这样，佛这是给你话头参，这样就叫大彻大悟。

须菩提。实无有法。如来得阿耨多罗三藐三菩提。

告诉你老实话，真正的佛法，并没有个固定的东西，你如果得到一个固定的东西就是错了。实实在在没有一个东西，身体都没有了，连感觉都没有了，所以五蕴皆空，连光也没有，色相也没有，一切都不可得，这个时候就是阿耨多罗三藐三菩提，大彻大悟。

> 须菩提。若有法。如来得阿耨多罗三藐三菩提者。然灯佛即不与我授记。汝于来世。当得作佛。号释迦牟尼。

他说假使佛法到了最高处，有法可得的话，当我悟道时悟到有个东西可得的话，那么，我那个老师然灯佛啊，当场就不会给我授记说我将来之世会大彻大悟了。"授记"是佛教专有名词，悟道的古佛，当弟子悟了道，他就在前面摸摸顶，所谓灌顶，抚摸一下授记，说个预言，过多少年后，你在什么世界成佛，打一个标记，这就是授记。

然灯佛为什么授记

> 以实无有法。得阿耨多罗三藐三菩提。是故然灯佛。与我授记。作是言。汝于来世。当得作佛。号释迦牟尼。

当释迦牟尼在然灯佛那里悟道的时候，实在没有得到任何一个东西；所以然灯佛当时给他授记，你于将来的娑婆世界成佛，你的名号叫释迦牟尼。我们经常说，不要以有所得之心，求无所得之果；大家来学佛，都抱一个有所得的心，求得一个无所得之果，那是基本错误。佛就说：当时我得一个无所得的境界，了不可得，所以然灯佛给我授记。好了，现在问题来了。

> 何以故。如来者。即诸法如义。

这是重点啊！大家学佛的人千万记住！我们学佛都是拜佛，佛也叫如来，天天磕头求如来保护，为什么中文翻译成如来呢？中文翻译得很妙，如来，好像来了，对不对？"如"是好像，如来，好像来了，但是根本就没有来。如同说"没有来吧"！我们看电视的时候，那个电视上的明星，是不是到你前面来了？事实上他没有来，他是如来，好像来了。你打电话的时候，那个人是不是来到耳边上？他没有来，可是他是如来，好像来了。所以如来在哪里？佛在哪里？佛就在这里。你不要另外去找了，你的心中，你的身心内外，随时有佛；只要你自己能够找到，你就见到了佛，也是见到了如来。

这里怎么注解？"如来者即诸法如义"，这一句话最重要，学佛法千万要记住。大家学佛的人，都带有宗教性，佛在哪里？佛在佛堂那里；佛在哪里？佛在庙里；或者佛在西天，那就糟了。佛在哪里？佛就在你那里，"即诸法如义"。世间一切法，都是佛法，没有哪一点法不是佛法，任何世间法，正如《中庸》所讲："夫妇之愚，可以与知焉。"就是如来，都可以到的；随时随地的任何一颗灰尘，清净的地方、脏的地方，处处佛在现前，这就是如来，所以叫诸法如义。这一点特别要注意。

若有人言。如来得阿耨多罗三藐三菩提。须菩提。实无有法。佛得阿耨多罗三藐三菩提。

他说：假使有人说，佛在菩提树下七天成道了，证得了阿耨多罗三藐三菩提。我告诉你，须菩提，真正开悟的那一天，佛并没有得到一个什么东西，所以叫大彻大悟，悟道了。

须菩提。如来所得阿耨多罗三藐三菩提。于是中无实无虚。

你说，什么都没有得到，那何必学佛啊！我们本来也是什么都没有得到嘛！人家都说学佛学个空，大家自己都不用脑筋想，如果你用脑筋想，还要去学个空？我本来空的嘛！何必还跑到那里去找个空呢？对不对？如果说佛法是学有，那跑去学学还有点味道，去学空，学空还跑那么远的路，跑到山上，到庙里找，那个庙里又不空！学空又何必找！本来就空的。但是佛告诉你，不是学空的，也不是有的，"是中无实无虚"。无实就是空，无虚就是有，就是普通经典上讲的，非空非有，即空即有，《金刚经》不用非空非有的字眼而已。

一切都是佛法

> 是故如来说一切法。皆是佛法。

一切法皆是佛法，任何法都是佛法。有些人学了佛以后，非常小气，皈依佛，不拜邪魔外道。我有时候到乡下去，看到土地庙，那个土地公是用泥巴捏的，我也很恭敬地行个礼。人家说你学佛的人，何必呢！我说我不管那一套，活着做好人，死后还做个土地公，我还不一定是好人，死后土地公还可能管到我呢！我先结个善缘不是蛮好吗？你们学了佛，皈依三宝，就了不起了，你自己才是活宝呢！这是真话。

所以真正的佛法，对于世间出世间一切，都是恭敬的，这是佛的精神，他没有看不起人，只是教你不要乱学。佛在经典上讲，"一切贤圣皆以无为法而有差别"。这里又告诉你，"一切法皆是佛法"，这可是佛说的啊！不是我说的。所以说，宗教分门户、分派别，这一种胸襟就根本不能学佛。

我到了基督教堂一样的很恭敬，基督耶稣总是个好人嘛！总叫人家去做好事，也叫欧洲人、美国人、白种人，都要做好事。好人嘛，排排坐，请上坐。基督年纪总比我们大多了，大了一千多年了！学佛的人第一个胸襟要大。所以学佛，第一要学这个人，学常开笑口、放大度量的菩萨，就是肚子要大一点，包容万象，什么都是好的，都对；一切法皆是佛法，先学他胸襟大，面孔对任何人都是慈悲笑容，这个就是佛法。

> 须菩提。所言一切法者。即非一切法。是故名一切法。

他又推翻了！什么叫一切法？一切法皆空嘛！我们刚才讲，我们就是给他行个礼，行过了也空嘛！所以一切法即非一切法。这是一个观念问题，观念说有一个法就有了，观念说空就空了。所以叫作"所言一切法者，即非一切法，是故名一切法"。

什么都没有的菩萨

> 须菩提。譬如人身长大。须菩提言。世尊。如来说人身长大。即为非大身。是名大身。

"须菩提，譬如人身长大"（注：长字是长短的长），他问须菩提，假定说有一个人好长好大，佛那么一讲，须菩提马上就接话说：我懂了，你老人家讲，一个人好长好大，实际上是形容啦！没有看过一个人那么长、那么大。佛一听他的话，就再告诉他：

> 须菩提。菩萨亦如是。若作是言。我当灭度无量众生。即不名菩萨。

对了，他说你答得对了，学佛的人也是这个样子。假使一个学佛的人，跑来念经，南无南无南无了半天，要你磕头啊，要你谢他啊！他替你念经了，度你了，这个人就不是菩萨了。你不要理他，因为他佛法没有对。真正行菩萨道，度了众生，帮助了人家，心里头都不会觉得度了人家。如果有念头，已经犯戒了，犯布施的戒，不应该有这种观念。所以一个度尽天下众生，救天下苍生的人，心中没有一念自私，没有一点自我崇高。

须菩提。实无有法。名为菩萨。是故佛说一切法。无我无人无众生无寿者。

真正的大菩萨,同佛一样,并没有得一个什么东西,说他有个法宝,那是人世间的观念,功利主义的思想。他为什么成其为菩萨?因为他是空灵的、广大的、一切都不着的、一切都不住的,所以叫作菩萨;真正的菩萨是无我、无人、无众生、无寿者。

须菩提。若菩萨作是言。我当庄严佛土。是不名菩萨。

佛同须菩提讲,假使有一个学佛的人说:我如果成了佛啊,我把我那个佛国天堂,布置得比现在第一流观光饭店还要好,阿弥陀佛那个观光饭店也不过如此嘛!

佛经上说玻璃做地,恐怕还没有大理石来得漂亮。佛经上说的那个七宝行树,现在科学上布置起来,比它那个地方还要漂亮。假定我成了佛啊,一定成一个国土,比阿弥陀佛的国土还要漂亮,跟阿弥陀佛来比一比看。

嘿!这个是菩萨心吗?这不是菩萨。这是说每一个人成了佛,都有他的国土。所谓庄严国土,不是物质世界的庄严,是心庄严;心的善行,功德圆满,心念清净,才是真庄严。所以说,如果有一种庄严的心理,这个已经不是菩萨心了。

何以故,如来说庄严佛土者。即非庄严。是名庄严。

佛说的庄严佛土,那是个形容词啊!你看我们都市,现在科学进步,房子多么的漂亮!可是等到有一天,你到了虚空的顶上,什么都看不见的时候,你才发现那个空的才是真漂亮、真庄严,彻底的空、彻底的庄严。真正的庄严是了不可得,无一物可得,那才是真庄严;所以佛说,"庄严佛土者,即非庄严,是名庄严"。

无我的菩萨

　　须菩提。若菩萨通达无我法者。如来说名真是菩萨。

　　这是学佛的第一步，也就是学佛的结论。先通达无我，怎么样无我呢？先要把身见丢掉，一般人学佛打坐，不能得定，就是因为身见的问题。有身体的感觉，有身体的观念，再加上身体里玩弄气脉，任督二脉，前转后转，丹田……那都是玩自己的鬼名堂，都是身见。所以白居易学佛有两句诗："饱暖饥寒何足道，此身长短是虚空。"

　　这个身体活着，痛快不痛快，是饱是饿，不值得一谈；反正这个身体不论活久活短，最后都变成灰尘，什么都没有了。所以学佛的第一步，学到身见忘掉了，身见忘掉不是无我啊，只是无身见，要真正内在身心皆亡，达到无我才对，才可以得定。光是得定了无我，还不算佛法的究竟，我见没有了，只达到人无我的境界，人无我是小乘的果位。

　　但是有了一个人无我，还有一个法在喔！最后要法无我，就是佛说的，阿耨多罗三藐三菩提，到了法无我，叫作人法二无我，到达了就成佛。最后连空也空，空也不存在。

　　《金刚经》这一品，再重复老问题，新的解答，须菩提问的老问题，释迦牟尼佛在这一品中作新的解答，共有五个要点，大家要注意。我在这里的偈子：

第十七品偈颂

　　抟空为块块非真，粉块为空空亦尘。

　　罔象玄珠踪迹杳，故留色相幻人人。

　　"抟空为块块非真"，过去讲老庄的时候曾经讲过，道家有一位谭峭讲的话:"抟空为块,见块而不见空",把物质虚空的地方,建筑了一个房子,虚空就看不见了,只看见房子,所以抟空为块,变成一块,见块而不见空。"粉块为空,见空而不见块",把物质的物体打破,变成虚空了,只看到空就看不到物质了。这个就是要我们怎么样除去身见。我们现在坐在这里有身体,功夫做不好,不能入定,就是被这块东西挡住的缘故;所以我们引用这个道理而说明,抟空为块块非真,这一块物质东西不是实在的。

"粉块为空空亦尘",把物质打掉了以后,这个空的境界对不对?如果你保留一个空的境界,这个空也变成了障碍,也变成业尘了。

"罔象玄珠踪迹杳",这是庄子的典故,就是说我们这个物质世界,大千世界,是本源的一个投影,第二重投影;也就是说,物质世界是精神世界的一个投影而已。我们这个身心是投影里头的第三重的投影,第三重的反射,所以这个东西啊!罔象里头的玄珠,你要回到本来面目,明心见性,要在这个地方去了解它。

"故留色相幻人人",但是你不要认为庄严世界是假的啊!立假即真,一切皆是虚妄,虚妄也就是真实。所以佛说,我法无实无虚,就是这个道理。

第十八品　一体同观分

　　须菩提。于意云何。如来有肉眼不。如是。世尊。如来有肉眼。须菩提。于意云何。如来有天眼不。如是。世尊。如来有天眼。须菩提。于意云何。如来有慧眼不。如是。世尊。如来有慧眼。须菩提。于意云何。如来有法眼不。如是。世尊。如来有法眼。须菩提。于意云何。如来有佛眼不。如是。世尊。如来有佛眼。须菩提。于意云何。如恒河中所有沙。佛说是沙不。如是。世尊。如来说是沙。须菩提。于意云何。如一恒河中所有沙。有如是沙等恒河。是诸恒河所有沙数佛世界。如是宁为多不。甚多。世尊。佛告须菩提。尔所国土中。所有众生。若干种心。如来悉知。何以故。如来说诸心。皆为非心。是名为心。所以者何。须菩提。过去心不可得。现在心不可得。未来心不可得。

眼者心之机

　　须菩提。于意云何。如来有肉眼不。如是。世尊。如来有肉眼。须菩提。于意云何。如来有天眼不。如是。世尊。如来有天眼。须菩提。于意云何。如来有慧眼不。如是。世尊。如来有慧眼。须菩提。于意云何。如来有法眼不。如是。世尊。如来有法眼。须菩提。于意云何。如来有佛眼不。如是。世尊。如来有佛眼。

这是佛学里佛法的五眼，五种眼睛的分类，文字都差不多。是佛先提出来问，"须菩提，于意云何"，你的意思怎么样？佛有没有肉眼、天眼、慧眼、法眼、佛眼？

佛经的三藏十二部，就是把佛经作十二种的分类，其中有一种是"自说"，就是自己开始讲，不是人家提出来问的。这一节就代表了十二分类的自说，是佛提出来的问题。

这里没有讲"佛"字，而讲"如来"。如来这个名词代表形而上的道体，一切众生同于诸佛菩萨心性之体，就是生命的根源。他说这个里头有五种功能，所以叫作五眼。第一种是肉眼，就是与我们一样的，是父母所生的肉眼，也就是现在我们的眼睛。肉眼能看物质世界，我们一切的感觉、知觉，都经由它而来。

这个肉眼跟心是连带一起的，所以很多的经典，心与眼同论，在讲到心的道理时，先提到眼。眼睛是心的一个开关，所以心与眼关系非常密切。道家的《阴符经》就说：眼者心之机，眼是心的开关，所以古人很多地方都提到心眼的关系，譬如孟子讲到观察人，特别要观察眼睛。

任何人都有眼睛，但是每一双眼睛所看的都不同。就我们人来讲，譬如这个墙壁，我们大家看都是白的，实际上每个人感受白的程度、白的形象，完全不同。因为有人是散光，有些是近视，有些是一只眼睛近视，一只眼睛散光，有些色盲，各种各样不同。所以一切众生的心不同，眼也不同。

过去我们有句老话，人心不同各如其面；每个人思想不同，就像人的面孔不同一样。世界上的人类，没有面孔相同的，因此说明世界上的人，心里想法也没有相同的，眼睛的看法，也没有尽相同的。不要以为这个白色黄色大家看起来都差不多，实际上差得很远，老花与不老花，老花度数又不同，因为每人的业力不同。

所以我们这个肉体及头脑思想健康与否，都因种性、业力不同而有差异。有人对气候特别敏感，今天很热，有些人不大怕热，却怕冷。因为每个人身体不同、健康不同，都是因为业力不同。

所谓一切病由业而生，善有善业，恶有恶业，业由心造，是绝对唯心的道理。

现在佛问，一个成了佛的人，有没有普通的肉眼？那当然有，肉眼就是看物理世界这些现象的。

天眼是什么

第二种是天眼，我们普通人几乎是没有的。天眼的能力是超乎物质世界，譬如说看到鬼魂、看到天神，甚至于看到其他的世界。现在人讲的千里眼，是根据道家的传说而翻译的。天眼能够看到欲界系统里面的东西，包括太阳、月亮、其他星球等的人事；也可以看到银河系统外面的东西，这是属于真正的天眼。有些人打起坐来看到些影子啊、星光点点啊，认为是天眼，那个不是的。那个只能说是，我们无法名之，叫作眼天吧！眼啊、天啊，不晓得什么东西！

宗教里形容天眼，是把塑的佛像多塑一只眼睛，以代表天眼，也代表了慧眼。有些人和有些生物，不但有三只眼睛，有的还有四只眼。所以佛法里有修天眼的，也有修十只眼的方法，前面、后面、头顶、心里头、喉咙里头，都有眼睛。当然，这与普通眼睛不一样，而是像摄影机、录像机一样，能够照射东西罢了。天眼有两种：一种是报得，是多生多世修持，修定，才有这一生的天眼业报；是与生俱来的，自然有这个能力，因为善行的报应所得的结果。另一种是修得，是这一生修来的，因为修戒、定、慧的成就，这一生成就了天眼。

天眼不是多长出一只眼睛来，是肉眼的本身，起了另一种功能。得天眼通的人，也与我们普通人一样，但他自然会看到多重的世界。

修持做功夫的人，气脉到了后脑，视觉神经受到刺激，眼睛里经常出现许多幻象，那可不是天眼通！不要弄错。真正有了天眼通的时候，此人目光清澈如电，看得非常透彻；换句话说，物质东西不能障碍他，他的眼睛自然有透视的能力。

春秋战国时候有一个医生名叫扁鹊，据说他有一次碰到一个神仙，给他一个能透视的宝贝，他的眼睛就变得比X光还要厉害，可以看到人的五脏六腑，所以他的诊断就不会有错。还有许多唐代以后的记载，有人的眼睛天生就会看风水，能看地下几丈深，不需要探测器，地下的水脉，他看得很清楚。

像这一类的眼还不算是天眼，只能算是报通的鬼眼，所以真正的天眼，就是《法华经》上所说父母所生眼，必须修持定力到了，这双肉眼就能够看见十方世界一切东西。

肉眼是观看物质世界通常的现象，天眼则能够透视到肉眼所不能见到的世界；所以天眼是定力所生，是定中所得的神通力量。当人的生命功能充沛到极点时，可以穿过一切物理的障碍，就是所谓的神通。神通必须要定力够了，所谓精、气、神充沛了，才能做到。

慧眼　法眼　佛眼

再进一步是慧眼，慧眼也离不开肉眼，也是通过父母所生的肉眼而起作用的。所谓慧眼就是智眼，是戒、定、慧的功力显现；因为修定而发慧。这不是普通的智慧，是慧变成了力量、成了慧力，才有这个智眼。

智慧怎么变成力量呢？我们普通聪明人，想一个道理想通了；譬如说抽烟对肺不好，应该改，道理上通了，但习气上不行，慧没有力量，改不过来。又譬如脾气坏，贪、嗔、痴，道理上都晓得，就是扭转不过来。尽管研究佛法，道理上讲得很通，碰到事扭转不过来，这是慧的力量不够，也就是不能证果、不能成道的原因。

所以真正的慧眼，是智慧的力量够了才能成的。

法眼又是什么眼呢？慧眼观空。而能够真正认识自性空、空性的体，就是法眼。法眼观一切众生平等，非空非有。光落在空，还是小乘果的一边，要能够真正观空里的妙有才行。在凡夫的境界来说，是性空缘起；在悟道智慧境界里来说，是真空起妙有，这是法眼的道理，是平等而观。

第五种是佛眼，佛眼不只是平等，而是观一切众生只有慈悲，只有慈爱。慈悲是两个观念组合起来的佛学名词，慈是父性，代表男性的爱，至善的爱；悲代表了母性至善的爱，慈悲是父母所共性的仁德。是至善，无条件，平等，所以叫大慈大悲。佛眼看来，一切众生皆值得怜悯，所以要布施众生，救众生，这也就是佛眼的慈悲平等。

真正学佛依法修持而有所成就者，本身一定具备了这五眼。如果说，世界上有人顿悟而成佛，立地就转而具有这五种功能的话，那么他所证的佛法，大致就是对的；如果在理论上认为自己悟了，而这个五眼功能没有发起，那是自欺欺人之谈。

所以我们晓得佛说的五眼，就是戒定慧到了所成就的，是自然成就的法门，这也是每一个人本性所具有的功能，只是我们因为没有经过修持，所以发不起来。假使经过修持，我们生命的本能中，自然就发起五眼的功能，这是第一层问题。

第二层问题，《金刚经》讲到这里，佛为什么突然提起来五眼的问题呢？他自己问，下面又没有作结论，至少对于五眼这一段，他只提出来问题。接着又讲别的去了，其中的道理在什么地方？释迦牟尼佛今天好像当眼科医生一样，把你的眼睛翻开检查检查，而且他是自动的，他又不要你挂号，什么道理呢？

这代表见处，所谓明心见性的见。真正达到了有所悟证，明心见性，这一见之下，真的现量境呈现，它自然具备了五眼的功能；所以见处即真，就是所谓明心见性之见。在《金刚经》这一品中，没有把

这个奥秘说出来,但是我们真研究佛法,看佛经的经典,这种地方不能放过去,它的问题就在这里。接着佛又说了:

无量数的宇宙世界

> 须菩提。于意云何。如恒河中所有沙。佛说是沙不。如是。世尊。如来说是沙。

佛又提出来第二个问题,把眼睛检查完了,又来检查沙子;再问须菩提,像恒河里头所有的沙子,依你看,在佛的眼睛看来,是不是沙子?

我们假使先不看《金刚经》,照现在一般年轻研究佛学禅宗的人问起来,很多人一定说:佛眼看到这些不是沙啦!再不然,花啦!什么啦,神里神经,这样都是不老实。你看!须菩提答得很老实,当然看到的是沙子,难道佛的眼睛有什么不同吗?是沙子就是沙子,非常平实。你说佛看到人家哭了,而说笑了,那不叫作佛,那叫作神经!他看到哭就是哭,非常平实。这里要注意!

你如果说,佛的眼睛看这个世界是空的,请问是谁说的?佛看到恒河里的沙子就是沙子,看到这个世界,水泥就是水泥,墙壁就是墙壁,同我们一样,没有两样。要特别注意这种地方!不然学佛的人就流入一种毛病,叫作高推圣境。讲好听一点,把佛的境界推测得太高远,假想得与人完全两样,那是不平实的。

高推圣境的结果,往往变成一种不正观。不正观就是不正的思维、不正的思想,变成神经了。所以,《金刚经》是能断金刚般若波罗密多,把你一切的妄念都切断了,真正的佛法平常就是道。

所以佛问须菩提,佛眼看这个世界,恒河里的沙子是不是沙呢?须菩提说:当然是呀!佛的眼睛同我们的眼睛看的一样,沙就是沙。

如果你问佛怕热否？那么假设佛在这里的话，我们的答话，佛！你在这里一样的怕热，还是要我们开冷气才可以，除非他是化身来。化身就是另外一件事，只要他肉身报身在，冷暖饥寒一样的存在、一样的感受。在这些地方要特别注意，所以圣人都是人做的，佛也是众生修成的。

讲到这里，使我想到一首诗，据我所知，这一首诗是一两百年前，一位大陆的读书人所作。这个人是到台湾访神仙的，访到宜兰一个山上，就在崖上题了一首诗：

三十三天天重天，白云里面有神仙。
神仙本是凡人做，只怕凡人心不坚。

为什么讲到这一首诗呢？就是说，佛也是凡人修的，所以他也是非常平凡的；佛看恒河里的沙，一颗一颗看得很清楚。下面佛的第三个问题又来了。

须菩提。于意云何。如一恒河中所有沙。有如是沙等恒河。是诸恒河所有沙数佛世界。如是宁为多不。甚多。世尊。

佛问须菩提，你的意思如何？像我们印度这一条恒河里的沙，你看数目多不多？假如每一颗沙子代表一个世界，如是沙，等，这个"等"字是单独的一句；每颗沙代表了一个世界，而每个世界里像恒河沙那么多的恒河，每一条恒河里又有很多的沙子，而每一颗沙子又代表了一个世界，世界之多，多到不可限量，不可数说。用这个比方形容恒河有多少条，已经数不清它究竟有多少了。他说：你说这个数字多不多？须菩提说：当然很多啰！世尊。

佛在这里是说明，虚空之中佛世界多得无数，释迦牟尼佛同时表达一个观念，站在这个娑婆世界，师道教化的立场上告诉我们，在他方世界，像他一样智慧成就的佛，也一样多得很；十方三世一切不可数的，无量诸佛。他不但把众生看成平等，把成就的众生也拉下来与大家一样平等。一切平凡得很，并不是说只有我成佛了，了不起，你们都不能成佛，都要听我的。没有这回事，那不是佛法了，佛法一切众生平等，一切诸佛也平等。每一个佛教化一个世界，虚空中有无量数的世界，也有无量数的佛，他说："宁为多不？"这是他问的话。你说多不多呀？"甚多。世尊。"这一句是须菩提答话。这是佛对须菩提第三次的接引。

无数量的心

现在又一个问题来了，佛的眼睛代表了肉眼、天眼、法眼、慧眼、佛眼，因此他可以知道这个世界上、这个虚空中，有那么多不同的世界。当然现在科学昌明了，由天文学到太空学的发展，已经可以相信宇宙中有数不清的世界，这些到今天为止，还只能说姑且相信它，因为月亮里到底有没有生命，还不敢确定。

现在对于了解宇宙太空容易多了，可是我们要知道，佛说这个话是两千多年以前的事啊！他用什么仪器、什么方法，能够知道宇宙中有这么多的世界和众生呢？这个，就是所谓如来具备五眼，具备了智慧、神通等力量，具备了不可思议的功能，但又拉到了最平凡的水平，与众生平等。他看到的世界，沙是沙，水是水，没有什么见山不是山，见水不是水，那是神经病！当然，一个人被后面打一棍，那就迷迷糊糊，见人不是人，见鬼不是鬼了！那是不正常的人，一个正常的人，看什么是什么。

　　佛告须菩提。尔所国土中。所有众生。若干种心。如来悉知。

这一节他又提出来好几个问题，在文字上，没有给我们作结论，但是你要自己晓得结论在哪里。所以后来的禅宗提倡《金刚经》，也都是这个原因，因为《金刚经》里许多都是话头。话头就是问题，看起来很容易懂，实际上样样都不懂。这也给我们一个很大的启示，一眼看了以为自己都懂，结果统统不懂。我经常发现青年人这个毛病，某一本书你看过没有？看过了。真的吗？我当面再问问他，他就不懂了。

同时我发现做人也一样，许多人把人生看得太容易，做了许多错误的事。世界上没有一件简单的事！这些都是话头。你看我们现在随便指出来，很多都是没有结论的，要你自己去发掘、去参，这个也是话头。但是他也有答案给你呀！这个答案不是理解的、不是思想的，是要你在定慧之中，真正修持上去体验得到的。佛法不是虚玄的，而是一个修证的事实。

现在佛又提出来第四重问题，对须菩提说，"尔所国土中"，你所认为的国土中，国土不是世界啊！佛学里的观念世界是世界，叫作世间；有所谓四世间、五世间等的说法。国土在世间的观念里叫作国土世间，国土世间是四世间的器世间，就是物理世界；器世间的一切众生都有生命。国土世间指中国、美国、日本、印度等国的这些国土；我们世界上称为国家的有一百多个，这就是国土世间。

现在佛问须菩提，你认为所有国土上的一切众生，有多少种心？这是个大问题，现在心理学很发达，电脑也很发达，如果要把人类的心理统计一下共有多少种，恐怕电脑也办不了。佛说这个世界上的所有众生一切的心，"如来悉知"，他说：我啊，统统知道。在这个地方，他作了一个答案，这个答案同上面这几个有没有关联，他也没有说明，只让我们猜。而且他这个答案作得非常高明，可是我们几千年来的佛法，都被他老人家这个答案，打得晕过去了，很多人都解释错误了。现在我们看他自说自答。

你的心

> 何以故。如来说诸心。皆为非心。是名为心。

他说以佛的眼睛看来,所有众生这些心啊,"皆为非心"。换句话说,佛在骂人,这些众生心里都不是东西,也没有心,心到哪里去了?心掉了,"非心"根本不是心。既然不是心,佛大概又怕我们问他,那又是什么?他赶快又说了:我的眼睛看你们啊!不是心,不是心,所以叫作心。他说世界上一切众生的心我都知道,须菩提还来不及问,他就又说了:这一切人的心啊,都不是心。他并没有说这一切人不是人心啊!众生的心还不只是人的心,包括狗啊、牛啊、蚂蚁啊、小昆虫这一切生命,都不是心,"皆为非心,是名为心",所以叫它是心。

《金刚经》一开头就讲,我们一切众生,有一个"我执",认为这是我,有个我,把我的现象,执着得很厉害。认为我还有个心呢!把自己所有的妄念,意识分别,烦恼,一切不实在的这些观念、往来思想当成是真实的。人,一切众生,犯了根本上的错误。我们一切的思想、心理、意识的变化,都是那个真正心所起的一种现象变化而已,不是真正的心。可是一切众生把现象变化抓得很牢,看成是心。学佛的晚课上,每天都念到,"是日已过,命亦随减。如少水鱼,斯有何乐"。今天已经过完了,这个寿命又少了一点,今天过去,今天不会再来。年轻的过去了,衰老也没有多久的停留,所以非常的悲哀。

其实都被现象骗了,人生永远不断的有明天,何必看过去呢?明天不断地来,真正的虚空是没有穷尽的,它也没有分断昨天、今天、明天,也没有分断过去、现在、未来,永远是这么一个虚空。天黑又天亮,昨天、今天、明天是现象的变化,与这个虚空本身没有关系。天亮了把黑暗盖住，黑暗真的被光亮盖住了吗？天黑了又把光明盖住，互相轮替，黑暗光明，光明黑暗，在变化中不增不减；所以一切的用是虚妄不实的，而虚空之体却是不增不减的；所以一切众生，不要被变化不实的现象所骗。佛知道这个道理，但是众生不知道，佛说是名为心，众生自己都把虚妄不实的这个感受，执着的作用，当成为心。

永远得不到的心

　　所以者何。须菩提。过去心不可得。现在心不可得。未来心不可得。

　　前面这一节的结论，是佛自己提出来心的问题，由眼见到心。他的结论一切都不是心，众生一切的心都在变化中，像时间一样、像物理世界一样，永远不会停留，永远把握不住，永远是过去的；所以"过去心不可得，现在心不可得，未来心不可得"。我们刚说一声未来，它已经变成现在了，正说现在的时候，已经变成过去了。这个现象是不可得的，一切感觉、知觉，都是如此。可是一切众生不了解这个道理，拼命想在一个不可得的三心中，过去、现在、未来，把它停留住，想把它把握住。因此，在座许多学佛的同学们要特别注意，你要想打坐把心定住，那还是犯这个错误。

　　当你盘腿上坐的时候，想定住的那一个心，跟着你的腿一盘已经跑掉了，哪里可以保留啊！说我这一坐坐得很清净，哎呀！下坐就没有了！告诉你过去不可得，现在不可得，未来不可得嘛！谁要你保持清净？清净也不可得嘛！烦恼也不可得，不可得的也不可得。那怎么得啊？不可得的当中就是这么得，就是那么平实。

　　有一般人解释《金刚经》，说般若是讲空，因此不可得，就把它看得很悲观。空，因为不可得，所以不是空，它非空，它不断地来呀！所以佛说世界上一切都是有为法，有为法都不实在。但是有为法，体是无为，用是有为。所以我们想在有为法中，求无为之道，是背道而驰；因为一切修持都是无用。并不是把有为法切断了以后，才能证道；有为法，本来都在无为中，所以无为之道，就在有为现象中观察，观察清楚才能见道。

有为法生生不已，所以有为不可限，生灭不可灭。如果认为把生灭心断灭了就可以证道，那都是邪见，不是真正的佛法。所谓缘起性空，性空缘起的道理，就在这个地方。这是《金刚经》中心的中心，也是一切人要悟道中心的中心；这一点搞不清楚，往往把整个的佛法变成邪见，变成了断见的空，就与唯物哲学的思想一样，把空当成了没有，那可不是佛法！

佛讲过去心不可得，并没有说过去心没有了，佛没有这样讲吧？对不对？佛说过去心不可得，"不可"是一种方法上的推断，他并没有说过去心不"能"得，现在心不能得，未来心不能得。这一字之差，差得很远，可是我们后世研究佛学，把不可得观念认为是不能得，真是大错而特错。所以啊，佛说过去心不可得，现在心不可得，未来心不可得；是叫你不要在这个现象界里，去求无上阿耨多罗三藐三菩提，求无上的道心，因为现象三心都在变化。

高明的法师们、大师们，接引众生往往用三心切断的方法，使你了解初步的空性，把不可得的过去心去掉，把没有来的未来心挡住，就在现在心，当下即是。当下即是又是一个什么？可不是空啊！也不是有！你要认清楚才行；要先认清自己的心，才好修道。

第十八品是一体同观，同观是什么？同观是见道之见，明心见性之见。所谓了不可得，可也不是空啊！也非有，即空即有之间，就是那么一个真现量，当你有的时候就是有，空的时候就是空，非常平实。你在感情上悲哀的时候就是悲哀，悲哀过了也是空，空了就是说这个现象不可得,并不是没有,是悲哀过去了,后面一定来个欢喜。欢喜的时候也是不可得,也会过去,也是空。空不是没有,空是一个方便的说法,一个名词而已。不要把"空"当作佛法的究竟,这样就落到悲观,那不但证不到小乘之果——空,那还是个邪见,也就是边见。所以见、思惑不清楚,是不能证果的,也不能成道的。学佛法就有这样的严谨,一定要注意。

现在有许多著作,我认为危险极了,那些佛法的著作,比杀人的毒药还厉害,是有毒的思想,希望诸位要用真正的佛法眼光甄选,用智慧来辨别,不要走入邪见和错误的思想。这一品我们给它的偈子如下:

第十八品偈颂

形形色色不同观,手眼分明一道看。
宇宙浮沤心起灭,虚空无著为谁安?

"形形色色不同观",形形色色,物理世界各种现象是不同的,如人有胖的、瘦的、高的、矮的、黑的、白的,都是现象差别,无法相同。

"手眼分明一道看",但是以佛眼、慧眼、法眼看来,是一样的。手眼是什么?我们大家都看到过千手千眼观世音菩萨,一千只手,每一只手中有一只眼睛。我常说,我们坐在这里,外面进来一个千手千眼的人,我们的电灯都没用了,大概每一个人都吓得把脸蒙起来。千手千眼代表他的智慧,无所不照,也就是代表他具有各种接引人的教育法。帮助你的手,护持你的手,救助你的手,以及观察清楚的眼睛,千千万万的手,千千万万的眼,也只有一个手,只有一个眼,平等平等。

"宇宙浮沤心起灭",每一个宇宙、每一个世界,像大海里的水泡一样，所以宇宙不过是自性心里起的作用。每一个思想、每一个情绪、每一个感觉，都是自性的性海上所浮起的一个水泡，生灭变化不停，自心起灭。

"虚空无着为谁安"，一切法用之则有不用即空，应无所住而生其心；本无所住。二祖来求达摩祖师，说此心不能安，请师父替我安心。达摩祖师说你拿心来，我给你安。二祖说，觅心了不可得，找心找不到啊！达摩祖师说那好了，替你安好了。其实用不着他替他安嘛！过去心不可得，现在心不可得，未来心不可得，你还安个什么啊？所以说，虚空无着为谁安。哪里去安心呢？此心不需要安，处处都是莲花世界，处处都可以安心。在平实中间，处处都是净土，就在此。都是安心的自宅，因为处处是虚空，无着无住。这一品的道理，精要就在此。

第十九品　法界通化分

　　须菩提。于意云何。若有人满三千大千世界七宝。以用布施。是人以是因缘。得福多不。如是。世尊。此人以是因缘。得福甚多。须菩提。若福德有实。如来不说得福德多。以福德无故。如来说得福德多。

福德不可得

　　须菩提。于意云何。若有人满三千大千世界七宝。以用布施。是人以是因缘。得福多不。

讲到这里，又另起一个问题。这个问题非常有趣，《金刚经》始终在这两个问题里头转，一个是当讲到最高智慧成就的时候，马上来一个最高潮，说要多大的福报。福、智二严，是佛学的名词，一个人要从凡夫成佛，必须要有智慧的庄严、福德的庄严。有真正的福德，才能得到真正的智慧。有时候，我们自己觉得很不聪明，读书没有记忆力，领悟力也不行；这是因为福德不够！大家都是妈妈生的，为什么我的脑筋不行？难道投胎的时候把仓库里发霉的脑筋带来了吗？其实功能都是一样，只因为自己福德不够，真正的福德，心理的健康，头脑的健康，是要自己修持来的。

　　佛问须菩提，你认为如何？假使有人用金刚钻啊、金银啊、玛瑙啊，这些世界上最宝贵的七宝去布施，拿充满三千大千世界的七宝去布施，你认为这个行为所得的福报大不大？

如是。世尊。此人以是因缘。得福甚多。

这是须菩提的答话。他说是啊，佛啊，假使有人这样来布施的话，那还得了啊！将来的福报大得很咧！

须菩提。若福德有实。如来不说得福德多。以福德无故。如来说得福德多。

佛说，你要知道，人世间认为的大福报，就是钱多、寿命长、儿女多、儿女好，样样都好，好得没有再好了。可是，过去心不可得，现在心不可得，未来心不可得，都没有用。所以说人生啊，都是理想，都想把明知道抓不住的现实世界拼命抓住。尤其是寿命，分明有生必有死，可是人人都想学仙学道，长生不死。福报是有穷尽的，每个人的光荣都是一下子，就像一只手电筒，每个人那个电筒都要亮一下，可是希望一辈子发亮是不可能的。世间的福报是不实在的，福德无实啊！所以佛说，世间的福德再多，也不过弹指之间的空花就过去了，"以福德无故"。

无人希罕的福

真正的福报是什么呢？清净无为。心中既无烦恼也无悲，无得也无失，没有光荣也没有侮辱，正反两种都没有，永远是非常平静的，这个是所谓上界的福报——清福。清福每个人都有，我们每一个人都有清闲的时候，可是一天到晚无事，闲在家里，你闲不了啊！自己会掉眼泪，好像被社会上人忘掉了，又怕被人家看不起！没有一个人递一张名片来看我，都没有人发个请帖来，也没有人打个电话问候我，哎呀！我好悲哀啊……他有清福不会享！学佛的人要先能明了这一点。世界上一切人的心理佛都知道；一切人都把不实在的东西当成实在，真的清净来了，他也不会去享受。学佛证到了空性，自性的清净无为，大智慧的成就，才算是真福报。真福报那么难求吗？非常容易！可是人到了有这个福报的时候，反而不要了，都是自找烦恼。

这一节为什么插在这个地方呢？因为是指着三心不可得来的，要了解到三心不可得这个境界很难；要想修证到这个境界，一定要有真正的福报才行。佛学的基本第一步，讲到人生要修行则暇满之身难得。开始时我们已经讲过，暇满之身就是健康有闲，可是世界上的人有清闲不肯享受，有好身体，他要去消耗掉，而且真到了清闲暇满，他自己反而悲哀起来。所以说，"颠倒众生"，这也是没有办法的事。下面是我们给它的结论偈子：

第十九品偈颂

浮图楼阁立中天，点滴功勋岂自然。
倒却刹竿回首望，繁华散尽梦如烟。

"浮图楼阁立中天"，浮图是塔，造一个佛塔，七层的叫七级浮屠。中国人有一句话，救人一命，胜造七级浮屠。我们做了一件好事，救了别人一命，等于独资盖了一个庙一样。事实上这话是佛说的，救人一命，胜造七级浮屠；这是有为功德。

"点滴功勋岂自然"，有为功德要慢慢一点一点做，今天做一点好事，每天做一点好事，累积起来，等于人独资盖一个庙子。盖这个庙子也是一天一天把它盖成功的。但是啊，"南朝四百八十寺，多少楼台烟雨中"，到现在都没有了。

"倒却刹竿回首望，繁华散尽梦如烟"。梁武帝一生造了几百个庙子，武则天在一生又造了几百个庙子，都没有了；所以迦叶尊者有一天跟阿难讲，怎么样能够见道？把门口的刹竿先倒下来，就能够见道。

我们每个人门面都有个自我贡高的刹竿,把这一念打掉以后,大福报就来了,就见到空性。人世间这一切的福报,甚至当皇帝的大福报,都是繁华散尽梦如烟,一切繁华,过眼云烟就散了;散了以后,你说留一点影像好不好?连梦都没有,梦都像烟一样的过去了。所以佛说,"以福德无故",他说真正得一个大福报,得到什么?大福报是你证到了空性,悟道而成佛,这才是大福报、大成就。

但是要想悟道成佛的话,就要诸恶莫作、众善奉行的一切福德,来培养这个智慧。智慧不是光靠读书,或靠两个腿子在那里咬紧牙根熬得出来的!那个持戒修定,咬紧牙关熬腿子,不过是修福德,修有为福德的一种而已。无为福德,处处都是,而你自己智慧不能到达,修不成。所以学佛果然是真智慧,这个培养智慧的福德,又是一切善行的功德所完成的。

这一点千万要注意!不要听到佛法是智慧之学,然后嘛,好事不做一件,那就不是真的智慧;换句话说,如果有真的智慧,自然要做好事了,智慧与善法是不二而一的。

第二十品　离色离相分

　　须菩提。于意云何。佛可以具足色身见不。不也。世尊。如来不应以具足色身见。何以故。如来说具足色身。即非具足色身。是名具足色身。须菩提。于意云何。如来可以具足诸相见不。不也。世尊。如来不应以具足诸相见。何以故。如来说诸相具足。即非具足。是名诸相具足。

大丈夫相

　　须菩提。于意云何。佛可以具足色身见不。不也。世尊。如来不应以具足色身见。何以故。如来说具足色身。即非具足色身。是名具足色身。

　　《金刚经》的上半部，都是须菩提编出来的问题，及佛的答复。到了下半部，佛自动地说了，怕他不懂，一步步地说。《金刚经》开始，佛吃饱了饭以后，想打坐、想休息，碰到须菩提不懂事，拼命问问题。他慈悲来了，干脆不打坐，一点一点给你讲吧！我们仔细看看，《金刚经》就是这样一本书嘛！前面已经一层一层讲过，三十二相都不是如来，若见诸相非相，即见如来。下面他又婆婆妈妈的、很慈悲的，就怕你不懂，再说的又是这个。

　　须菩提，你的意思怎么样？"佛可以具足色身见不"？你注意啊，这里用"佛"，不用如来了。有些地方，他用如来如去的，有些地方他用佛呀佛的，每一个字都要注意，不然《金刚经》是白念了。

这里的佛,代表佛的报身、肉身。佛的报身很漂亮啊!尽管饿了十二年,仍是很漂亮。佛是一个美男子,三十二相,八十种好,阿难就是因为看到佛那么漂亮,才跟随佛出家的;结果被佛骂了一顿,骂阿难出家是为了好色。佛就是具足色身,大丈夫相,与一切常人不同;不但有三十二相,还有随之而来的八十种好,是普通人所没有的特点,这个叫作"具足色身"。

当人成佛的时候,就要具备大丈夫相,佛经上很多地方赞叹大丈夫相之重要,等于佛经上很多地方说,女性要成佛的时候,必须先要转男身,转大丈夫相,才能成佛。但是有几本大乘经典,佛都吃瘪了,碰到河上女,碰到胜鬘夫人,都是结过婚,而且生过孩子,但却即身成佛。她们把佛当面说了一顿,佛说:"如是如是",夫人啊,对的,没有什么分别相,女性也可立地成佛,也不需要转男身。所以不要落在小乘知见上。现在这个《金刚经》,佛又把女性不能成佛的说法推翻了。佛,可不可以具足色身而见呢?你看到三十二相,那个相貌堂堂的,叫作佛吗?须菩提说:"不也。世尊。如来不应以具足色身见。"

大家天天想见佛,如果你打坐看到佛来,那个绝对是魔,不是佛。佛吃饱了饭在那里打坐,他不想来看你,只有你去看他差不多。所以,千万不可以着相,你不要以有形的观念来看佛。佛接着说:

"何以故。如来说具足色身。即非具足色身。是名具足色身。"这是真正告诉你佛法的奥秘。他说一个真正得道的人,佛经上讲,一得了道,他就现出来大丈夫相,就有特别的相,这个叫作具足色身。色就是肉体的四大,地水火风,平常我是这样告诉你,但是真正的道理,"即非具足",是不可以着相的,有形有象都不是啊,因此叫作"具足色身"。

世上的肉身菩萨

什么道理呢？得道的人，自然有一股道相，那个道相不是在这个形象上见的。譬如我经常告诉年轻的朋友们，当年在大陆的时候，看见过几位有成就的老师、有成就的和尚。有个师父，大家都晓得他是肉身菩萨，有人叫他肉身罗汉；那个样子难看到极点，两个眼睛比铜铃还要大，露光的，他还戴起近视眼镜，怪里怪气；鼻子有大蒜那么大，两个大眼睛，配了个大蒜鼻，嘴巴快弯到耳朵边了，牙齿细得像玉米，小小的。反正啊，五官分析起来一无是处，可是长在他脸上，愈看愈可爱、愈看愈庄严。走路摇摇摆摆的，但是觉得很庄严。他的衣服几十年也不换洗，一身都是虱子，痒起来就那么抓，有徒弟看到虱子爬出来了，他还说不可以杀生，就是这么一个怪人。

还有一个和尚，几十年不洗澡、不洗脸、不洗脚的，他睡觉的地方有一个帐子，大概也几十年没有洗了，连眼洞都没有了，只有灰尘。他睡觉也在里头，打坐也在里头。有一天我要离开了，向他告辞，他正在帐子里打坐。他说：我也懒得出来送你，你过来我有话给你说。这下要我的命！非要把头伸进他帐子里去不可，我也是个有洁癖爱干净的人，可是师父之命，只好硬着头皮把头伸进去。结果发现这个帐子里清香，是什么花香，也讲不出来，一股清香，头伸进去就不想出来了，心里有个感受，有道的人确实不同。

另外我当年在西藏看到一个活佛喇嘛，他喜欢喝茶，汉人卖到边疆的茶，都是最粗的茶，加上牛油、酥油叫作酥油茶，一半油一半茶，喝惯了的很好喝，你们没有喝惯的，一定第一口就吐掉了。他只有一个钵盂，吃饭喝茶都是这一个，招待客人也是这一个，几十年也不洗，其脏无比。有时候我们去看他，因为他有神通，他觉得与你有缘，看得起你，他就把自己喝的那个茶盂，给你喝一口。有些人是怕脏，有些人是恭敬，不敢喝。你怕脏也好，恭敬也好，他都知道。你恭敬的，叫你勉强喝一口，据说喝了这一口，消灭了好多的罪业。有些人怕脏，他就骂了，你的嘴也是肉做的，我的嘴也是肉做的，你为什么不用我这个碗啊？这一类的人，仔细一看他，非常庄严，那个庄严不在鼻子上、不在眼睛上，五官上看不出来，他有一股道气，也就是这个道理。

所以说，真正成佛的人，不应该以具足色身见；在他的身体上找他的道，那是找不到的。当然，一个得了道的人，气质一定起了变化，肉身一定也起了变化，自有道气，色相庄严。但是"即非具足色身"，你不要着相，这个肉体的身还是有生灭的，"是名具足色身"，所以叫作具足色身。这个具足色身，要注意，就是肉体之身。

须菩提。于意云何。如来可以具足诸相见不。不也。世尊。如来不应以具足诸相见。

第一个具足色身是实质的，肉体的这个身体叫作具足色身，所谓的报身。但是第二个问题来了，可不可以着相来看？譬如说，眼睛里忽然看见佛站在你前面，这是相，现象。他问须菩提，可不可以着相呢？须菩提当然说不可以，这个问题，《金刚经》前面已经说过了，不应该落在宗教偶像的观念，不应该以三十二相见如来。什么理由？

何以故。如来说诸相具足。即非具足。是名诸相具足。

真正的佛，是见到法身，才是见到真正的佛。什么是法身？了不可得，一切无相，法身无相，也没有境界。如果你在一个境界上，就已经有所住、有所着，就不能明心见性。一切相皆空，才能明心见性，才能见到佛。我们这一节的结论如下：

第二十品偈颂

形象由来不是真,都依心色起闲因。
可堪举世痴狂客,偏向枯桩境里寻。

"形象由来不是真",这个形象是一切虚妄偶然的存在,不是真的。但是物质世界与形象是哪里来的呢?"都依心色起闲因",唯心是道,心物一元,是心的力量生成了这个形象。"可堪举世痴狂客",佛法本来叫你不要着相,不要执着物质世界的东西,可怜这个世界上,这一班没有智慧的凡夫众生们,"偏向枯桩境里寻",偏偏都向那个枯了的树桩里头去找。我们打起坐来,一念不起,等于是个枯桩,这个枯桩有个典故,就是雪窦禅师的一首诗:

一兔横身当古路,苍鹰一见便生擒。
可怜猎犬无灵性,只向枯桩境里寻。

一只兔子横躺在一条路上,打猎的时候,老鹰在空中一看,大路中间躺着一只兔子,这个老鹰冲下来就把兔子叼走了。可怜猎犬无灵性,打猎的时候,那个猎狗靠鼻子闻,跑过来闻了半天,到处找兔子。只向枯桩境里寻,只好向枯树根的空洞里拼命找。雪窦禅师是禅宗的大师,骂世上这一班学禅宗的人,参公案啊、参话头啊,都像这个猎犬一样,只向枯桩境里寻。

如果是大智慧的人,会像那个老鹰一样,空中一亮,就把兔子叼上去了,这个境界就空了。我们后面的猎狗勤快得拼命跑,转啊转啊,跑啊跑啊,就在那里找这个境界,找一个空!

第二十一品　非说所说分

　　须菩提。汝勿谓如来作是念。我当有所说法。莫作是念。何以故。若人言如来有所说法。即为谤佛。不能解我所说故。须菩提。说法者。无法可说。是名说法。尔时慧命须菩提白佛言。世尊。颇有众生。于未来世。闻说是法。生信心不。佛言。须菩提。彼非众生。非不众生。何以故。须菩提。众生众生者。如来说非众生。是名众生。

什么都没说

　　须菩提。汝勿谓如来作是念。我当有所说法。莫作是念。何以故。若人言如来有所说法。即为谤佛。不能解我所说故。

　　这是佛自己提出来的，就是自说自话，提出来告诉须菩提。他说你啊，千万不要有这么样的一个观念，什么观念？你不要认为佛在这个世界上说了法——实际上，他老人家三十二岁悟道后就开始说法，八十一岁入涅槃，说了四十九年，他这里都一概否认了。"莫作是言"，千万不要有这个观念，认为我说过佛法，"何以故"？什么理由？假使有人说如来有所说法，真正说过某一种法，"即为谤佛"。

　　譬如说，佛叫我们念佛，叫我们修止观，叫我们修戒、定、慧，所谓三十七道品，说般若、说法相、说唯识，都是他说的。现在他却说，如果有人讲我有说法，即为谤佛，就是毁谤他。这很奇怪了！他说这个人在毁谤佛法。什么理由呢？"不能解我所说故"。因为这个人虽然学佛法，听了佛法，但他不能理解我所说的佛法，他没有懂，所以才说我有说法，这是错误的话。

我们先从教育来说，一个真正的教育家，会体会到佛说的这个道理，的确一句都不假的。一个教书教了几十年的人啊，在我认为是受罪，是罪业深重才教书，那真是非常痛苦。这话怎么讲呢？假使有一百个人听课，同样一句话，这一百个人的反应和理解，统统不同。有时候甚至老师说是白的，结果很可能有五六个同学告诉你，老师说是灰的。所以从事教育多年的人，会感觉到教育是一件受罪的事，非常痛苦。另一方面讲，一切众生有一个最大的障碍，就是语言文字，因为语言文字不足以表达人的意识。所以，现在有一门新的学问叫语意学，专门研究这个问题。

譬如我们说："你吃饭没有？"这一句话随便问人，会产生几个结果，一种是觉得这个人非常关心自己，连有没有吃饭，他都知道，多关心我。另有一种人会觉得是在耻笑他，分明晓得今天没有钱吃便当，偏要问我吃饭没有，可恨！还有一种人会觉得这个人很滑头，你看，故作关心状，故作多情的样子，很讨厌。同样一句话，四面八方反应不同。所以人与人之间意思的沟通，有如此之难。

有时候不说话反而容易懂，一说话反而生误会。不但人是如此，世界上很多的生物，也不大会用语言的。鱼跟鱼两个眼睛一看，彼此就懂了。蝙蝠在空中飞，两个翅膀一感觉，就飞开了。人类的语言，除了嘴巴说话以外，身体皮肤都会讲话；我们被人家靠近，就会感觉热，就想躲开一点，皮肤会说话的缘故。语意的道理就是如此，光凭说话是极容易误解的；所以佛说，他说法的本意是要使一切众生听了不要着相，不要抓住他所说的不放。

悟道、成佛是证得阿耨多罗三藐三菩提，佛所说的法如筏喻者；等于一个过河的船，你过了河不必要把船背在身上走。换句话说，如果过河不要你的船好不好？当然好！你会游泳就自己游过去，佛并不要你一定坐他的船过去。禅宗就有许多教育法，有时连船都不给你，要你自己设法过去，你只要有方法过了这个苦海就行了。

所以佛的说法，就是要我们懂得这个道理，殊不知大家学佛听了他的法，自己没有明心见性，没有悟道，反而拼命抓住他所说的法，当成真宝，真是拿着鸡毛当令箭。所以他现在否认这个，因为这些人"不能解我所说故"，不能理解他所说法的意思。接着他陈述理由。

迦叶笑了

> 须菩提。说法者。无法可说。是名说法。

真正的佛法，佛用一句话说完了，就是不可思议。后世到了禅宗，讲释迦牟尼佛在灵山会上，有一天上座说法，学生徒弟们都等他讲，等了半天他没有说话，忽然抓起面前讲台上一朵花，那么一转，大家也不晓得他什么意思，谁都不懂，只有他的大弟子迦叶尊者，破颜微笑，这是典籍的记述。这个"破"字形容得妙极了，大家等了半天，心情都很严肃，场面非常庄重，迦叶尊者忍不住了，一下子笑了出来。这一下被佛看到了，佛就说："我有正法眼藏。涅槃妙心。实相无相。微妙法门，不立文字。教外别传，付嘱摩诃迦叶。"因为迦叶懂了，这是禅宗的开始。

我们可以想一想这个是什么？佛拿一朵花那么看一下，到底是什么意思？这正表示说法者无法可说，没有一个固定的形态来表达。真正佛法到了最后是不可说不可说，不可思议；说出来都非第一义，都是第二义。无上妙法本来不可说，所以佛在菩提树下悟道以后，马上要入涅槃，就要走了。本来他也不想讲什么《金刚经》，什么都不想讲。根据经典的记载，那时帝释天人都下来向他跪着请求，你老人家不能这样搞啊！你多生多世发大愿，说大彻大悟之后要度众生，现在你大彻大悟证道了，你反而要走路，不管大家，这个不行啊！佛讲了一句什么话呢？《华严经》《法华经》上都有："止。止。我法妙难思。"就说了这么一句话。

这句话就是《金刚经》的含义了。他连续两个字，止，止，就是说你停止，你停止，我证得的法，说了你们也不懂。"止"这个字，也告诉了你一念不生全体现。止，一切妄念不生，一切烦恼不起，万法皆空，定在这里，然后你可以懂佛法了。所以说，止，止，我法妙难思，一句话说完了，《金刚经》都用不着讲了。

实际上只有一个止字，就是此心难止，此心止不了。如果能止，一切戒、定、慧，六度万行，就都从此而建立、从此而发生。所以所有的说法，都是方便；换句话说，佛经三藏十二部所说的也都是教育法。教育法只限于教育法，教育的目的是使你懂得那个东西，如果抓住老师的教育法当成学问就错了。

关于老师教学生，禅宗大师有几句话："见齐于师，减师半德，见过于师，方堪传授"。如果徒弟的见解与老师一样的话，减师半德，这个学生减掉老师一半了。假定老师八十岁，徒弟三十岁悟道，见解跟老师一样，但却差老师五十年功夫，所以说减师半德。见过于师，方堪传授，学生见解超过了老师，才可以够得上做徒弟，继承衣钵。许多大德祖师都感叹找不到衣钵传人，就是这个缘故，并不是戒律的问题。真悟了道的人，他要找的学生是超过自己的。佛说的法，也都是教授法，他说出来的法，是希望你悟道而成佛，见过于师，那就用不着抓住他方便的说法，当成是真实了，这一段就是这个意思。

下面接着转了一个方向，大家注意！前面都是须菩提，须菩提，接着这里加了几个字。

须菩提与佛对答

　　尔时慧命须菩提白佛言。世尊。颇有众生。于未来世。闻说是法。生信心不。

　　这里对须菩提突然加了两个字，称为慧命须菩提，好像鸠摩罗什翻译经典时故意多写两个字一样。其实佛也没有说什么法嘛！他只叫我们第一不要把肉体身当成佛；第二，不要着相；第三他说他没有说法。除了这三个要点外，他并没有讲一个什么法门！可是，好像有一个人懂了，这个人就是我们的大师兄须菩提。懂了就是荷担如来慧命，所以这里称慧命须菩提。佛的弟子里说般若的空性，须菩提属第一位证得空性的人。今天我们大家在座学佛的人，一念之间证得了自性空，这个人就是得到了慧命，延续了慧命，所谓然灯也就是这一盏灯可以点下去，不会熄了，可以传灯了。

　　慧命须菩提听到这里就懂了，佛法是不可说，不可说，没有什么东西可说的。因为他懂了，所以他担心一件事。他说：佛啊，"颇有众生"，他说也许将来有众生，听你那么讲，能生起信心吗？

　　佛言。须菩提。彼非众生。非不众生。

　　嘿！佛答得更妙，根本不理它这个问题。

　　什么叫众生？本来就没有众生。这个话很严肃了，后世一切众生都被否定了。什么叫众生？本来就没有众生。

　　这是什么话！照儒家顾亭林的解释，就是两个桶，一桶有水一个空，倒过来倒过去就是那一桶水；是法者，即是非法，是名为法。色身者，即非色身，是名色身，都是这个话。

　　是啊，表面一看是不通嘛！须菩提一问，将来有些众生听你老人家这样一讲,会起信心吗?佛并没有说会不会起信心,只说什么众生啊?"佛言。须菩提,彼非众生,非不众生。"所谓众生,根本就没有众生。

听佛这么说,我们赶快下课吧!大家也不要听《金刚经》了,因为我们都不是众生。

顽石点头为什么

不是众生是什么呢?个个是佛。一切众生本来是佛,这是佛揭穿的方法。换句话说,你不要替大家担心,个个都会成佛。这个道理,佛在《法华经》《涅槃经》上就讲过。中国文学上有两句话:"生公说法,顽石点头。"就是与《涅槃经》有关的典故。

当南北朝的时候,一位叫道生的和尚,是年轻的法师,现在来讲,就叫作才俊法师。当时佛涅槃时最后的说法《涅槃经》,才翻译过来半部,这个翻了半部的经,中间提到一个问题,就是一阐提人能不能成佛?一阐提是罪大恶极,坏透了的人。他们不孝,杀父杀母,杀佛杀罗汉,坏事做尽,罪业深重,下无间地狱;就好像世间判罪无期徒刑,永远不会翻身。这些大恶性众生能不能成佛呢?当时佛法还没有完全过来,《涅槃经》只有半部,这位青年法师写篇论文,认为一阐提人也能成佛,一切众生最后都要成佛。

道生这个论点一出,全国的法师都要打死他,这还得了!佛都没有敢这样说过。当时这个道生年纪轻,文章好,学问好,最后大家看在出家人情面,算他不懂,把他赶到江南去了。那个时候佛法都在长江以北,道生被赶到江南,就到苏州、金山这一带,在山上住茅棚,也没人听他讲了,他只好对着一些石头讲。

有一天他又讲到这个问题时,他仍说一切罪大恶极的众生,最后还是能成佛,你们说对不对?这时那些石头就摇起来了。这就是生公说法，顽石点头的典故。

道生离开北方的时候曾说：我说的法绝对是合于佛法的，如果我说的法合于佛法，我死的时候坐师子座。以后《涅槃经》全部翻译过来了，原来佛也是这样说的，一切众生皆会成佛。所以《金刚经》这里，告诉慧命须菩提，所有众生，即非众生，不要看不起人啊！一切众生都是佛。

众生与佛

> 何以故。须菩提。众生众生者。如来说非众生。是名众生。

这个道理就说明，一切众生生命的存在，都是幻有的，是幻相。三界六道和二十五有的众生，都是因缘所生，是没有固定的。法身的生命，在六道轮回中迁流不息，也是根据自己的业果因缘而来的；所以说，一切众生即非众生。

它的本义是说明，一切众生自性本来是佛；自己能够反照而明心见性，就不叫作众生了，个个都是佛了。前面刚刚提到，道生法师说的一阐提人，最后都要成佛，这个意义在《涅槃经》《法华经》中，也是这样说的。释迦牟尼佛是我们劫数中第四尊佛，就是第四个梯次的佛，这个劫数叫贤劫，有千佛出世，最后成佛的是楼至佛，现在化身为韦驮菩萨的，因为他的愿力，要护持贤劫里一千个佛，待他们个个都成佛以后，他才最后成佛。这是佛教对于贤劫组织的一个说法。

换句话说，这个世界上的一切众生，不仅是人，凡有生命有灵知的生物，都能够成佛。一切众生都是平等的。

要彻底研究这个道理，就是法相唯识的道理，这个地方揭发出来见法，就是见地。人世间因为一切众生有我见，所以就有人；有人就有我，就有是非；有是非，就有烦恼；有烦恼就有痛苦，如此等等一连串下来。我们虽有一个身体，但身体非我之所有，暂时归我之所属，这是因缘所生，四大假合而成，不究竟，总归会幻灭的。

真正的这个自性是不生不灭的，这个自性是空性，空性必须要无我才能达到。当你修证到一个无我的境界，就得到一个智慧，就是唯识中所讲的平等性智。无我就无人，无人就无他，无众生相，无烦恼，无一切等。一切皆空，即无众生之相。这个唯识是表诠，金刚般若法门是遮诠，说明这个道理。

对于这一段我们给它的偈语是：

第二十一品偈颂

为谁辛苦说菩提，倦卧空山日又西。

遥指海东新月上，夜深忽闻远鸡啼。

"为谁辛苦说菩提"，佛不是说了吗？我没有说过法，别的经典也曾经讲过，我说法四十九年，没有说过一个字。

佛法是不可说不可说，法身之体是不可说处。所以，他辛辛苦苦说这些菩提证道的法门，为谁而说？为众生而说。等于唐人罗隐的两句诗："采得百花酿蜜后，为谁辛苦为谁甜。"

这一首诗是非常有名的，人生也本来如此，像蜜蜂一样，把百花辛辛苦苦采来，酿成蜂蜜，结果呢？这个蜂蜜自己吃不到，为谁辛苦为谁甜，这是感叹人生。

那么佛呢，他倒不是为这个辛苦，他为了度一切众生，为使众生个个见自性成佛而辛苦。可是本来无我，为谁辛苦呢？

"倦卧空山日又西"，所以后世佛的弟子们之中，许多高僧悟了道，永远隐山高卧不出，不说一句。譬如天台宗的祖师慧思禅师，在南岳悟道后，始终没有下过山，人家劝他说，你这位大师悟道了，为什么不下山度众生？他独住孤峰顶上，一个人都没有去过。他说我何必下山度众生呢？我独坐孤峰顶上，已经一口吞尽诸方，一切众生我度完了。

后来有人也提这个问题来问过我，我说他当然可以那么讲，慧思大师一辈子不下山，他却有一个智者大师这样的徒弟，号称东方的小释迦；这一个徒弟就够了，用不着他出来，所以他可以说这样的话。如果没有这样福报，这样成就的人，也得不到像智者大师这样的弟子的话，这个话就不能随便讲。但是，的确有人悟道以后，一生不说法而度人无数。

譬如我们晓得禅宗一位大师，画上经常画的布袋和尚，他的说法就是背着一个布袋，人家问他佛法，他把布袋一放，就在你前面一站，什么都不说，他看你懂，他笑笑；你不懂，他把布袋一背又走了。

布袋和尚就是泗州大圣，据说是弥勒佛的化身来的，他永远背个布袋。实际上他说得很清楚呀，人家问他，什么是佛法？他把布袋一放，我们现在这个布袋还放不了呢！这个妈妈给我们的布袋永远放不下来，所以他把布袋一放，叉手一站，这就是佛法。

他看看你不懂，布袋又背起来走，你放不下就提起来走，都一样，佛法就是那么简单，他没有说一句话，这就是佛法了。那么，不说法能不能度众生呢？不见得不能，但众生还是靠方便教授法来度的。

"遥指海东新月上"，后世的禅宗，把祖师悟道的故事编集为《指月录》。佛在《楞严经》上说，一个人问月亮在哪里，有人用手指向月亮，说月亮在这里。但是你不要看指头，只看月亮，你光去看指头，不看月亮，是没有用的，指头不是月亮。

佛说的法，不是这个指头；我们大家学佛学了半天，都抓到指头当月亮，都错了。不过这个故事，说明众生都是同样的心理。

另一个是道家吕纯阳的故事，也与指头有关。吕纯阳最后是由禅宗悟道，是黄龙禅师的弟子，所以吕纯阳也变成佛教的大护法。他就有一句话，"众生易度人难度"，他说的"众生"不是佛学这个众生，是指人以外的生命。众生容易度，人最难度，"宁度众生不度人"。

有一天吕纯阳到南京，变成一个很可怜、苦恼的老头子，到一个专门卖糍粑的老太婆那里，天天去吃糍粑，吃了不给钱，吃了好几年，这个老太婆永远不问他要。他后来问这个老太太，为什么不要钱？我看你这个老头子没有钱啊！吕纯阳说：世界上没有一个好人，只有你是个好人，你要不要成仙呀？老太婆说我不要成仙，我卖我的糍粑，很舒服。你要不要发财？我有一个法子传给你可以点铁成金。吕纯阳说着就在她那个铁锅上一点，铁锅就变成黄金了。老太婆说：嗯！蛮有道理，我还是不要。

吕纯阳心里想，这个人真好，世界上只有这个人是好人。最后又问：老太太，你究竟要什么呢？老太太说把你的指头给我就好了。吕纯阳只好摇摇头说，众生易度人难度，宁度众生不度人。

佛经上有一个指月的公案，叫我们看月亮，不要抓指头，可是一般学佛的人，也同吕纯阳碰到这位老太婆一样，专抓指头不看月亮。这就是第三句遥指海东新月上。

"夜深忽闻远鸡啼"，不要灰心，远远听到鸡啼了，总归有一个人会出来的；不要看长夜漫漫，总会有天亮的时候。

第二十二品　无法可得分

须菩提白佛言。世尊。佛得阿耨多罗三藐三菩提。为无所得耶。佛言。如是如是。须菩提。我于阿耨多罗三藐三菩提。乃至无有少法可得。是名阿耨多罗三藐三菩提。

一指禅

须菩提白佛言。世尊。佛得阿耨多罗三藐三菩提。为无所得耶。佛言。如是如是。

佛说二十一品的时候，是无法可说，这一品更严重了，是无法可得。须菩提说，请问你老人家，当年大彻大悟证到阿耨多罗三藐三菩提，你老人家那个境界，没有得到一个东西吗？"佛言。如是，如是。"是这样，是这样，这样又是哪样呢？就是话头了，要你去参！就像是禅宗那个一指禅一样。

唐代的一位禅师，他是金华山的俱胝和尚，我们要修道就要学学他，他始终没有出来参学过。有一天，他要出来参学，夜里，虚空中一个声音告诉他：你不要出去，有肉身菩萨亲自来给你说法。肉身菩萨就是活着的人，像我们普通人一样的肉身，可是他是菩萨再来身。第二天天龙和尚来看他，就问天龙什么是佛法，天龙和尚是大禅师，手一指，俱胝就大彻大悟了。所以俱胝和尚悟道一点都不吃力，他得的是一指禅。以后他说法，什么是佛法？手指一比，你懂得也是这个，不懂得也是这个，第二句话也不说；很多人因他这么一指也悟道了。

有一天他出门去了,他的徒弟小沙弥,跟他好多年,看到人家跟师父磕头啊、顶礼啊、求佛法啊,师父总是手一指,这个。这一天师父出门了,有人来找师父问佛法,小沙弥说,我师父那个佛法,我也知道。那个居士就跪下来,小师父,那请你告诉我。小沙弥也手一指,这个!那个人也悟道了。小沙弥很高兴,原来师父的佛法就是这个样子。等到俱胝和尚回来,小和尚向他报告,今天来个居士,我接引他悟道了,就说了经过。师父哦了一声就进去了,转身又出来了,对小沙弥说,你再说一遍怎么接引人?那小和尚就把手一指说,这个。师父等他指头一伸出来,一刀把他指头砍断,流血不止,小和尚又痛又唉唷,悟道了。指头砍断了一节,就是这个。所以,"如是如是",就是禅宗的这个。这个究竟是哪个,就要自己参了。

《金刚经》有五六种的翻译,反复研究,还是鸠摩罗什翻译得最高妙。后来玄奘法师重新翻译过,道理是更清楚,但是佛法的意义却模糊了。鸠摩罗什的翻译,许多地方都是禅宗讲话,如珠之走盘,不着边际,不落一点。所以后世的禅宗采用《金刚经》,可以悟道,就是这个道理。

  须菩提。我于阿耨多罗三藐三菩提。乃至无有少法可得。是名阿耨多罗三藐三菩提。

他告诉须菩提:我告诉你,当时我在菩提树下得阿耨多罗三藐三菩提的时候,你以为得到一个什么菩提吗?了不可得。也就是六祖后来悟的,"本来无一物,何处惹尘埃"!了不可得。如果有一点少法可得,就还有一点空,有一点光明,有一点境界;看到一点圆坨坨,光烁烁的,都不是了,都着相了。"无有少法可得",这个叫阿耨多罗三藐三菩提,无上正等正觉。

这一节很简单,就叫无法可得。我们给它偈语的结论:

第二十二品偈颂

多年行脚觅归途，入室知为道路愚。

检点旧时新衣钵，了无一物可提扶。

"多年行脚觅归途"，很多人从年轻学佛、修道、出家，多年行脚到处参访，觅归途，都是找一个归家之路，都想找到生命的根源。

"入室知为道路愚"，真正悟道的时候，你才了解道路愚，被道路骗了，被方法骗了。八万四千法门都瞒了你，前面说过，禅宗有位祖师，跟过很多法师学种种法，修了一辈子，最后悟道了，告诉那些老师说："我眼本明，因师故瞎。"我两个眼睛本来亮的，老师啊，你把我弄瞎了。

东学西学，结果把自己眼睛弄瞎了。不是真的眼睛弄瞎了，道理看不清楚了。所以入室方知道路愚，都被方法骗了。

"检点旧时新衣钵"，真正悟了道的人，我还是我，一切皆空，了无所得。这个衣钵还是旧的衣钵，不过是好多年前你自己把它包起来找不到了，现在你把它拿出来，这个东西还是旧时的那个东西。

"了无一物可提扶"，本来无一物，没有一个境界可得的，这就是无法可得。

这五六节，佛都是叫我们不要着相，不要执着一切法。现在虽然叫你不要执着一切法，但是有一个法要执啊！就是善法。所以下一品梁昭明太子给它的标题是："净心行善分"。

第二十三品　净心行善分

复次。须菩提。是法平等。无有高下。是名阿耨多罗三藐三菩提。以无我无人无众生无寿者。修一切善法。即得阿耨多罗三藐三菩提。须菩提。所言善法者。如来说即非善法。是名善法。

修一切善法

复次。须菩提。是法平等。无有高下。是名阿耨多罗三藐三菩提。以无我无人无众生无寿者。修一切善法。即得阿耨多罗三藐三菩提。

用白话文的说法，复次就是其次的问题，或者另一个问题。前面他什么都否定了，佛也不是，有相的也不是，有色的也不是，有法可得的也不是，一切否定。这里却告诉你，要想成佛就要修一切善法，诸恶莫作，众善奉行，非有善法的成就不可。不是看几本佛书，谈谈禅，说说公案，盘个腿，打个坐就可以成佛。造了一辈子的业，跑到庙子去盘个腿，吃两天素，就要得菩提，那个菩提多少钱一个啊！有那么简单吗？许多青年人都犯了这个毛病，看了几本禅学的书，青蛙跳进水，扑通一声就开悟了，那么容易吗？你去买一个田鸡来跳跳看吧！所以要"修一切善法，即得阿耨多罗三藐三菩提"。

日行一善我们都做不到，检查自己的行为，我们日行一恶则有之，谁能做到日行一善？不修一切善法，你说到达无相，那是骗骗自己罢了。佛告诉须菩提，"是法平等"，真正的佛法是平等，"无有高下"。八万四千法门，念佛也好，修密宗也好，参禅也好，修止观也好，甚至于说修旁门左道也好，以华严境界看来，都能成就。真正的佛法是平等，无有高下的。佛在前面也说过，一切贤圣皆以无为法而有差别，也就是说，是没差别的。

南山高北山低

后世禅宗有个公案，说有个法师讲《金刚经》，碰到一个禅师，这位禅师就问一个问题：既然是法平等，无有高下，为什么南山那么高，北山那么低？这位讲《金刚经》的法师没办法了。是啊！《金刚经》上说的，是法平等，无有高下。为什么南山那么高，北山那么低？万法是有高下，怎么说没有高下？所以说这又是一个话头。

我们晓得平等性智，那是要到达第八地成就，才能证到的。第六识空，是证得妙观察智；第七识我执空了以后，才证得平等性智，一切众生人我就平等了。我们之所以觉得有烦恼，有人我，有众生，是因人我分别而来；把我相，我见一空以后，平等性智出来，再看一切众生都是一律平等，这个叫作阿耨多罗三藐三菩提吗？但是要修一切的善，才能证得空，"修一切善法即得阿耨多罗三藐三菩提"。

须菩提。所言善法者。如来说即非善法。是名善法。

如果说有所为，为了求佛果，为了求自己的福报及功德而修一切善法，这是人天果报，凡夫的修法，凡夫的为善。真正的善法是为菩提道果的行善，虽行善而不着行善之念。"所言善法者，如来说即非善法"，不要求福德之念，这个才是真正的善法，这是加以注解。下面是这一品的偈语：

第二十三品偈颂

镜花水月梦中尘,无着方知尘亦珍。
画出牡丹终是幻,若无根土复何春?

"镜花水月梦中尘",就是说世间一切都是虚幻的,如镜中花、水中月、梦中尘等。佛经经常用这种譬喻,说人生一切万有的现象,如镜中的花朵,你不要认为没有花啊!有花,只是抓不住摸不着;水里的月亮也不是没有啊!有的,水里不会自己出月亮,后面有一个真月亮。镜里的花也是一样,后面有一个真花。梦中的境界固然不实在,但是没有你,还不会做梦呢!因为有我们的身心,才能做梦,但是梦中的一切只是影像。所以大家研究佛学,要注意这一点,镜花水月并不是说绝对的没有,只是告诉你是虚幻的、不实在的,是偶然暂时的存在而已。这个暂时存在的有,是把握不住的、不常的。

"无着方知尘亦珍",了解了这个镜中花、水中月、梦中尘的道理,才了解了空与有之间,是法平等,无有高下。空也是佛法,有也是佛法。《金刚经》上佛告诉我们修法的要点是,无住,不执着。不要认为,因为不执着所以空;抓住一个空啊,空已经变成一个东西了,空还是尘。真正的无着,连空都无着,因为空不着,所以敢到入世中去,在入世中修行。众生不敢入世,怕"有"把他粘住,真到了无着,方知尘亦珍,才敢入世,因为有也是的嘛!

古人有一句话:"牡丹虽好,还须绿叶扶持。"学佛修道,打坐念佛,一念万缘放下,蛮好!但是,如果你不修一切善行的话,没有这个福报,你想放下也放不了!有许多朋友说,现在退休了,年纪大了,我准备明天开始修行。结果明天,家里又有事了,或者自己又感冒了。嘿!你不要认为放下容易,放下、清净,要大福德大福报的啊!

"画出牡丹终是幻",牡丹虽好,还须绿叶扶持,修一切善法,才能修阿耨多罗三藐三菩提。

"若无根土复何春",牡丹是代表富贵之花,但是牡丹还须绿叶来陪衬,也需要根,牡丹没有根,花也开不开的。换句话说,我们学佛的根本是什么?一切宗教都是一样,都是:诸恶莫作,众善奉行,这是第一个起步。如果不修一切的善法,光想求开悟,那就是青蛙跳井了,扑通!那不是悟啦,那个是自误,聪明反被聪明误。

第二十四品　福智无比分

　　须菩提。若三千大千世界中。所有诸须弥山王。如是等七宝聚。有人持用布施。若人以此般若波罗密经。乃至四句偈等。受持读诵。为他人说。于前福德。百分不及一。百千万亿分。乃至算数譬喻。所不能及。

现在连接上一次的第二十三品，等于是中间的一个结论。这个题目当时取的是福智无比，就是福报与智慧，这两个是等称，平等的清福。就是说要证得菩提、要成佛，就需要这两样本钱，在佛学的名词就是资粮；是资本与粮食两个观念，也称为福德资粮，智慧资粮。

现在这一品，再三重复的提出来这个观念。这同一问题，为什么又重新出现在这里呢？因为上一品讲到，修一切善法，即得阿耨多罗三藐三菩提。就是说，要想悟道，不是随便打个坐，研究个公案，拜拜菩萨，或者是搞一些外形所能成功的；必须要诸恶莫作，众善奉行才行。诸恶莫作是消极的，众善奉行是积极的；要积极地修一切善法才能到达开悟，证得大彻大悟的境界。

二十三品最后，还以法身实相般若本体来解说，"所谓一切善法，即非一切善法，是名一切善法"。简单地说，你做了一切善事而不执着，执着了就是凡夫的事，不执着才是菩萨道。利人、救世、修一切善行，并没有特殊之处，是做一个人义所当为，是本分的事。

现在第二十四品佛自己作结论。

修资粮

> 须菩提。若三千大千世界中。所有诸须弥山王。如是等七宝聚。有人持用布施。

他告诉须菩提说,我们这个世界上,这个娑婆世界的南赡部洲,中间有一个须弥山,勉强用喜马拉雅山比作须弥山;究竟喜马拉雅山是不是须弥山,老实讲到现在还是一个严重的问题,不能够贸然断定。把佛经上说的须弥山解释为喜马拉雅山,是近几十年研究佛学的假设肯定,这个假设肯定很有问题,不能随便相信。

打一个比喻来说,这个世界上有一个最大的山,称它为须弥山,其他三千大千世界,都有一个中心的大山,所以有很多的须弥山。"如是等七宝聚",这个"等"不要认为是把七宝布施了,把须弥山也布施了;须弥山布施给人没有用,房子里装不下来,这个"等"是作比喻,等于须弥山那么大的财富,七宝、珍珠、钻石,集起来布施,这是一个譬喻。

> 若人以此般若波罗密经。乃至四句偈等。受持读诵。为他人说。于前福德。百分不及一。百千万亿分。乃至算数譬喻。所不能及。

拿那么多的东西来布施,当然这个人的福报很大。在前面第十三品已经讲过,这里又重复强调法施的重要。一般人信仰宗教,都是功利的思想、功利的目的去求的。人真要希望功利,花小本钱,得大利益,首先必须要行一切善。现在说这个人很行善,拿须弥山那么多的七宝布施了,纵然不求福德,自然的福报也很大,这是一定的,这个问题就不要说了。

现在他拿这个譬喻来强调，他说假定有一个人，以此《般若波罗密经》，"此"是专指《金刚般若波罗密经》；因为般若波罗密的经典很多，《大般若波罗密经》，就是《大般若经》，另外还有《仁王护国般若波罗密》，这种波罗密，那种波罗密，走的路线不同，都是讲智慧成就。现在本经上讲"此"，是专指《金刚般若波罗密》这一本经。假使有人以这本经的道理，不论是全部的意义，或者只有四句偈等等，受持读诵，为他人说，那个福报比须弥山一样多的七宝布施，可就大太多了。

受持读诵

这里我们再度提起大家注意，"受持读诵"有四个含义。接受了，光是接受了不算数，还要领受在心，在自己心理行为中起作用，更要心有所得。

我们诸位学佛研究《金刚经》，如果懂了这个空，平常碰到事情的时候，有没有领受于心？你说现在你还蛮舒服的，有点领受，那是没有碰到事啊！一碰到事，像被人打一耳光，骂你一句话，或者把你的钱盗了，或者现在就要到医院开刀了，下一个钟头活不活还不知道，这个时候看你空不空？！如果说空得了，那是真金刚了，你真能够受用了。

受还不行，必须能持，以此来修持。持者，等于拿一个拐棍，拿个手杖，永远靠着它走路，牢牢抓住，这个境界才不会动摇。就算现在去开刀，说不定麻醉回不来了，但此心这个定境仍保持着，这就是受持。读是看书，或轻声读过去，诵是要念出来，高声朗诵。现在年轻人只是看书，看书却不容易背得来。我们旧式的教育，是要背书的，背是没有用脑筋的，唱戏一样，等于进到阿赖耶识，不要用脑筋，随时背来了。所以《金刚经》读了还要朗诵，有所体会，就是受持读诵,四个含义。

真教化的功德

他说假使有人,不要说全部《金刚经》,只要把四句偈做到受持读诵,懂了这个道理,教人家,使人家解脱烦恼;教人家并不是要自己当教师,高人一等,只是教人家得受用,使人家能够解脱烦恼。如果做到这样,那么这个人所修的福德,比前面所说用须弥山王那么多的财富来布施,更大。前面那个布施是财布施,是有形的,比不上这个法布施,佛学就叫作法布施。中国文化的观点,这就是教育的功劳,教化人家。教化就是法布施,解决人家心里的痛苦,成就人家自己的人生。

他说这个法布施的功德,比有形财富的功德,更大更多,两者是不能相比的。以有形财富来做布施,跟智慧布施比较起来,百分之一都不到,百千万亿分也不到。总而言之,不能比就是不能比,怎么说呢?如果我们那么一讲,听起来不能比就是不能比,很土、很粗,就不像经典了;经典翻译得非常美,"乃至算数譬喻所不能及",用算数都算不清。换句话说,拿现在夸张一点的话来讲,电脑也算不清,数字是没有办法计算的。真到达不可算的数字是什么?是譬喻那个东西很大。就像我们经常说天一样的大,这是譬喻,你说那个天有多大啊?佛经上经常作譬喻,恒河沙那么多,恒河沙有多少啊?谁都不知道。这既说它的多,也说它的大,是譬喻的数目字。换句话说,当世界上最大的数目字没有办法以数字代表的时候,只好拿譬喻来作代表。

这一段很容易懂,就是说文化、教育力量的重要,佛法教育的力量和它所培养的功德,远超过了物质布施的功德;因为那是帮助一切人生的精神生命,所以简称为慧命。慧命就是智慧寿命的观念,属于慧命教育，所以它的功德特别大。这一节的内容就是说明智慧的成就，智慧及自度的重要，我们给它的偈语如下：

第二十四品偈颂

富嫌千口犹伶仃，贫恨身存似绁刑。
何事庄生齐物了，一声青磬万缘醒。

"富嫌千口犹伶仃"，禅宗祖师有句话："富嫌千口少，贫恨一身多。"说一个很有钱的家庭，有一百个儿子，每个儿子都有十来个孙子、用人，所以全家有一千个丁口。因为财富太大，又养那么多人，感觉人还是不够用。一个人穷到极点，如果连一碗阳春面都吃不起的时候，真恨这个身体活着都是多余！这两个是很强烈的对比。富嫌千口少，贫恨一身多。就拿这两句话作比方，富嫌千口犹伶仃，也是这个意思，富贵人家千口的家庭，自己还认为人口太少了，很寂寞。

"贫恨身存似绁刑"，穷的时候，觉得这个身体活着是受刑，很痛苦。在这个贫富之间，我们可以看到，福报大了就是富贵功名、钱多地位高；但是天天都叫你忙、天天都叫你累，想睡五分钟都很困难，没有经过这个环境的不知道这个味道。也许有人会说，情愿少睡五分钟过过那个味道的瘾。但是如果尝够了这种味道的人，再也不想回头去试了，每天不是为自己活着的，不愿意笑的时候也要笑，那个味道真难受啊！可是世界上的人，认为这个是福报，这是世间的福报，真是多福多寿多难受！

相反的，穷的人在山里住着，有一位禅师一个人住在茅棚里，有人问他觉得怎么样，他说："去年贫，犹有立锥之地"，还有站脚的地方。"今年贫，连锥也无"，连站脚的地方都没有了，你看穷成什么样子！这是形容穷吗？不是的，他是形容自己真正到达了空。换句话说，去年空还有个空的境界，今年空，连空境界都没有了。

空没有了,你说是什么东西?真是彻底的空了,就是形容这个。所以我们说,真觉得自己形体存在是受刑、受罪,还是有个东西在那里。但是富是代表有福报的人,贫代表没有福报的人,两种人生活的现象是相对的两头。好看与不好看、漂亮与不漂亮、胖与瘦、长与短,都是相对的两头,世间法都是相对的,有好看就有不好看,有穷的时候就有富的时候。穷人的富是什么呢?本来一块钱都没有,突然有了五十块,那比有钱人突然中了马票几十万的港币还舒服!所以穷富是对比。有福报,没有福报,都是对比,这是生灭的两个现象,不究竟。

"何事庄生齐物了",庄子的《齐物论》,拿本体来看,一切都是平等,有钱有财富,最后也要死。穷的人最后也要死,死的味道都是一样,谁都是一样。一切万有皆是齐物,大家坐在这里,白的、黑的、胖的、瘦的、男的、女的,每个人不平等,但有一件事情很平等,今天夜里四点钟到六点钟,大家都沉睡了,沉睡中,那个糊里糊涂的境界很平等,有智慧也是那么糊里糊涂,没有智慧也是那么糊里糊涂。有钱的也是那么糊里糊涂睡着,没有钱的也是那么糊里糊涂睡着,这个是平等的。拿这个作比方来说,在本体上一切都是平等,这就是齐物。

万物是不齐的,不平等,有高低,五个指头都是不齐的,但是它变成一只手的时候,通通是齐的,它就是一只手。手跟脚也不平等,等到没有手脚时,也没有我了,也就齐了,就平等了,这是庄子的齐物论。我们了解了这个道理,福报也就无所谓大与不大。

"一声青磬万缘醒",真正的福报是什么福报呢?清福,人间的清福。当我们真正烦恼痛苦到极点,当我们一切的痛苦烦恼无办法解决的时候,跑到深山古庙,偶然听到一声"叮",青磬一响,被它敲醒了,万念皆空。那个时候啊,什么都没有,那真是大梦初醒,这个是大福报。所以《金刚经》告诉我们,所有的福报,都不如了解《金刚经》般若的解脱真义。般若解脱真义，就是我们给它的一句结论，一声青磬万缘醒，这个时候是真福报。

中国的文学为什么把木鱼叫红鱼呢？因为庙子上的木鱼多半漆成红颜色，磬放久了，颜色都变成青铜色，所以叫作青磬，红鱼青磬，红跟青是文学上的形容词。

第二十五品　化无所化分

　　须菩提。于意云何。汝等勿谓如来作是念。我当度众生。须菩提。莫作是念。何以故。实无有众生如来度者。若有众生如来度者。如来即有我人众生寿者。须菩提。如来说有我者。即非有我。而凡夫之人。以为有我。须菩提。凡夫者。如来说即非凡夫。是名凡夫。

有教无类

　　《金刚经》快要作整部的结论了，化无所化，什么叫"化"？在唐以前，多半的佛经用这个"化"字。唐宋以后用"度人"。度也好，化也好，反正度也度不了，化也很难化。到元明时代，干脆两个字合起来，叫作度化。这个度化，实际上就是教育了。化也就是感化人，变化人。

　　须菩提。于意云何。汝等勿谓如来作是念。我当度众生。

　　这也是佛自己讲，告诉须菩提，你认为怎么样？"汝等勿谓"，你们千万不要讲佛说过这个话，说过什么话呢？"我当度众生"，认为佛说过，要度一切众生。

　　你看佛是很妙的，你仔细把《金刚经》研究，他的一生许多事情，在《金刚经》里通通否认了。说法四十九年，他在《金刚经》里却说没有说过一句话！这是他讲的啊！这个《金刚经》摆在我们面前。他本来发愿要度众生，现在又否认了，嘿！你不要搞错了，你们不要那么想啊！你们千万不要那么想，认为我要度一切众生。这是文字的解释。

> 须菩提。莫作是念。何以故。实无有众生如来度者。若有众生如来度者。如来即有我人众生寿者。

"须菩提，莫作是念"，千万不可以有这个观念，上面已经讲了，下面还要很肯定地重复，莫作是念，千万不要有这种想法。好了，我们现在记住他的话，你不要磕头说佛啊，你来度我。他老人家不承认，他现在很忙，在那里入涅槃，你也莫作是念，不要这样想。什么理由呢？"实无有众生如来度者。"这个话严重了，刚才我们还用笑话的办法来说，佛一切否认了，下面进一步告诉我们理由，听得我们都有一点五里雾中了。什么理由啊？世界上实实在在没有一个众生需要佛来度的。你注意啊！没有一个人需要佛来度的，这是佛自己说的。

"若有众生如来度者，如来即有我人众生寿者。"拿禅宗里的话说，这叫作一个棺材两个死汉，一个说你是被我度的，一个说我需要佛来度。大禅师们会说，这两个都是没有悟道的。佛也讲嘛！第一，我没有度过一个人，你不要有这个观念。什么理由呢？世界上没有一个众生需要佛来度的。这个文字摆在这里，对不对？我们自己研究。还有，佛说如果有人因我度他而成了佛，这个佛就不是佛了，而是个非常普通的人，因为这个佛已经是有我相、人相、众生相、寿者相的人了。

所以，我经常告诉大家，不要什么顶礼啦、磕头啦！好麻烦。我一生最怕这个事，碰到人家合掌，我现在都有点马上出汗，很麻烦，还要答礼，干脆像现在人眼睛一瞪，注目礼，很好嘛！意思到了就行了。如果说磕个头，认为我是老师，该受这一拜的话，十八层地狱都不够。不过不要紧，据说现在地狱里头还有地下室，那就该要下地狱的地下室去了。一个人如果自觉有道，足以为人师，如果有这一念的存在，他再有道也不值钱了。真正足以为人之师，真正足以度人，他必定已经证到空的境界了。何以会有自我崇高的观念呢？绝对不会！因为他自己已经没有这个观念了；而一切众生，人我平等。

所以佛说，佛如果有这样一个观念，也就不叫作佛了，他处处着相，觉得我是佛，我是老师，你们通通是我的子民，你们都是我的信徒，那他就绝对不是佛了。

说到"信徒"这个名词，是很难听的，佛教里从来没有这个名词，只有信众。曾经听到佛教界有人用"徒众"这两个字，听得我一个头八个大，连信众这种说法，都算是很严重的了。过去大陆随便哪一个庙子，对信众都是称居士的。我在峨眉山时，老和尚看到猴子出来，就说猴居士出来了。蛇来了，蛇居士来了。从没有说猴众、猴徒、蛇徒，没有这样说的！老和尚的声音使人一听肃然起敬。看一切众生平等，猴居士、蛇居士，这个是佛法的精神。佛法如果还有统治性，那怎么会是佛的精神呢？希望修正修正，不要犯这个错误。

佛现在讲，假定他有一个观念，认为众生是受他的教化而得道的，这些人是他的徒弟，应该对他如此如彼的恭敬……假如他有这样观念的话，完了！"即有我人众生寿者"，那不算成佛！

好，佛啊！我们了解啦！你老人家谦虚，不承认自己在度人，实际上我们是受你度的。你谦虚，那是你的嘛！我恭敬我的，各走各的路，没有错。但是有一个问题没有解决，你说世界上没有一个众生需要佛来度的，这是个问题啊！不过，这个大问题，佛在下面解答了。

自己的解脱

须菩提。如来说有我者。即非有我。而凡夫之人。以为有我。须菩提。凡夫者。如来说即非凡夫。是名凡夫。

他说，所谓人，有众生就有人，真正的佛法教我们一件事，八万四千法门只教我们一件事，就是如何证到自己真正无我，那就成功了。这很简单，修行只修行一件事，修到真正的无我。既然无我了，我当然不需要佛度呀，我本来就是佛嘛！佛有这个度人之相，佛就着了人相、我相。我如果真正能够悟道，就是无我，就没有被你可度之处。

所以，佛说的没有错，没有一个众生需要我度。再彻底的讲，佛说了八万四千法门，把他老人家修道、证道的法门，通通告诉我们了，你依照这个样子做，你一样可以成佛。他没有办法帮你成佛，要自性自度，他没有办法替你修啊！修要自己修，修成功自度了，是你自修自度，自性自度。所以佛说的是老实话，他说没有一个众生是需要我度的！我也不能度呀！必须他自己有信心，自修自度，自性自度。

所以他的话，一点都没有错。不过他表达的方法是语出惊人，每一句话说出来都很难解；其实道理很简单，人人都要自求解脱，自性自度，自我得救，谁都救不了你。

求上天的保佑，菩萨保佑，保佑不了的，不要迷信啦！只有自助天助，自求多福。你要想菩萨保佑，你要先保佑自己，怎么保佑自己呢？行一切善法，那么自助就天助了，佛菩萨与你中间的电线、电波就接得上了。你一天到晚去杀人放火，然后说，菩萨保佑我，你自己也知道那是不可能的。所以佛告诉我们，没有一个众生他可以度的，众生都是自性自度。他说，什么叫作我呢？一切众生本来无我，这是佛法；佛法三藏十二部经典，总归起来就是告诉我们这句话。本来无我啊！就是我们做不到，做到了个个成佛。

佛又说，"如来说有我者，即非有我，而凡夫之人，以为有我。"凡夫就是一般人，是佛经翻译的名词，现在我们一听到凡夫，好像在骂人。如果我们随便对朋友说，你是凡夫，他肚子里头一定不高兴，你好看不起我！一般人，你告诉他无我，他就害怕，因为人都要贪着"我"。究竟哪个是我呢？佛经告诉我们，人体是三十六样东西凑拢来，没有一样东西是"我"的。

拿现在来讲更严重了，人体上许多的细胞都是我，每一个细胞都不是我，你说我在哪里？身体上没有我，死了以后，我到哪里去了？说灵魂是我，你看到灵魂了吗？一声青磬万缘醒，就是这个境界。这一声敲了以后，无我，本来就是什么都无我，没有一样是我。这个无我的境界，佛只好分析给"我"听，所以我们学禅啊、打坐啊，求证一个什么东西呢？就是求证到一个无我，就成佛了。结果大家打起坐来，在里头嘀咕，都在玩"我"，不然就玩呼吸来呀、去呀，好像在那里数钱！一二三四，又数息又观。第一口呼吸早就跑掉了，你后面数到一千，一口呼吸也留不住呀！在那里干什么呢？所以都在玩"我"，做不到无我，不能证得佛法！

无我以后

佛刚才提出一个问题，凡夫之人，以为真有一个我的存在，等到肉体死亡了，抓不住了，还要抓个灵魂。其实那个灵魂也是自己意识境界偶然的存在，还不是真的我，还不是这个。但是凡夫之人，总归要抓一个有相的我，都抓错了。真做到四大相皆空，就是人我众生寿者皆空的时候，可以找到生命本来的自我了。那个自我是假称的，叫他自我也不对，叫他是佛也不对，叫他菩提也不对，各种名称都不对。

现在讲到这个地方，佛又加以解说，他提出来：

须菩提。凡夫者。如来说即非凡夫。是名凡夫。

为什么他要加这个尾巴呢？因为他说了一个尾巴怕大家又抓住

它。我们也看到过很多学佛的，他也不敢承认自己是圣人，那你就当凡夫好了，他肚子里又不服气，不肯做凡夫。

所以一般学佛学道的人很可怜，在圣人凡夫之间，就像公园里小孩子玩秋千，荡过来荡过去，永远下不了台，挂在空中甩。

佛告诉我们，所谓凡夫者，本来是个假名，没有真正什么凡夫，假名叫作凡夫而已。换句话说，严重的讲，一切众生都是佛，只是众生找不到自己的本性；找到了就不是凡夫，个个是佛，众生平等。所以后世禅宗经典，心、佛、众生，三无差别。心即是佛，悟道了，此心即是佛；没有悟道，佛也是凡夫，心、佛、众生，三无差别，三样平等。

那么这一品说完了吗？没有完！还有个重大的问题在里头，我们现在再回过头来看这一品开头的话。

须菩提。于意云何。汝等勿谓如来作是念。我当度众生。

重点在这个"我"字上，佛说：我，没有度众生。文字是那么解释，佛为什么那么讲呢？全篇的意思告诉我们，人，悟到了真正的无我，修持证到了真正的无我，就是佛了。这个佛，无我，自然无众生，无寿者，这就是佛境界。所以做到了无我就是佛境界，一切凡夫都有我相、人相、众生相、寿者相，接着一切观念的执着，都是因为有我而来，那么真正无我就是佛境界。

但是，无我以后叫什么呢？注意啊！一般研究佛学的人，听到无我，下意识给它下一个注解，空的。佛没有这样说，他只说无我而已，这个空的是你加的。如果真正能把凡夫境界有我的观念通通放弃了，所谓放下，放下放到无可放处，找到生命本来，勉强才可以叫那个是我们生命的真我，那就是佛境界。但是在本经上，佛不说出一个真我的名字，那么你就要看全部的佛经了。全部佛经，总归起来三藏十二部，实际上有些真的、有些假的。所谓假的并不是什么假的，是后来佛弟子们自己修持到了，所写的经典，假托也是佛说的，这很有可能。这些笼统的算进去，佛经大概有五千多部。

过去有些人念经，为了自己念，为了父母念，要念一藏经，一藏经就是五千卷。《大藏经》佛的这一部分是五千卷。后世弟子们作的论，乃至佛经的注解，未算在内，如果通通把它算在内，连后世的也都加进去，现在一共有一万三四千卷了，越来越多。

佛说法四十九年，这么多的经典中，他的几个要点是，世间一切无常，都靠不住，都要变去，都不属于我的。人世间一切皆苦，没有究竟的快乐，没有究竟的幸福。一切皆空，一切都无法把握，都要变去了，变去了都抓不住，抓不住的那个情况，那个境界定个名词叫作空，所以说无常、苦、空、无我，本来无我，这是所有佛说的都是这样。

佛在世的时候，许多佛的弟子们，依他所教示的方法修持，都证到了无我的境界，脱离了苦、空、无我的束缚。但是也因此之故，都落于偏空之果，这是我们后世佛学给它加上的，就是偏向于消极的空。

佛到了八十一岁，他老人家要请假走路了，请长假了，懒得再教了，快涅槃了，这个时候，他告诉我们相反的四个字，常、乐、我、净，与他平常所讲的完全相反。最后他又告诉我们，真做到了无我相、无人相、无众生相、无寿者相，修持到一切放下了，连空也空了，空到了最彻底，你找到生命的本源，这个生命的本源永恒不变。

但是这不是像人世间有个不变的东西一样，那样了解又错了，那是属于真常唯心论，属于外道的说法。佛说的这个常，是对无常而言，《金刚经》后面就给我们解释了。乐，不是苦的，得道的人离苦了；一般认为得了道的人，一天到晚都是快乐，那会把你乐死的。譬如我们头痛，当然很难过了，但是痛个六七天也痛不死，你说头不痛了，我的头好快乐啊！快乐得不得了，真这样快乐的话，这个人不到三天一定发了疯。苦乐是相对的现象，着了相就会发疯。所以什么是乐？无苦即是乐，清净之乐。清净没有境界，所以这个乐不是世间看的乐，是常乐。这个时候是真正的我了，不生不灭，这是不生不灭之我，并没有像我们现在世俗的观念，有个我相的存在，所以这个我是干干净净的。

所谓净土，没有一个净的境界，你说：我们的地下很干净呀！这不算净，你说虚空很干净，虚空才不干净呢！物理科学家都知道虚空里有很多东西。真正的虚空是看不见的，那个是无善亦无恶，无苦亦无乐，那是真正的乐，那个是佛境界。

本篇所讲化无所化，是这样一个道理，我们了解了这样一个道理，给它作一个结论偈语：

第二十五品偈颂

同为物化到娑婆，忧乐无端且放歌。
钟鼓歌时魔舞散，悠然一曲定风波。

"同为物化到娑婆"，我们一切众生都是物化，这个世界叫娑婆世界；老庄的观念，宇宙是一个大化学炉，我们是其中的化学物质而已。草木、蚂蚁、蝼虫，都是宇宙大锅炉里所化的一点点，所以叫作物化。中国固有的文化，人死了叫作物化了，就是物质变化了。这个身体生命死了而变化，骨头变成灰呀，肉变成水呀，质能互变，它的能量还是存在的，不过形象变化而已，所以叫作物化。一切众生都到这个娑婆世界来，都在物化，都在唱戏。

"忧乐无端且放歌"，可是大家忘记了自己是在唱戏，而且更不会自己欣赏，自导自演，结果唱啊唱啊，自己还真掉起眼泪来了。唱到高兴的时候，自己把肚子笑痛了，被自己骗了，骗了几十年。一切忧愁烦恼，一切的痛苦、快乐，都是莫名其妙的事。无端，没有理由，你看通了这个道理就要逍遥一点,爱跳舞就跳舞,爱唱歌就唱歌,就是解脱了人世间的一切。庙子上打钟打鼓敲引磬、念经,我们在这个十一楼念《金刚经》,清清净净,隔几条街有人家还在那里跳舞蹦擦蹦擦呢!他们同我们也差不多,各有各的境界。我们钟鼓打完了,他们的歌舞也打烊了,最后大家都回去进入那个黑洞洞的地方去。

"钟鼓歇时魔舞散",最后清净与不清净、善与恶都了不可得。

"悠然一曲定风波",你懂得一切了不可得,一切不着相就到家了。定风波本来是古代一首歌曲的名称,现在我们不讲这个歌曲的本身,借这个歌曲的名称来说明这个意义。一切风波稳定,钟鼓也不敲,魔舞也不跳,歌舞皆散。

第二十六品　法身非相分

　　须菩提。于意云何。可以三十二相观如来不。须菩提言。如是如是。以三十二相观如来。佛言。须菩提。若以三十二相观如来者。转轮圣王。即是如来。须菩提白佛言。世尊。如我解佛所说义。不应以三十二相观如来。尔时世尊。而说偈言。

　　若以色见我，以音声求我。
　　是人行邪道，不能见如来。

见佛与观佛

　　须菩提。于意云何。可以三十二相观如来不。须菩提言。如是如是。以三十二相观如来。

《金刚经》的重点中心来了，这里佛又提这一个问题，这个问题佛已经提出来好几次了。须菩提被佛这么一搞，又昏起头来了，我们如果把佛经当作佛的教育法研究，你看这一位大老师大教授，当时的教育法真够厉害，须菩提明明答对，佛又东教西教，须菩提失去自信，答案也错了。他本来答错的，佛东教西教，他的答案又变对了，此所谓佛的弟子都叫声闻众，跟着佛的声音受佛的教化。禅宗骂人的话，鼻子被人牵着走，骂人骂得很巧妙，禅宗祖师都有骂人的艺术，他并没有骂你笨，他只是骂你鼻子牵在人家手里，只有牛才被人牵着鼻子，其笨如牛的意思。

你看《金刚经》佛的教授法多有意思啊！前面佛也问过须菩提，如来可以实相见不？须菩提言："不也，世尊。"不是的啊，不可以拿形象来见啊。须菩提不是讲过吗？正讲到好的时候，佛又问须菩提："于意云何？可以三十二相观如来不？"能不能用三十二相来观佛啊？注意这个"观"字！"须菩提言。如是如是。以三十二相观如来。"是这样，是这样。佛本来成了佛，有三十二种相好，所以三十二相来看如来是对的呀！

佛言。须菩提。若以三十二相观如来者。转轮圣王。即是如来。

佛大概在鼻孔里"哼"了一下，佛经不好意思记录出来，你真是糊涂，假使用三十二相来看佛的话，这些转轮王，这些帝王们，就是佛了。你看须菩提，好可怜啊！被佛搞昏了头，马上转弯立刻就说，佛啊，我讲错了。

须菩提白佛言。世尊。如我解佛所说义。不应以三十二相观如来。

那我懂了，我刚才讲错了，如果照我理解你的意思，不应该以三十二相来看佛。你看，这个须菩提好惨，把这个《金刚经》，读通了很有意思，越看越有意思，而且这个文章的写法，越写越妙，所以我们把很好的文学，拿木鱼一敲，把自己敲昏了头。

声色与邪道

尔时世尊。而说偈言。

须菩提话刚说完，佛就岔进来说很重要的话：

> 若以色见我。以音声求我。是人行邪道。不能见如来。

这比那一颗广岛的原子弹还厉害，崩咚就炸下来，所以这个里头要加那个"尔时"，把握时机，晓得须菩提快要悟道了，就把他东搞一下西搞一下。等于拿个香板晃，这里晃一下，那里晃一下，把他晃头昏了，站住！就是这个！须菩提悟道了。不过他没有讲须菩提悟道了，讲出来就不叫《金刚经》了。

现在我们来研究这四句话，一般人学佛都以色见佛，就是"以色见我"。佛代表自己的我，也代表我们的我，两重意义。一般人学佛都想见到佛在前面，用观想法门的，拜佛的，都有人抱怨没有见到佛。佛不现前呀！如果真有的话，第一你神经已经有问题了，第二血压已经很高了，心脏也出问题，那是幻相，佛哪里可以以色相见呢？《心经》大家都会念。色即是空，空即是色，真有色相出现，那就是魔，不是佛了。佛在很多经典上都告诉你，不能着这个相，所以以色见佛是错了。

还有些人是"以音声求我"，打起坐来念咒子，五千块钱传你一个咒子。但据我统计起来，大概有一千四百多个咒子，如果一个咒子卖五千块钱的话，我相当有钱了。咒子念一念说，喔唷，得定了，然后有些人念久了以后说：哎哟，我另外听到一个声音了。劝你赶快去看医生吧！佛经告诉你，以音声求我，这个音声是耳根的幻化，属于意识境界，是下意识的幻化，是最糟糕的事，人体里头本来就有音声。

你要听人体的音声很简单，用手把你的耳朵蒙起来就听见了嘛！两边都蒙起来，心脏里头的血液咚咚地流行，再配合下意识作用，里头也听到念咒子嗡啊嗡啊，吽啊吽啊，啊啊啊啊，就念出来了嘛！这都是幻觉，一般人不懂，以为音声是有道，是另外一个音声在念佛，都着相了，不得了。所以佛说，有人到了声色这种境界，认为是学佛有进步得道了，佛说那"是人行邪道"，这个人走的邪路，着魔了，"不能见如来"，永远不能见真正的佛境界。何况一天到晚去研究灵魂啊，还说为了研究才去看鬼，念念咒子就跳起来了。好好一个人不去做，为什么要去发抖，人真是奇怪。佛现在明白地告诉你，声色两样都不是。

但是要注意啊！这是拿佛境界来讲，如拿"我"境界来讲，很多人都是以色见"我"，打坐坐得好的，忽然自己看到自己，坐在那里头歪歪的，都看得见。另外，好像"我"出来了，看到自己身体坐在这里，许多人就认为自己可以出阴神了，千万注意啊！若以色见我，这个身体本来已经是个假我，那个出来的是第二个假我，那个就是《楞严经》里所谓精神飞越。因为你打坐坐久了，身体上的血液循环，呼吸往来，生理作用并没有停止，也就是说这个动力没有停止。心念在静，生理上的活动没有停止，两个一摩擦产生幻相，就成为另外一个投影，是凡夫之人贪着有"我"的这个意识的投影。所以，另外一个自己看到自己睡，看到自己在打呼，蛮好玩的，自己睡的姿势不好，不过一动念就回去了，两个又变成一个。

如果认为这样是道的话，就是"以色见我"，错了。

还有些人念佛念咒子，念着念着，虚空中也有个声音在念，声音大得很，甚至于很多声音念。有人以为自己有功夫了，这个是道，这是以音声求我，佛说的，注意！你们"是人行邪道"，走入魔道了，现在社会上很流行，一般人受这个迷惑蛮厉害的。

平常我们不在研究佛法的时候，有人问到我，我也只好一笑，为什么不讲呢？我有一个观念，世界上的人都要吃饭，我为什么说话妨碍人家吃饭呢？所以你问我对不对，我说不知道就好了嘛！因为我也要吃饭，人家也要吃饭，人家正把饭拿上来吃，我说那是不对的，这多缺德啊！那岂但没有福德，还是缺德！所以不能讲。

现在讲到佛法的正念，要把重点告诉大家，这一篇问题多得很，我们先回过来看，从这一品的开始再来研究。

"须菩提，于意云何，可以三十二相观如来不？"我刚才首先向大家报告，这一篇重点在"观"字。"观"是什么？佛法的修法叫作止观，修止观，尤其修密宗，更需要修观想，修观修想。真能够观得起来，止得住，就可以得定了。要修佛法，先要能够观得起来，想得起来，止得住，定得住，入佛之门就快了。

大家学佛，几个人能够观得起来？几个人能够把念头止得住啊？大家打坐，不管你用哪一种法门，能够止吗？更不要说定，定更谈不上。此一心念能够止于一样东西上，或者止在空上，或者止在清净上，谁能做得到？没有人做得到！形式上好像在用功，根本都没有上路；要止而后能观，止观双运是正三昧，真正的定境界，所以叫作止观双运。佛告诉我们止观的方法，如果拿止观来讲，八万四千个方法都是止观。譬如念佛，心里念，嘴里也念，你能不能杂念不起，只有一句佛，一句南无阿弥陀佛？做到了，就是念佛法门的止。

止以后，并不是死亡，也并不是万事不知道，而是清净到了极点，智慧大开，所有佛法的道理都懂，也都知道，这叫作观，就是净土的一种。还有一种观，譬如佛经上叫我们观一个月亮、太阳，就是想，观想。大家都看过月亮太阳，我们用意识起一个形象，观在心窝里也好，胃这里也好，是观想的，假的啊！一个月亮、太阳，开着眼睛也好，闭着眼睛也好，前面假想一个月亮，设法把这个假想止住它。或者假想一个佛像停在这里不动，止得住，人就傻掉了一样，不是疯掉了，疯掉了就有问题了，是傻里傻气地那么想。等于人想钞票啊，男同学们想女朋友啊，或者女孩子们想男朋友啊，好久不来信了，想得傻了！也就是《西厢记》上讲的，茶里也是他，饭里也是他，就是那么想着，止住，这就是观。

密宗有很多的方法修止观，但是告诉你，那只是方法，不是真正的佛法。方法是方便，叫我们把非常混乱的思想，先拿一个东西把它钉住，这就叫止观的初步。如果说不用佛像好不好呢？当然可以！我们一念清净，前一个念头过去，后一个念头不起来，当念即空，你永远止在这儿，旁边一切境界都知道，一切声音都知道，一切动静都知道，但是，与我毫不相干，清清净净，这也是止观，并且是正止观。

做到做不到？做不到！当然，所谓凡夫者，即非凡夫，是名凡夫。那当然是做不到，当然叫凡夫嘛！做到了，凡夫那个"凡"字，中间一点可以拿掉，叫作"几夫"，就是"几乎"了，进入佛法就差不多了。佛进一步告诉我们，连最后观起来的观像都要舍掉，所以说不要以三十二相观如来。

他这个问题，不是须菩提被他搞迷糊了，《金刚经》的前面，佛问须菩提，"可以具足色身见不"是讲见，明心见性，见地的"见"。这里是讲做功夫的"观"字的观。所以读书、读经、做学问都要留意，不然，刚才我给大家也耍了一点花样，把你带领迷糊一下，过去这个问题讲过的呀，须菩提答得对呀，现在怎么又答错了？须菩提没有错，由于同样一个问题，上一次是问一个物理学家，下一次问一个化学家，回答当然不同，因为观点不同。如果碰到一个数学家就又不同了；所以佛法的问题，我们读经要非常小心，一字不能错，错了一字，你错的问题就太大太大了，可能就完全搞错了。

现在他问须菩提，能不能以三十二相观佛。这个佛有三十二相，眉毛中间鼓出来一点亮光放光，这是有成就的人。印度没有成就的凡夫怎么办？女孩子们从小在两眉之间挖个洞，拿个亮玻璃嵌进去，因为东方人认为，那里有颗明珠，是智慧的成就，是福报的成就，相法上那是不得了的。可是佛的特殊相，不但眉间有一点珠子样的亮光，同时还有根白毛，拉起来很长，收拢来刚刚贴在那里，是一种特殊的相好相貌；这一根白毛还会放光，所以佛经上说白毫宛转五须弥，这是讲阿弥陀佛。这些都是三十二相之一，相好庄严。

《金刚经》讲了半天叫大家不要着相，学观想的人，把这个佛像的庄严抓得牢牢的,他问须菩提照这个方法观,可不可以?须菩提说,当然啦!学佛观佛的修法,应该是这个样子去观如来。这话,须菩提答得没有错!佛也是那么教的呀!佛亲口教我们观阿弥陀佛,就是这样观的。

今天佛教经常念南无阿弥陀佛,我真替佛打抱不平,念阿弥陀佛之前,应该念南无本师释迦牟尼佛才是;因为释迦牟尼佛是介绍人嘛!阿弥陀佛是释迦牟尼佛介绍来的,现在你只念阿弥陀佛,自己的老师本师释迦牟尼佛都不管,岂不是白给你介绍了吗?这等于讲一句难听话,新娘一进房,媒人抛过墙。这怎么可以啊!这是不对的。西方极乐世界是有阿弥陀佛,是佛说出来的,教你这样修。因此,你想修成功,不拜本师释迦牟尼佛的话,我告诉你,那是修不成就的。要成就,人不可以忘本,更何况修佛法!

但是,佛为什么只介绍你修阿弥陀佛就行了?有个道理,十方三世同一体性,如果你理上明白了同一体性,你念南无阿弥陀佛,等于念南无本师释迦牟尼佛,等于南无观世音菩萨,此理通了,是可以的;不通此理就是迷信。我讲话要负责的,用佛法的立场来讲,这个话随便讲要下地狱的,而且下地狱还要下地狱的地下室!我是随时准备下去的,没有关系,有电梯快得很。现在这是讲观如来的观法,重点在这里,非常重要。

转轮圣王

"须菩提,若以三十二相观如来者,转轮圣王即是如来。"大家要注意,佛法里有个大问题,很多研究佛法的都忽略了,现在我特别借讲《金刚经》的机会讲出来,就是什么叫转轮圣王。

佛经里提出来,太平盛世,全世界唯一的太平帝王,就叫转轮圣王;转轮圣王分金轮圣王、银轮圣王、铜轮圣王、铁轮圣王四种。转轮圣王具有七宝庄严，如有有德、有贤的皇后，有很好的财政大臣，有很好的交通工具等。像周朝的周穆王，是最好的帝王，等于铁轮圣王。周朝历史描写周穆王曾到西方，见过瑶池金母，见过王母娘娘。为什么他能够跑到西方去见他们呢？因为他有最好的八匹神马，就是画马画的八骏图。所谓"八骏日行三万里，穆王何时不重来"，唐人的诗就是描写这个。转轮圣王时代，是人民个个幸福、富裕、安乐的太平盛世。这种明王在最盛的盛世才会出来，他的相貌与佛一样，有三十二相，跟佛的相貌一样好。所以释迦牟尼佛生下来的时候，他的父亲找来的看相师就讲，这位太子三十二相，不出家就是一代的转轮圣王；如果出家，就是万世的佛。

佛再三赞叹转轮圣王的福德是与佛一样的，你查查每本佛经就会发现。佛法是注重世间法的，世间法要怎么样修成转轮圣王呢？太平盛世又怎么样才到来呢？一切众生修一切善法，才产生一个太平盛世，才出一个转轮圣王。所以中国历史上孔子经常提尧舜禹三代，等于是转轮圣王的时代。佛在《华严经》及各种大经中说，什么人够资格投胎做转轮圣王呢？十地菩萨中再来，才能做转轮圣王。佛赞叹十王之功德是同佛一样的。

十王是哪十王呢？就是世界上的转轮圣王，欲界天的四天王，欲界天中间三十三天的天主帝释，就是我们讲的玉皇大帝，色界天的大梵天王等，佛经讲十大王的功德，都是与佛一样的，只差一点，就是没有悟道。但是他的福德、善行、智慧，同佛几乎是平等一样的。所以研究佛经大家不要搞错了，以我看这一节很多人都错了。佛经重点在教育，教育众生修一切善法，我们不要说没有转轮圣王那样的福德，我们转泥巴圣王都做不到啊！摸泥巴都没有资格，还谈什么转轮圣王！

说到转轮，什么叫转轮啊？把一个时代历史扭转过来，扭转到太平世界。能有这么大的道德和力量，所救的岂止千万人而已！所以说，要有与佛一样的功德，才能为转轮圣王。换句话说，有转轮圣王那样大的福报，才能够得智慧的成就大彻大悟。我们不要以为六祖不识字而能悟道，自己因此也不要研究佛经了。我说对不起！六祖只有一个，可惜你不是六祖，你是六祖半。六祖可以不读佛经而悟道，但是前无六祖，后无六祖，你只是六祖半，不要作此想了。

佛经告诉我们转轮圣王有三十二相，同佛的功德一样；换句话说，转轮圣王是大彻大悟的肉身佛，故意入世作转轮圣王。但是为什么不称他是佛呢？关于这个，我从前年轻的时候很狂妄，人家问我为什么不出家，我就用一首诗最后两句："此身不上如来座，收拾河山亦要人。"这个世界上那么脏，也要有人来扫地啊，清理清理，弄干净一点。所以转轮圣王本身，事实上已经到达佛的境界了。

十地菩萨与转轮圣王

我们上次讲到法身非相这一品还没有作结论，现在我们再反复地作一个研究。中国的佛教与佛法，到了唐代禅宗的兴起，提倡以《金刚经》为标准。《金刚经》同禅宗的关系，从这一品可以发现，是教授法的特别，这种教授是引导性的、启发性的，而且是正反几面一起来的。像第二十六品讲到见佛的问题，佛问以三十二相见如来对不对？须菩提答复说应该以三十二相观如来，佛却把他批驳了。佛说假使以三十二相来看佛，以有形象的佛来看佛的话，那么转轮圣王的色相和威德与佛一样的相好庄严，也可以算是佛了。这是一个问题。于是须菩提就讲，照这样一说，我理解了，懂得了不应该以三十二相看如来，不应该以色相来看佛。

色相看佛的事情，我们上次也讨论过，学佛做功夫，几乎所有的人都会着色相的。譬如我们用功的人说，你今天气色好，你精神很饱满，返老还童了，这些都是着色相的观念。因为色相不实在，色相不久长，是暂时的，只是法身本体的暂时起用，不是真实的。色相不是果，不是种性，所以用这个道理而加以说明，并且用偈子做结论，特别告诫我们："若以色见我，以音声求我，是人行邪道，不能见如来。"这个道理我们上次提到过，包括的意义很多了，凡是我们学佛的人，都要深深地思考一下。

第二个问题，这一品里提到转轮圣王的问题，我们上次也提到过。一般研究佛法，往往把佛法完全解释成出世的思想；其实在佛经上再三提到转轮圣王的功德。佛在《华严经》上也提到，只有十地的菩萨，才能转身为转轮圣王，才能使天下太平。转轮圣王是旷代一人，历史上经过上千年，或者几百年才会出现；等于孟子说五百年必有王者兴。人类社会的太平是很不容易的，必须要转轮圣王莫大的功德，才能够造成一个时代的太平；所以，佛再三赞叹转轮圣王的威德。一个人要想成佛不容易，成就转轮圣王也不容易，要许多的善行，许多的功德修成。世间法与佛的功德之间，只差了一点，就是般若智慧。转轮圣王之所以不是佛，是因为没有明心见性；转轮圣王如果明心见性了，也可以成在家佛。

《华严经》里所标榜的，好几位帝王都是佛，本身已经悟道了。我们上次也提起过，佛经上所说十王之功德。十王的意义包括很多，佛说地狱有十王，虽然都是鬼王，但是我们还不容易当到鬼王呢！鬼王有他的功德，就是说在恶道中现身而教化众生，也就是功德成就的菩萨境界。天人境界里，欲界天四天王，也是功德成就才能升为天王，换句话说，在人中做一个领导，使天下太平的，都是同佛一样的困难。其中的不同就是见地方面，也就是见道的问题。

这一品所讲的是色、声都不能见道，也就是整个《金刚经》上所讲的不能着相。学佛法着相了，就不能见得法身。人相、我相、众生相、寿者相是四大原则，任何的着相，都不能见得法身，所以说以色见我，以音声求我，都错了。

他为什么不说以色见如来，以音声见如来呢？是故意把这个"如来"用作"我"吗？这个绝不是翻译的手法。所谓明心见性，最后就是宇宙同体，万物同源的这个"我"的问题，是找到生命本来的"我"的问题。这一个离开声色一切都不着，一切不住，就是大乘的心印，"无住、无相、无愿"。《金刚经》大部分所说的就是这三个要点。到达了这个境界，离开了这个声色，才能见道，真见到佛，也真见到"我"。

但是这个见又是什么见呢？是见"根本智"，就是实相般若法身之体，是见到根本智法身之体。当一切都无着，一切都不住，就是见法身之体根本智。但没有大彻大悟，还没有见"后得智"。拿禅宗来讲，所谓破三关，到这个境界可以说是破掉了初关；这也就是后世讲见山不是山，见水不是水。当然见人不是人，见鬼不是鬼，什么都不是，一切都不是，一切都不着。

我们用世间的现象来给它一个偈语的结论：

第二十六品偈颂

粉墨登场笙管浓，谁知槛外雪花重。
推窗窥见清凉界，明月芦花不定踪。

"粉墨登场笙管浓"，人活在这个世间，乃至一切万有活在这个世间，都是在唱戏。宇宙本来是个大舞台，我们不过是大舞台里跑龙套、摇旗呐喊的一批人。大家打扮一下粉墨上场，音乐也很热闹。但是这个戏台也分内外两层，前台很热闹，一回到后台，把脸一洗衣服一脱，我还是我。除了前后台，还有个外台。

"谁知槛外雪花重"，这是我当时在峨眉山实在的境界，如果我们自己了解了，就知道一切都在演戏。像峨眉山那个地方，到了冬天是白茫茫一片雪的世界，那个也是在演戏。当我们觉得戏的人生没有意思，去修道打坐，一切皆空，清清净净的那个境界，认为比人生高明得多，认为已经悟道了，你不要忘记，你那个还是在演戏。你那个时候在演什么戏？说一句笑话，你是在演和尚戏，出家的戏。心境已经出家了嘛！一切皆空，现在只有这个最好！这个还是戏。不过这个戏不同，窗槛外一片清凉，雪花万朵的一个戏。你不要被这个色相迷住了，假使被这个清净色相迷住了，永远不能成道。

所以明代禅宗憨山大师就讲："荆棘丛中下脚易，月明帘下转身难。"一个人学佛处处都是障碍，等于满地荆棘，都是刺人的。普通人的看法，荆棘丛中下脚非常困难，但是一个决心修道的人，并不觉得太困难，充其量满身被刺破而已！最难的是什么呢？月明帘下转身难。到了完全忘我、忘身，证得了空的一面，清清净净的时候，叫你不要入定，不要入清净的境界，而要行人所不能行，忍人所不能忍，进入这个苦海茫茫中来救世救人，那可是最难的，做不到的。所以小乘的大阿罗汉果证得了，清净境界证得了，净土的境界到达了，在大乘戒律上是犯戒的，那是耽着禅定，功德不能圆满。憨山大师这两句话就是警告，到那个时候再想回转来就很难了，也许一堕落就是八万四千大劫。因为在这个清净境界进入罗汉大定，要很长的劫数里都不肯出定。

"推窗窥见清凉界"，不肯出定不是究竟，菩提后得智根本还没有影子，还没有看见，自己只见到清净法身一面，没有见到法身起用的一面。如果我们在清净的境界里再转一下，打开窗子看看这个天地，"明月芦花不定踪"，世界上没有哪一处不清凉，到处都是净土，地狱里头都是净土。真了解了法身，此身真到达了彻底的无住、无相、无愿、空的境界，无往而不利，在烦恼中即是菩提。假使贪着了清净的一面，菩提也即成烦恼，就是那么简单的一件事。

悬崖撒手

上一次二十六品批驳不能着相观的道理，我们提到为什么后世禅宗采用《金刚经》作为禅宗的蓝本，就因为它教育方法的缘故。你看佛的教育方法，反正你这样说不对，那样说不对，正说不对，反说也不对，你说不对的更不对，你说对的还是不对，最后怎么样对？你的才是对，不是佛的才是对，所以全部的《金刚经》，是教我们所谓祖师们四个字，"自悟自肯"。要真正悟到般若的体相，自己肯定；所谓禅宗祖师的话，"悬崖撒手，自肯承当"，这是说参禅的。

现在一般学禅学的特别要小心啊！禅宗为什么特别叫作"禅"字，它同禅定两个配起来，不可以分离，没有禅定做基础不谈禅宗。要戒定慧到达了最高处，等于普通人在万丈悬崖顶上站着，撒手跳下去，这个跳下去你还有命吗？悬崖撒手，你要自肯承当跳下来，最高明处到达了最平凡处。

要怎么样到达这个境界呢？不是理解到了就行，"绝后再苏"，要大死一番，当然不是吃安眠药的大死，是要你下一番功夫，大死一番再醒过来。所谓大彻大悟"欺君不得"，这个东西不是嘴巴上讲理论，不能骗人的。假使说骗人骗自己说悟了，今天悟了明天靠不住的，那不是解脱的究竟；所以必须要切实下一番功夫。《金刚经》的教育手法，就是这个路线，佛对于须菩提的教育，四面八方围过来打，你讲这样也不对，讲那样也不对，把他围得头都昏了，就是要他绝后再苏，欺君不得。

成佛见道不能依赖他力，只有自己站起来，要你自己真是绝后再苏，然后才成佛。当然其中先要经过悬崖撒手，悬崖撒手是什么都丢光，不但人世间的一切都丢掉，连佛法也丢掉。一个人在高空撒手跳下来，什么都没有，一切都丢得干干净净，然后才能见到法身。

第二十七品　无断无灭分

　　须菩提。汝若作是念。如来不以具足相故。得阿耨多罗三藐三菩提。须菩提。莫作是念。如来不以具足相故。得阿耨多罗三藐三菩提。须菩提。汝若作是念。发阿耨多罗三藐三菩提心者。说诸法断灭。莫作是念。何以故。发阿耨多罗三藐三菩提心者。于法不说断灭相。

三界六道之外

　　须菩提。汝若作是念。如来不以具足相故。得阿耨多罗三藐三菩提。须菩提。莫作是念。如来不以具足相故。得阿耨多罗三藐三菩提。

佛叫须菩提,"汝若作是念",你假使有一个观念,认为"如来不以具足相故,得阿耨多罗三藐三菩提",认为不着相就可以见佛,就可以大彻大悟的话,他说须菩提啊,你千万不要这样想,不要认为没有功德成就也能够悟道成佛,你有这种观念就错了。

前面我们明明听须菩提讲的嘛!不要以三十二相见如来。佛则说若以色见我,以音声求我,是人行邪道,不能见如来。可是佛现在又说,须菩提你不要搞错了啊,假如你认为不具足一切功德圆满就能大彻大悟的话,须菩提你注意啊!"莫作是念",你千万不要那么想啊!千万不能认为不要具足功德就可以大彻大悟。

　　须菩提。汝若作是念。发阿耨多罗三藐三菩提心者。说诸法断灭。莫作是念。

你如果以为人只要悟了道以后,什么都好了,什么都空了,这个观念是很严重的错误啊!这是佛明白交代给须菩提的。

关于这一点,我个人倒也碰到过很多。几十年前在大陆云南,找一位很有名的禅宗大师,也是一位八指头陀。后来我到昆明碰面了,我说:法师,我听说你悟道以后有一个观念,认为证得涅槃以后,生死已了不再来了,有没有这样说法?他承认了,我就请教他《楞伽经》中的话"无有涅槃佛。无有佛涅槃",你不来到哪里去啊?跳出三界外,跳到哪里去呀?佛没有说有个第四界呀?不在五行中,那你在哪一行中啊?了了生死就不来,这不是佛法吧!后来为这个问题我们辩论了很久。

很多人学佛都有这个观念,都认为学了佛,悟了道,两条腿一盘,了了生死,再也不到这个世界上来受苦了。这个观念是绝对错误的,是修道学佛上最大的错误观念。

常常有人告诉我,殡仪馆有很多稀奇古怪的事情,可以证明佛法的事也很多。今天一位同学说,殡仪馆的人告诉他,有个十几岁的女孩子,父母逼她赶快结婚,逼急了,她两腿一盘,就涅槃了,就走了。死了以后送殡仪馆,没有办法装棺材,因为两条腿盘着,骨头也硬了放不开,没办法,只好给她特别设计一个方柜子,把她放在里头。我说:此乃再来人也!就是所谓修行并不一定证到罗汉果,有所成就的,七还人间、五还、三还、一还人间等等的现象。又有一位同学告诉我,有一个四十多岁出家的太太,八九十岁死了,结果烧化后头顶骨不坏,舍利子都在那里。这些都是比较实际的资料。

断灭见

回头再说有人认为悟了道以后就不来,好像有个地方可以躲似的，这是个错误的观念。这个错误的观念，在佛法上就叫作见地上的错。一个人学佛，不管在家出家能够证果的，最重要的是断见思二惑。见惑、思惑，在前面第九品已经谈到过，见地不清楚有了偏差，就落于偏见。五种错误的见解就是身见、边见、邪见、见取见、戒禁取见；这五见障碍了修道，也就是不能悟道的原因。思惑就是烦恼惑，内心的贪嗔痴慢疑。

现在人类的唯物哲学就是落于断见，认为人死如灯灭，没有三世因果，六道轮回，因为还拿不出来证据；认为人死了就是完了，这是属于断灭见，也是邪见的一种。所以佛就告诉须菩提，你千万不要落在一个错误的观念，一个断灭见的思想见解。

前面刚刚说不能着相来看佛，现在又告诉他，也不能落在不着相看佛；着相是错，不着相也是错。假使落在不着相看佛，一切本空，又何必做善事，佛也空，善也空嘛！一切皆空，我杀人也没有关系呀！杀也空嘛！偷骗抢做坏事都空，这样的见解，就叫作拨无因果，落于空见。空见的错误，这一点大家要特别留意。

拨无因果就是把因果这个道理拨开了，不承认有因果的存在，这是现在人类思想潮流最可怕的一面，也就是佛说的断灭见的思想。佛就怕须菩提搞错见解，上面先告诉他不能着相见如来，但是又怕须菩提落在不着相；不着相的结果就变成断灭见，拨无因果了。所以他就再三告诫，"莫作是念"，你不要搞错了。

不说断灭相

何以故。发阿耨多罗三藐三菩提心者。于法不说断灭相。

所以一个真正学佛的人，想求得大彻大悟，首先要注意不能落入断灭相。断灭相是什么呢？断灭相落空，认为佛法的究竟是空的，见到个空果，就是断灭。现在《金刚经》快讲完了，《金刚经》中有没有告诉你一个空字啊？我们后世的注解，说《金刚经》是讲空的，那是你的注解，佛可没有这样说！佛只说过去心不可得，现在心不可得，未来心不可得；以色见我，以音声求我，是人行邪道，不能见如来。那是教育方法，处处把你的错误挡住，他并没有告诉你是什么，只告诉你不是什么。《心经》也只是告诉你照见五蕴皆空，最后告诉你真实不虚，并没有讲空啊！是照见五蕴皆空，它并没有说般若波罗密多都是空的啊！这些就是我们研究佛学、佛经、佛法，必须要特别注意的地方，不然很容易落在邪见的错误上。

空，同断灭见是一模一样的，有许多人学佛，自认什么都看得空了，其实那不叫作空，从心理学来讲，是你灰心了，或者年纪大了，或者环境不得已，或者倒霉透顶，所以说自己看得空得很了！还有个灰心在，就不是空，那个灰心非常厉害。还有许多搞哲学的学佛，经常喜欢吹这个牛，看空了，看通了等等。他只要开口讲这个话，就证明他一点也没有看通，因为他真通的话，连说这个通、这个空都不会了。空的啊！空的啊！他在感叹嘛！对不对？他既然感叹就心有戚戚焉，这正有个东西，一点也没有空。换句话说，这不过是不吃西瓜，却吃了一个大冬瓜，还是一个瓜嘛！傻瓜嘛！

所以再三提醒诸位注意，"空"是方便的说法，是个形容词，如果把空当作真正空得一无所有，那不是空见，那就叫作断灭见。所以佛吩咐，"发阿耨多罗三藐三菩提心者，于法不说断灭相"，这是一句非常严重的话，绝对不是断灭，更没有说空。这一节的题目——无断无灭，梁昭明太子标得非常好，不断不灭，不是断灭相。现在科学晓得物质是能量互变，它并没有灭过，要认识清楚。这一品偈语如下：

第二十七品偈颂

翻云覆雨雨成云，点滴如丝乱不分。

冻作冰河冰化水，漫从光影捉斜曛。

　　"翻云覆雨雨成云"，看到宇宙的变化，今天下雨明天晴，雨变成云，云又变成雨。反正啊，是点水气，是这个水蒸气的分子在变化。

　　"点滴如丝乱不分"，等到蒸气冷热接触，变成雨点下来以后，每一颗雨点本身自成一个范围，自成一个系统。等于我们一切众生同一个本性，可是构成我们个人的自体以后，我的我与你的你，绝对不一样，可是根根是一个。就像蒸气在空中碰到冷气层，变云变雨，每一雨点各有范围一样。但是所有的雨点，都是水蒸气变的。

　　"冻作冰河冰化水"，冰化了就变成水，水冻了就变成冰，这些是现象界万般的变化，各种的变化。变化归变化，本体不变。因为本体无相，亦无着。讲本体是空吗？也错了，讲它是常住，也错了，讲它是断灭，也错了，这一些都不是。

　　"漫从光影捉斜曛"，那么本体的法身功能在哪里见呢？在一切作用一切现象上见，一切的现象都是它的现象，一切的作用就是它的作用。所以，体在相、用中见，一般相用都不着，才能体会了这个体。这是《金刚经》差不多最后的教育方法，佛都告诉我们了。

第二十八品　不受不贪分

>　　须菩提。若菩萨以满恒河沙等世界七宝。持用布施。若复有人。知一切法无我。得成于忍。此菩萨。胜前菩萨所得功德。何以故。须菩提。以诸菩萨不受福德故。须菩提白佛言。世尊。云何菩萨不受福德。须菩提。菩萨所作福德。不应贪着。是故说不受福德。

爱布施的菩萨

>　　须菩提。若菩萨以满恒河沙等世界七宝。持用布施。若复有人。知一切法无我。得成于忍。此菩萨。胜前菩萨所得功德。

《金刚经》另外有一个特点,除了教授法特殊以外,还有个特点,就是佛善于推销;就像西门町百货公司的推销员一样,自己在那边吹喇叭就卖起来。当年在上海、杭州、山东青岛,经常看到卖梨膏糖的,手里拉个洋琴,一边唱:小孩子吃了我的糖啊,读书考得好呀,老年人吃了我的糖呀,永远长生不老呀,女人吃了我的糖,又是青春又美丽呀……我们看了《金刚经》啊,就觉得佛在卖梨膏糖,他说不了几句,就是这个功德怎么样,那个功德又怎么样;等到你相信了它的功德,他又把功德推翻了,这是佛的教授法。

但是我们要留意,这本经一讲到重要的地方,他就吩咐须菩提说,这个经功德怎么大。前面几次就是讲本经的功德,受持读诵,功德都非常大。到了这一段,他又告诉须菩提,大乘菩萨们的布施,不是前面两次所说的一般人们的七宝布施。我们在座的人,与世界上所有的人都是菩萨,是因地上的菩萨,等于宪法规定年满十八岁的国民,都具备当选任何公务的资格一样。一切众生,只要具备灵性的,都是因地上的菩萨,成就了的菩萨,叫果地上的菩萨。

所以大家可以大胆地承认,自己就是菩萨。以菩萨戒来说,自杀是不准许的,连自己故意破坏自己的身体,也是犯菩萨戒的,等于出佛身上血。因为这个身体是菩萨身,不能随便破坏。由此我们了解,曾子在《孝经》上说:"身体发肤,受之父母,不敢毁伤。"是同样的道理。孔子也告诫,"君子不立于危墙之下",明知道是危险的墙边,偏要拿身体去靠,这就是不孝。拿佛法来讲,也是犯菩萨戒,因为你这个肉身不属于你的,悟道以后,这个肉身就是肉身菩萨;换句话说,就是菩萨的肉身;菩萨就是得道的人。有道德的人。

现在说到菩萨要来布施,怎么菩萨还要来布施呢?其实连佛都还要布施,这一点我们特别要注意。在佛的戒律上看到许多地方,佛带领一般弟子修行,学生中有眼睛看不见的,佛帮忙他做事情,那些弟子说,你老人家怎么还来帮忙呢?他说我也是要培养功德,他说一个人做功德是无穷无尽的。换句话说,做好事是不分尊卑地位的,也没有够的时候。不要以为自己至高无上,崇高伟大,好像功德圆满了,那就算成了佛,也已经不值钱了;这种佛我们可以把他拉下来。所以佛的伟大也就在此,他永远不断地以身作则,不断地善行培养功德。一切菩萨修持善果,修持功德,永远都是无穷尽的。

譬如当年我所参学的那些前辈大师们,尤其在西康西藏,看到的好几位活佛,他们有很多弟子,自己却很辛苦出来化缘,供养弟子们。这些弟子们在那里很舒服,在那里闭关的闭关,修行的修行。有时候一个地方经常维持四十个修行的学生。

我们看禅宗的语录,牛头融禅师没有悟道以前,在牛头山入定;

入定的时候，天人送食，吃饭也不需要自己做，到时间自然有天女来送食。又有百鸟衔花供养，当时还没有悟道，只是入定而已。后来悟道以后，自己就不入定了，其实他都在定中。所以不在山上打坐，下来办教育，带领了很多人修持，通常有五百人跟他学。而他每天要走几十里路来回，背米，挑米，古代交通不便，米挑来给学生们吃，给徒弟们吃。

所以看了这样的精神，我们晓得真正的学佛，要在行为上注意。一般学佛的人观念错误，认为学佛可以偷懒，可以躲避，以为在学佛，万事不管。这完全是错误的态度，不但不够小乘，就是基本做人的行为都算错误的。这是因为我们看到《金刚经》上提出来，菩萨以满恒河沙等七宝持用布施，而谈到大乘菩萨们的发心。

一切法无我

菩萨们用充满恒河沙那么多珍宝财富布施，这个功德当然很大，而他自己本来已经是菩萨了，还要去做功德。假使有一个人所做的比这个菩萨所做的功德还要大，那是什么呢？"若复有人，知一切法无我，得成于忍，此菩萨胜前菩萨所得功德。"一个真正果位的菩萨，知道做到，一切法本身无我，这是由《般若经》讲唯识"一切法无自性"而来的，这一点需特别注意。尤其一般青年同学们研究法相，听过唯识的，特别注意。

后代讲唯识学常有一个很大的错误，就是把唯识学的一切法无自性的"性"字，同禅宗明心见性的"性"，当作是一回事，把观念拉在一起。这可以说是毁谤，也可以说是愚蠢无知。这些人由于对见"性"一字的误解，因而大骂华严宗、天台宗、禅宗等性宗的理论，认为明心见性可以成佛属于外道，算是真常唯心论，认为是有个东西；佛法本来讲空，怎么有个东西呢？

我们先要知道，佛经常有心与性两个字，是要特别小心注意的。譬如《金刚经》说过去心不可得，现在心不可得，未来心不可得，这个"心"字是借用的，是讲我们意识思想活动的第六意识的这个心，也是心理作用这个心。

有时候讲的心纯属一个代号，代表了本体，实相般若那个境界。形而上那个体，有时用心来做代号，有时用性做代号。这是因为过去我们翻译的工具上，遭遇用字困难的问题，必须要了解。而唯识所讲的一切法无自性，是指一切世间出世间事物及一切的理，它单独的本身，没有永远存在的性能，也没有单独存在永远不变的一个性质。

譬如我们刚才讲天气很闷热，过一会下雨了。但是每一滴雨无自性，雨下来，碰到土地就流失了。千千万万点雨下到大海，下到大地，凝结起来又返本还原，所以它无单独存在的自性。那么你说，雨没有单独存在的自性，最后归到一个水性对不对？也错了。因为地、水、火、风也是一切法无自性，非空非有，不断不常；所以佛法的最高处就在这个地方。我们一般研究佛学的教义教理，都容易走上或错解取义、或断章取义的歧路。这一点要特别小心注意。

我们现在提出来，唯识宗所讲一切法无自性，也就是般若宗《金刚经》这里所讲，"一切法无我"的道理，这两个是同一道理，只是不同表达的方法而已。所谓一切法，包括了世间的一切，及出世间的一切。甚至证得罗汉境界、菩萨境界，乃至于成了佛，证得无为涅槃之果，也都属于一切之内。一切包含了一切。知道了一切法本身无我，并没有告诉你无我以后是空，只有告诉你无我。至于无我以外有没有真我？那是你的事了。

我们研究《金刚经》从开始到这里，它只有遮法，是教育的方法，就是把你的方法挡起来，否定了你，但是他没有告诉你一个肯定的，没有说什么才是对。他没有承认你，或肯定你哪一个才是对，要怎么样来肯定。一切法无我，到了这个境界，悬崖撒手自肯承当，要你自悟、自证、自肯。

关于自肯自证的问题，我们要谈到玄奘法师到印度留学的事。印度当时还是联邦政府，几十个国家，外加多种的外道，为了争辩一个佛法哲学的问题，吵得不可开交，大家立了契约，失败的一方就不能存在了。法师们已经没法辩论时，刚好碰到玄奘法师去了，听说这个中国和尚学生智慧很高，就请他做评判。玄奘那时还很年轻，就上高台主持，最后的问题是，既然证到了佛法，最后到达无我相，有一个相也不对，有一个知也不对，那么如何叫作证得呢？怎么可以证明已经得道了呢？玄奘法师就讲了一句名言："如人饮水，冷暖自知。"这个事情就此做了结论，也保持住了印度当时的佛教。

所以这个自证的部分，等于人喝水一样，是凉是热，只有你自己知道；告诉你，你也不知道。这个问题回答得很妙，不过如果现在再做科学论辩的话，这个问题还有问题，这里暂时不多作讨论。所以一个人知道一切法无我后，遮住了以后，既没有说无我就是空，也没有说无我以后有个真我，我们不要随便给它加上。像这种地方，般若智慧的成就是要自己参的。

定与忍

知道了一切法无我，"得成于忍"，这句话更严重，怎么样叫忍？这个忍在佛法修持里是一个大境界。我们晓得所谓讲得定，是以小乘的范围来讲；修大小乘之果，都是以定来作基础，学佛没有进入定的境界，是没有基础的。不管在家出家，道理是一样的，没有基础就只是一个普通学的人而已，但是定本身并不一定就是佛法。至于大乘的佛法，则必须"得成于忍"。得忍与得定不同，所以说菩萨要得无生法忍，才进入大乘的境界。无生法忍不能当作定来解释，如果把无生法忍当成是定，那干脆说无生法定该多好呢！所以这个忍字，要再加研究才是。

再看《金刚经》的本身，六度成就中讲过布施成就，但持戒成就不提，实际上布施的成就之中就有持戒的精神。全部经典都讲般若成就，但是却不提禅定成就，你真正得了般若的成就，自然就是禅定。六度中间，布施、忍辱、般若，这三个成就到了，所谓持戒、精进、禅定自然都到了。关于这一点，我们研究《金刚经》要反复去读去深思，去参究，慢慢的你就可以真懂了。

讲到得成于忍，前面佛自己说，过去修忍辱波罗密的时候，被歌利王割截身体，没有动过怨恨的心，只有慈悲的念，因此他没有觉得痛苦。这是什么境界？大家要研究啊！这是定，这是无生法忍，这也是般若，也就是悟的境界。大家现在学禅，或者读了些书，看了一首诗，不然听到青蛙叫，狗儿跳，嗯，我悟了，我们也拿一把刀，也学歌利王割你一刀试试看，看你得成于忍还是得成于恨？你悟了嘛！悟了应该有这个境界啊！所以说，此事不要随便谈，禅学可以随便讲，真正的佛法是要求证的，《金刚经》的榜样都摆在这里。

真正知道了一切法无我的时候，达到了无我的境界，自然达到了无生法忍的境界。当然，到达了无生法忍，还只是大乘菩萨初步！只是这个菩萨超过前面所譬喻的菩萨。也就是说，拿无量无数的七宝来布施，有相物质的布施，功德不如无相布施功德的万分之一。

《金刚经》讲到二十八品，差不多点题了，非常重要。勉强把无生法忍的境界研究研究看，先不谈求证，先在理论上找找看。佛没有告诉我们这是一个什么境界，其实佛说过了，只是大家看过去忘记了。佛开头就说善护念，应无所住而生其心，一切无着无相。由于善护，无着，无相，就可以知道一切法无我，得成于忍。《金刚经》开头佛就已经跟我们讲了，他在传法呀！他不是在讲经啊！后世所谓讲经与说法是不同的。

像这里佛说的，教你怎么样修，你有问题问他，他答复你，那是说法。像我们现在讲经，是根据佛菩萨们所说的加以讨论，这个是讲经，所以讲经是讲经，说法是说法。过去在大陆大丛林、庙子里，有说法堂，有讲经堂，各处不同的。说法堂里大和尚上堂，不带书本，一个字都不用，就凭自己所证悟的、功夫的、智慧的经验，随便讨论，这个叫说法。

《金刚经》开始就告诉我们修持的方法，是善护念，无住，由此而得成于忍，无生法忍。说到这里我们再举一个禅宗公案来说明。

张拙的故事

唐末五代的时候，禅宗鼎盛，有一位在家人叫张拙，去见一个禅师问道，禅师问他叫什么名字，他说我叫张拙，这个禅师说，找个巧都找不到，哪里来个拙呀！他就悟道了！就那么快，言下顿悟，这一句话就悟道了。我们现在找找看他悟个什么？他悟得一切法无我了嘛！得成于忍，对不对？拿教理说暂时懂了吧？所以他就作了一首偈子：

> 光明寂照遍河沙，凡圣含灵共一家。
> 一念不生全体现，六根才动被云遮。
> 断除烦恼重增病，趣向真如亦是邪。
> 随顺世缘无罣碍，涅槃生死等空花。

"光明寂照遍河沙"这是讲体，一切众生同一本性，这个自性之体是光明清净，无相。寂照不是真常唯心，那是形容词。遍河沙，无所不在。"凡圣含灵共一家"，一切众生与佛无差别，心、佛、众生三无差别。"一念不生全体现"，注意啊！一念不生是无生法忍初步的境界，怎么说是初步的境界呢？真正无生法忍，万念皆生还是无生法忍，那是菩萨成果，初步的境界是一念不生。还有我们学佛修持的人不要搞错了，以为一念不生了，以为念头、思想都不动了，那不是一念不生，那是昏沉。什么是一念不生呢？善护念，无住，一切无住，过去心不可得，现在心不可得，未来心不可得，不可得亦不可得，就是一念不生，生而不生。所以"六根才动被云遮"，这都是初步的无生法忍，到了最后六根全动也没有被遮住，所以刚才讲，佛说的无相无住。

但是这中间也分两层，就是根本智与后得智的不同，不能以声色来悟道，去掉声色以外，一念不生全体现，六根才动被云遮，这还是只得根本智的这一面，没有得到后得智。

"断除烦恼重增病"，为什么不必断除烦恼，断除妄念呢？你打起坐来，一天到晚断除烦恼，把烦恼空了，妄念空了，那个就是妄念啊！那个就是烦恼啊！所以你不能得定，反而成心理的病相，所以说断除烦恼只是再重增一层病。

"趣向真如亦是邪"，你心里只想抓个道的境界，就也是邪见！一切法无自性，所以你不能抓一个真如道的境界，有个道的境界，就正是妄念的境界，就是烦恼，那就不是一切法无我的道理。因此这位居士后来并没有出家，在家菩萨后来就成道。下面两句话你看他大彻大悟的话，也无所谓在家出家。

"随顺世缘无罣碍"，活到这个世间，随顺世缘，就是所谓禅宗祖师讲，真正悟了道的人，是怎么样修行呢？两句话，"随缘消旧业，更不造新殃。"就是还债而已，随缘消旧业，不再去造新的坏业力。当然新的善业还不断在做啦！随缘消旧业，不再造新殃。这个就是随顺世缘无罣碍的道理。最后他的气派更大，所谓了解《金刚经》的全部。

"涅槃生死等空花"，不但生死等于空花，学佛证到涅槃，涅槃也没有什么了不起，涅槃也是空花梦幻，空中的花果，不实在的，所以涅槃生死等空花。我们拿这个张拙的公案，来说明《金刚经》所讲，"知一切法无我，得成于忍"的道理。

有求就有住吗

"何以故。须菩提。以诸菩萨不受福德故。须菩提白佛言。世尊。云何菩萨不受福德。须菩提。菩萨所作福德。不应贪着。是故说不受福德。"

"以诸菩萨不受福德故",这句话又点题了,因为真正行大乘菩萨道的人们,他做善事不想求福德的果报。所谓做一切善事,义所当为,应该做的啊!假使我们行善救世救人,认为我在培福报,又错了,那是凡夫的境界,不是菩萨的心性。所以一切菩萨不受福德,他不求果报。须菩提听到这里又怀疑了,他说,为什么说菩萨不受福德呢?刚才我们说过嗯!菩萨并不以求福德之心去行善,是做应该做的事,本分的事,做了就做了,不住、不着,这个还有什么问题啊!难道须菩提比我们还要笨,还要问一下,为什么菩萨不受福德吗?

你说须菩提问这个话对不对?当然对,问得很高明。对,菩萨做善事,并不是为了求福德,但是既然无住无着,求求又何妨啊?换句话说,求也是不住啊!菩萨难道没有这个气派吗?他问的是这个道理。你不要小看这个问题,须菩提问得非常严重啊!既然是菩萨,此心无住,行一切善,此心无所求,这是无住。有所求就有住吗?那这个菩萨还没有彻悟吧?还没有对吧!他问的是这个道理。所以佛也几乎被他问倒了,又赶快说:

"须菩提,菩萨所作福德,不应贪着,是故说不受福德。"诸佛菩萨都在行功德,当然不应该贪着,因此说,虽然有福德,自己并不贪着,有好处,自己并不领受,而回向给世界一切众生,愿这个世界一切众生受这个好处,自己不想要。所谓大布施,所谓布施法门,布施波罗密多,就是这个道理。

所以有一个结论，真正证道悟得般若的人，没有自私的，不会走小乘的路子，是布施第一。布施是法布施、财布施、无畏布施，一切的布施，菩萨道都在其中了。这一品我们结论的偈子：

第二十八品偈颂

默然无语是真闻，情到无心意已薰。

撒手大千无一物，莫凭世味论功勋。

"默然无语是真闻"，这是讲真正学佛智慧与功德，真正的佛法，一切无我无自性。那么佛说的法也是方便，真正的佛法也说不出来。所以，佛曾经有一次在摩揭陀国，对学生不讲话了，在摩揭陀国闭关三个月，不说话。这表示佛法没得可说的，要你自己去证，所以默然无语，说无可说，这是真闻。

"情到无心意已薰"，真修行到了无心之地，一切行，一切处，都是无心。一切情意识都自清净了。什么是无心呢？就是过去心不可得，现在心不可得，未来心不可得，到无心之处，这个第六意识完全转了，才呈现智慧的境界；所谓转成妙观察智，般若的境界。

"撒手大千无一物"，怎么样修持才能够达到这个无心之处呢？悬崖撒手还不够，三千大千世界的一切，都可以拿来布施，一切都可以放下，真正的放下；就是六祖说本来无一物。所以，学佛法就是两条路，要求福德的成就，诸恶莫作，众善奉行，是提得起；要想智慧的成就就是放得下。

提得起，放得下，才有资格学佛；提得起，放得下，自然就可以成佛。说般若境界，一切万缘放下，诸恶莫作，众善奉行，修一切善法。做到了一切提得起，修一切福德，福德不是世间上的福报喔！一个人要悟道成佛是要大福报的！真正的智慧也是需要大福报的，不是世间的福报所能成的。

第二十九品　威仪寂静分

> 须菩提。若有人言。如来若来若去。若坐若卧。是人不解我所说义。何以故。如来者。无所从来。亦无所去。故名如来。

无来亦无去

> 须菩提。若有人言。如来若来若去。若坐若卧。是人不解我所说义。何以故。如来者。无所从来。亦无所去。故名如来。

这本经典是讲智慧的成就，般若波罗密多大智慧的成就，而成佛的方法及路线，由须菩提提出来问，佛说明了一个入门的方法——善护念，就是《金刚经》的要点。真正的修养，不管在家出家，只有三个字，"善护念"。任何人成了佛的时候，都有十个名号，譬如佛、世尊、如来、善逝、无上士，等等，都是他的名号之一。"如来"是个通称，任何一个成了佛都称如来。佛教到了中国以后，我们一般的观念就把它加起来称，叫作如来佛。如来本来就是佛，佛就是如来，不同的名称而已。

为什么成了道的要称如来呢？如果我们先拿中国文字来研究，"如"是好像，"来"是来了，好像来了。他实际上不来也不去。以人世间来去的现象，说明本体道体的作用，就是好像来了，没有来。

譬如电灯、电风扇，把开关一打开，这个电来了，但是看不见电,只感觉到光,感觉有风,电来了没有?来过了,好像没有来,它又消散了。电去了没有?去了,好像没有去,再发动它又来了,它是不来也不去,不生也不死。如来是众生本体自性,道体的一个现象。譬如人有喜怒哀乐,有思想有妄念,我们在座的人至少有二十年以上的人生经验,甚至有六七十年的人生经验。我们一生都经过太多的悲欢苦乐,得意与失意,痛苦与烦恼。但是,当我们此刻坐在这里的时候,那些烦恼,那些一切,都整个没有了,再也没有了。去年的事没有影子,不要说去年,昨天的事情已经没有影子了。可是有没有昨天的事?有没有十几岁时的事呢?都有,好像来过了,"如来若来若去",你说没有来过,的确来过,几十年人生所做过的事,你说做过没有?若来!好像来过;可是现在都没有了,昨天的事,做梦一样过去了。昨天的事走了没有?若去!好像走了,好像又没有走,一想,又在眼前。

如来这个名号,也就是说明心性本来的那个现象,这个现象就是佛经所讲的相,也就是心相,心性起作用的一种现象。我们再缩小一点来说,第一分钟一个人开始讲话,我们大家听到没有?若来,好像来过了,每一句话听过了,又过去了,若去,好像走掉了,他再说,又来了,但这个本体如如不动。所以佛经说的是形容,当我们证到修养到那个境界,几乎近于清净空相的时候,如如不动。好像不动,没有真不动,假使真不动的,那就是个死东西了。

自性本身,也就是说真如本身是活泼泼的,只能形容是如如不动。这个如字,在佛法里经常看到,像"如梦如幻","真如"文字倒转来就是"如真",好像是真的。你如果执着了一个真的,那就落在执着上,执着就是妄念,又是错误。所以"真如"好像是真的;"如来"是对佛法身的称呼。

一切众生与佛,都有法报化三身,法身是自性的本体,等于刚才我们的一个比方,虚空中都有电,是宇宙间的能量变化,你手碰虚空并不会触电，待因缘成就，一摩擦就发电，它本来在虚空中存在。如来若来若去，法身是不生也不灭，所谓不生不灭也就是不来也不去，不死也不生，它是永恒，好像永远是常在，这是说法身。

报身，就是我们现在父母所生之身，也可以说是化身。我们大家学佛修道的，有些人开悟了，有些人得定，有些人烧出舍利子了，那充其量不过是法身成就，报身没有转。得到了报身成就，转成圆满报身时，不但可以无病无痛，更完全变成色界天人之身。但是圆满报身的修持，还不是一般打打坐修修法就可以的，要悟后再起修，这是另一条路线。修成了圆满报身以后，就有千百万亿化身，现在这个肉身，就可以化很多身出去了，其实三身只是一身。

菩萨的化身有千百类，很多菩萨化身异类众生。所以我经常说，吃牛肉小心啊！说不定吃了一个牛菩萨，因为菩萨要去教化牛，所以化身成牛。

如来的境界

法身怎么来的呢？你们大家在参话头，这个思想哪里来？哪里去？"无所从来，亦无所去，是名如来。"你为什么去管思想？它来的时候，贸然而来，去的时候，贸然而去，所以大家打坐的时候，拼命想把妄想空了，你看，多傻啊！傻得像颗金刚一样，颠扑不破的傻。人家金刚般若波罗密，我们傻得呀像般若波罗密的金刚，笨得要命，你为什么除妄想？妄想本来空的呀，无所从来，亦无所去，是名如来，留也留它不住，哪个人把思想留住了？你说我觉得痛苦烦恼，你不是说傻话吗？昨天的日子早过去了，昨天的烦恼早没有影子了，现在坐在这里不烦恼嘛！你现在很烦恼，等一下不烦恼嘛！不可能永远烦恼，烦恼并不停留；换句话说，清净境界，也并不停留。所以有些人做功夫，偶然坐一堂清净，然后下了坐，两腿一放，唉唷，清净跑了。清净怎么跑得了呢？无所从来，亦无所去，是名如来，清净根本没有跑，是你理解见地不够清楚，所以觉得功夫跑掉了。有的人说，功夫来找我，什么叫功夫啊？无所从来，亦无所去，是名如来。你如此懂了，无一刻不在清净中，由此起修，慢慢到达三身成就。

关于三身，前面也曾说过，法身就是如来，报身就是世尊，化身就是佛。拿理论的道理说，法身是体，报身是相，千百亿化身是用，就是体、相、用。万事万物都有它的体、相、用。我们晓得这个道理以后，现在大家说修行、学佛，要找名师呀，拜老师呀，传一个密法……不必要的啊！佛没有保留的都说了啊！一个成道的人如果有保留，要你钞票送得多，头磕得够了才传给你秘密，那你千万不要去碰，至少我是不会去碰，因为他做人的道德还不够嘛！真正的道，是天下之公道，没有什么秘密，什么上天有忌讳啊，不能妄传啊！都是胡说。

道是天下人的东西，有人认为，坏人不应该度，光度好人，好人何必要你度呢？他本来就是好人嘛！佛来度佛干什么？佛是到苦难的地方去度化众生，去教化难度的众生。所以佛把道都告诉你了，修持的方法，《金刚经》上都有。现在，我们加上许多啰啰嗦嗦的说明，是说明心理状况，不要着相。

有许多人学了佛，受了宗教仪式的困扰，看了经上这一句，"若有人言，如来若来若去"，不免有时会梦到佛，那个佛啊，是躺着的卧佛。还有人问。老师啊，真的假的？我说真的呀，当然真的嘛，因为你梦到嘛！你现在还在说梦话，对不对？你在说梦话，我是清醒的人。

有人来说昨天他夜里看到佛，我说当然真的嘛！因为他还在说梦话嘛！所以我们清醒人答复他，是对付他那个说梦话的样子。这个是什么呢？要研究唯识才知道这是意识境界的影像。世上人做梦，随便你做什么梦，都是你一辈子做过、听过、想过、看过的经验，不会超出这个范围。如果超越了这个范围的梦,另当别论,那个道理就很深了;有时是你前生阿赖耶识那个影像、不是这个世界上的,是偶然带过来的。

有人认为如来来了,昨天来看我,又是佛光普照我,现在没有了。"若坐若卧",有些看到是坐像,有些看到是卧像。佛说啊,你不要搞错了,如果有人学佛这样着相的话,"是人不解我所说义",这个人根本不懂佛法,不理解佛所说的道理。

什么理由呢?真的佛,法身之体,悟了道,证得法身之体,无所从来,亦无所去,不来也不去,不生也不死,不坐也不卧。你说那是个什么境界?不要被文字骗过去了,那是个非常平凡的境界。什么境界?就是你现在这个样子。你现在这个样,不坐也不卧,不来也不去,现身就是佛,既没有动坏念头,也没有生好念头,此心平平静静,不起分别,当下就在如来的境界里!你不要把佛的境界假想得那么高远,其实是非常平凡的。如果我们拿《金刚经》的这一段,用中国儒家《中庸》这一本书来讲,就是:"极高明而道中庸。""天命之谓性。率性之谓道。修道之谓教。道也者。不可须臾离也。可离非道也。"

道是怎么样呢?极高明而道中庸,最平常,不来也不去,就在这儿。我们现在了解了这个道理,再来看一个真正学佛修持的人,要怎么用功才对呢?不用功即用功,你加一个功去用,就是着相。我们经常观察自己的烦恼,心行,不来也不去,不坐也不卧,不生也不灭。前一个念头没有了叫作灭,后面一个念头来了叫作生,生出来的东西一定有灭亡,灭了以后就没有了吗?不是断灭相,它又会生。生生灭灭,如水上的波浪一样,波浪尽管在动,动了以后那个波浪又一个个散掉了。尽管波浪看不见,全体的波浪是水变的呀,水没有动过,还是那么多,不多也不少,永远在那里。

我们用各种方法修持,都是拼命要弄平自己心中那个波浪,想尽办法要让那个波浪变平，变平了又怎么样？变平了还是水！不平呢？不平也是水。所以说，拼命去弄平，这不是自找麻烦吗？对不对？是不是这个道理？我想是这个道理。你仔细想想看。你的想也是无所从来亦无所去，它本身就在如来清净的境界。这个是般若的眼睛，所以我们给它的结论是这样的：

第二十九品偈颂

安排摆布只为他，身外无心不着魔。
若向画眉深浅看，迷人岂止髻堆螺。

"安排摆布只为他"，修道的人用各种方法修持，盘腿打坐，念佛，各种的安排；想修道就是做安排。不修道的人呢？则任由烦恼痛苦随时指挥摆布。念头、思想安排摆布只为他。

"身外无心不着魔"，如果我们晓得这个身体是假的，暂时借来用的一个工具，向爸妈借来用几十年。真到了无心之处，什么叫无心呢？一切妄念来不理，它本来是水上的波纹，又何必理它呢？不理就不受这个虚妄心理之魔障，这都是假的，这个威仪自然寂静。如果我们不了解自己心性的本来，不了解思想、感情都像水上的波纹一样是假的，就会被水上的波纹骗去了，而忘记了自己水的本性。

"若向画眉深浅看"，一般人都被深浅骗住了，画眉深浅，迷人髻堆螺，这是唐人的诗，画眉深浅入时无。一个新娘子第二天对镜梳妆，问新郎官，我这个眉毛画得好不好呀？颜色是浅一点呢？短一点呢？翘一点还是低一点？合不合时代？现在的画眉有些是翘的，有的还涂上咖啡色、红色的，灯下一看，喝！罗刹国来的那个样子，真是红眉毛绿眼睛的那么搞。唐朝的人喜欢印黄，额头里弄一块黄颜色，现在一看都是黄疸症，唐人以这个为时髦。等于印度女人喜欢眉间额上挖一个洞，从小就挖，然后嵌一颗珠子，世界上各种怪样子都有。

画眉深浅入时无,这些诗看起来像黄色,其实蛮老实,是说个读书人一辈子找不到工作,因为不合时宜,最后是听人家劝告,学着跟时代走。所以说你看看,我现在合时不合时?就是画眉深浅入时无这句的本意。

其实啊,什么叫作美,不是男女之间的色相就叫作美啊,这些境界就把你骗住了,物理世界的一切欲望就骗住了你,所以说"迷人岂止髻堆螺",古人梳长头发,盘到头顶上一个髻子,堆起来像颗螺丝一样,很好看,也有像捏馒头一样,堆在一堆高高的,很多人看了这个头发,傻了,着迷了。世界上没有哪一样东西不迷你的,都在骗你,都在受骗。为什么?因为认不得自己自性如来,只看见那个水上波纹,被波纹骗走了。认清楚了波纹,就知道感情、思想都是不去也不来,此心本来清净的,你也就少上当,你就金刚般若波罗密了。

第三十品　一合理相分

须菩提。若善男子。善女人。以三千大千世界。碎为微尘。于意云何。是微尘众。宁为多不。须菩提言。甚多。世尊。何以故。若是微尘众实有者。佛即不说是微尘众。所以者何。佛说微尘众。即非微尘众。是名微尘众。世尊。如来所说三千大千世界。即非世界。是名世界。何以故。若世界实有者。即是一合相。如来说一合相。即非一合相。是名一合相。须菩提。一合相者。即是不可说。但凡夫之人。贪着其事。

说到如来自性之相，下面重要的问题来了，讲到如来法身本体，让我们先了解一件事情。

碎为微尘之后

须菩提。若善男子。善女人。以三千大千世界。碎为微尘。于意云何。是微尘众。宁为多不。

现在佛又提出一个物理世界的问题了，他对须菩提讲，假使有一个人，不管男人女人，把这个佛世界，这个三千大千世界，整个的宇宙打碎了，变成灰尘，你想想看，这样的灰尘，数量多不多？

须菩提言。甚多。世尊。何以故。若是微尘众实有者。佛即不说是微尘众。

须菩提回答说,那多得很。佛说,什么理由呢?佛说我告诉你,假使这些灰尘,这些物质世界的分子,乃至电子、核子,这些物质东西是真实永恒存在的话,那我不会告诉你世界上有灰尘。这些灰尘累积起来就变成大地、山河,变成物质世界。

佛这个话是转一个弯说的,实际上就是说,物质世界的物质,如果经过一个自然科学家来处理,把它分析到最后,变成核子、电子、原子等等,最后是空的。是空的力量形成了这样大的威力,但最后是空的。真正高等物理科学家,了解这个东西,所谓原子,分析到最后最后,空了。这个空并不是没有,那个力量大得很,原子炸弹爆炸起来,空的威力发起来有那么大的力量!所以佛在这里讲,"若是微尘众实有者",如果你认为真的有个微尘,我不会讲微尘众。因为根本没有尘,一切都是由空所形成。

所以者何。佛说微尘众。即非微尘众。是名微尘众。

又来了,又是三段的讲。所谓物理世界那些电子呀,原子呀,那是假名,是那个作用构成了这么一个物理的东西。但是微尘最微小、最基本那个东西,还不是它的究竟;它的究竟分析、研究到最后,没有东西,是空的。这个物质世界的外层,虚空的这个空间,比太阳的面积、地球的面积,以及虚空任何的面积还要大!是空的力量凝结,而变成了物理世界。

世尊。如来所说三千大千世界。即非世界。是名世界。

须菩提说:那么我懂了。你刚才问的问题,佛啊,你的意思是说,这一个三千大千世界,也是个假名,是偶然的暂时存在,实际上没有一个永恒的实质存在,物质世界也会要变,也会灭掉。

等于我们现在这个楼上,勉强把它凑起来,摆了些椅子,坐了些人,装了些电灯、冷气机,凑拢来叫作讲堂。所谓讲堂者,即非讲堂，是名讲堂。这是偶然暂时凑合的，这是不究竟，不实在的；因为明天可以把它变成电影院，所谓电影院者，即非电影院，是名电影院，就是这么一回事。一切物质世界，都是这样假有的凑合。

所以大家不要被世界呀、家庭呀，这些苦恼困住了。所谓家庭者，即非家庭，是名家庭；所谓人生者，即非人生，是名人生，同一个道理。

下面一步一步，佛紧接着来讲了。

什么是合相

何以故。若世界实有者。即是一合相。

什么理由呢？佛说你说得对呀！但是什么理由呢？我告诉你，假定真有一个世界存在，永恒不变存在的话，就是一合相，是两样东西合拢来不变了。

这个问题大了！佛没有说错一句话，鸠摩罗什翻译"一合相"这一下子完了，后世佛法里，装模作样、牵强附会的人多了。有些密宗的修法，要修一合相。

还有些人主张，不一定要出家，要阴阳合一的一合相，才能修得成功。认为《金刚般若波罗密经》中，是佛说的一合相。所以研究《金刚经》，这句话是一个大问题。到底什么是一合相呢？

你到海鲜店去吃饭，那个大蚌，两壳合拢来，也是一合相；两个金属品化合了分不开，也是一合相；我们身上的衣服，三分塑料，七分棉纱合起来织成的，也是一合相；人的血、骨头、肉，凝合起来，也是一合相。这个一合相只是物质世界的现象。

事实上，物质世界不停地在变。譬如这个山，看起来好像不动，风一吹，灰尘都吹到山上，它慢慢会长大，只是我们的眼睛看不见而已。当然也不会有人那么傻,一岁的时候去量一下,六十岁的时候再去量,看这个山长多大了。如果真有这么一个科学家,真去量一下,那就是傻人,但他晓得这个山,二十年来也大了几寸或几尺。山在变动,也在长大,也在毁灭。

所以这个一合相的世界,假使真有的话,几千万亿年以后,也变成空,由空再变成有。所以他说:

如来说一合相。即非一合相。是名一合相。

一合相是假有,这是一句话,一个名词,没有不变的东西,不变只是个理念。

但是有没有一个一合相?你说这个世界空的吗?现在天气热了,你硬是感觉到天气热,冷气一开,硬是凉快。人经常说人生如梦,好像梦就是没有,这个观念、思想是错误的。梦不是没有,梦是有,偶然的,暂时的,片面的。心理学研究显示,最长的梦没有超过五秒钟的。人睡着做了一个梦,梦见从小长大,经过了多少事,直到最后自己死了,醒来眼泪流湿了枕头,梦中经过几十年光阴,实际上只有三秒钟。

梦中的时间、空间是相对的,爱因斯坦也了解到时空是相对的。我们在地球上过半个月,月亮上只是一夜,这个世界上一年,太阳里只是一昼夜。还有其他世界,我们过一百年,他们才过了一昼夜,我们人的一昼夜,却是许多小生物的万世万生,死了又生,生了又死,千百亿化生不晓得过了多少时间;所以宇宙间任何星球,时空都是相对的。

须菩提。一合相者。即是不可说。但凡夫之人。贪着其事。

他说有没有一个世界真是一合相呢?有,但是佛说那是不可说,没有办法让你理解的。因为你们不懂,也没有办法懂,而且也说不得,一说之后,一切凡夫就贪着这个事情。所以啊,密宗、道家,许多都把这个一合相用邪门歪道的眼光去看,去解释了。

实际上是什么道理呢?是真空可以修成妙有的道理。

第八识和种性

讲到这里,我们就要研究般若,要研究般若就要研究唯识,不然对于专门讲性空道理的密宗,就迷糊了。性空的道理一搞迷糊,学佛落入错误的知见,那是一个断灭见的空,把空当成什么都没有,那是邪见。空是一个境界,心性之学,般若,在《金刚经》中只用一个心,就代表了一切。唯识宗法相宗把这个心分析来讲,变成八个识,叫作八识。

八识中的第六识是意识。意识,我们容易懂,就是我们心理上思想所起的作用,也就是意识状态。做梦也是意识背面的一部分,心理学叫作下意识。在唯识学上梦是属于独影意识的作用,独影意识还有其他很多的作用。第八部分阿赖耶识包括了现在、过去、未来的时间与空间,也包括了过去的因、种子和未来的种性,这就是三世因果的学理基础。

同一个父母生下来的兄弟姊妹,每个人个性不一样,因为父母的遗传只是一小部分,还有什么呢?自己带来的前生的种性、习气、习惯。这个重要的部分是第八阿赖耶识最重要的种子带来的。这个种性作用叫作阿陀那识,关于这一点,佛在《解深密经》上有一首偈子:

阿陀那识甚深细,一切种子如暴流。
我于凡愚不开演,恐彼分别执为我。

佛法的很多经典都是讲空,尤其是《般若经》。而在法相、唯识的部分，却不从空来讲，而从现有的现象来说明。教育方法路线也不相同，因此在《解深密经》说到心的本来，心的第八部分——阿陀那识的作用时，他说，你要研究起来，非常难懂，非常深，非常细密，它像那个瀑布，或者像长江里的流水，看起来千年万年，水始终在流，实际上大的浪头流过去了，就不会回来。

我们刚刚看到前面的这个浪头，马上流过了！未来的浪头又接上来，过去心不可得，现在心不可得，未来心不可得。物理世界同我们心理世界是差不多的。

你看流水一个一个浪头，乍看像固定存在，实际上没有固定存在，每一个浪头是每一个水分子点滴构拢来的。假使把这个浪头水分切开，它也就没有水了，连带的瀑布也不能形成了。可怜我们没有办法看到，所能看到的，永远是浪头。也像电灯打开开关，第一个电源一来，摩擦发了光，又马上消散了，接着第二个又上来，我们看到的永远是一个亮光，实际上，过去电不可得，现在电不可得，未来电不可得，不可得也不可得；可是它有电，所谓电者，即是非电，是名为电。

心念如暴流

我们的心理状况也是这样，一个念头接一个念头，活了几十年，一切种子如瀑布一样在流。实际上当我们一出娘胎的时候，第一个念头已经死亡了，第二个念头又死亡了……你看八点钟开始，每一分，每一秒，每一个观念都在过去。过去不可得，未来怎么讲，我还没有想它呢！也是不可得。刚说现在，现在不可得，现在就没有。但是你说没有吗？它那股力量硬是存在。一切种子包括了过去、现在、未来，聪明愚笨，善与恶。善人把善的种子引发了，慢慢再把恶的种子转变成善的，成为至善之人。这就是修一切善法，得阿耨多罗三藐三菩提。

如果你把恶的心念发展下去，善心被它感染了，善心也变成不善的心了。所以说，一切种子如暴流，像瀑布一样在流。瀑布并不是没有啊，是有的，"滚滚长江东逝水，浪花淘尽英雄"，它永远在流。所以佛说我于凡愚不开演，因为智慧不够的人，不敢对他讲这个东西。

你说无我，有一个真我，这个真我没有办法加一个名词，如果加一个恒常不变，就曲解了恒常存在的意义。所以我于凡愚不开演，怕一切众生的智慧不够，他用分别心，用世间法的观念来看这个如暴流的种性，抓住了，以为生命有个真的我，那反而错了。

生命的无我之相，是破除众生抓住小我之相的错误。小我之相就是每一个浪花、每一个水分子。能够把小我之相修持到纯净、空相，才可以找到生命的本来，那是无所从来亦无所去；然后它可以起一合相的作用。什么一合相呢？真空可以生出一个妙有。

真空如何生妙有

首先要把身心两方面转化，光修心性也不行，因为我们的色身也是阿赖耶识的一部分，就是"心"的一部分。修一切善法，把它统统转化了，可以产生一合相。所以佛菩萨的真正成就，是三身成就，清净法身，圆满报身，千百亿化身，三身是一合相，就是体、相、用三位一体。

但是，你如果真执着了这件事，也错了，因为着相了。四大本来皆空，但是四大并不是坏东西，它也是自性本体功能所变的。四大皆空是讲它的存在不永固，你如果证到了法身，到了三身成就，也可以使这个假有的四大、偶然的四大，延长其存在。

所以佛说"一合相者，即是不可说，但凡夫之人贪着其事"。就像他说阿赖耶识，"我于凡愚不开演，恐彼分别执为我"的道理一样。

佛经的翻译，凡夫就是平凡的人，也就是指我们一般人。一般人的习惯都要抓东西，活着的时候总要抓住东西。道家所讲的握固，说明小孩子生下来都是抓得很牢捏住拳头，活的时候手都是弯弯的，到死的时候才完全放开。

所以说，凡夫之人都是天生的贪着其事，都要抓，抓得很牢，因此佛说不可说。我们给它的结论偈子：

第三十品偈颂

尘沙聚会偶然成，蝶乱蜂忙无限情。
同是劫灰过往客，枉从得失计输赢。

"尘沙聚会偶然成"，这个世界是一颗颗沙子堆拢来，偶然成功的世界。人生也是这样，他是你的父母、你的丈夫、你的太太、你的儿女，也是尘沙聚会偶然而成。

"蝶乱蜂忙无限情"，这个尘沙堆拢的世界一形成，很好看的，那么多的花朵，构成了自然的美。蝶乱蜂忙，人们就像蜜蜂蝴蝶一样，在那里乱飞乱钻乱忙。前面我们也提过，唐末的罗隐有一首诗，形容人生的痴，像蜜蜂一样。

不论平地与山尖，无限风光尽被占。
采得百花酿蜜后，为谁辛苦为谁甜。

蜜蜂一天到晚忙碌采花酿蜜，为谁辛苦为谁甜。如果喜欢吃蜂蜜的话，拿起那一瓢蜜就要念一下，然后说，为我忙！咕噜把它吞下去；那就对了，有了答案了。可是蜜蜂自己没有答案，采得百花酿蜜后，为谁辛苦为谁甜，人生都是如此，忙了一辈子，为儿女呀，为家庭呀，忙到老死，最后嘛，眼睛一闭像那个蜜蜂一样，为谁辛苦为谁忙，不知道，找不出答案。

所以我们说，蝶乱蜂忙，明知道人生是空，个个都看得清楚，可是还是舍不得呀！还有无限情，自己无限的感情。有时候看这个世界上的人真好玩，很多人反对打牌，但是自己一辈子就坐在牌桌上而不自知。不过打牌人人不同，有些人把写文章当牌，一天勾着头，脖子都歪了，像打麻将一样地写文章，他也在赌啊！写诗的，作文章的都一样，都是在赌。这个世界就是一个大赌场，谁赌赢了？谁赌输了呢？只有当东家的老板赚了钱，其他的人都输光了。赢的也输，输的也输，这个世界就是这么一回事。所以我们了解了人生，一合相即非一合相。

"同是劫灰过往客"，我们的这个世界是个劫灰，前一劫烧成灰了，这一劫重新再来，所以叫劫灰。人生在这个世界上，像是住旅馆一样，过往之客，有生就有死，有死再有生，同为劫灰过往客。

"枉从得失计输赢"，人生在世，谁对谁错？谁赢谁输？都差不多，最后都是没有结论地走了。假使以佛法来看人生，都是没有目的地来，没有结论地回去。无所从来，亦无所去，是名如来。

第三十一品　知见不生分

> 须菩提。若人言。佛说我见人见众生见寿者见。须菩提。于意云何。是人解我所说义不。不也。世尊。是人不解如来所说义。何以故。世尊说我见人见众生见寿者见。即非我见人见众生见寿者见。是名我见人见众生见寿者见。须菩提。发阿耨多罗三藐三菩提心者。于一切法。应如是知。如是见。如是信解。不生法相。须菩提。所言法相者。如来说。即非法相。是名法相。

见不是见

> 须菩提。若人言。佛说我见人见众生见寿者见。须菩提。于意云何。是人解我所说义不。

佛讲到这里，先问须菩提，假使有一个人说，佛说的，人见、我见、众生见、寿者见，对不对？佛经上都讲四相，这里又转一个方向，提出来的不是"相"，而是"见"。"相"就是现象。"见"是自己的思想见解，是属于精神领域。所谓见解，就是现在新观念所谓的观点，都属于见。所以禅宗的悟道叫作见道，要见到道，不是眼睛看见啊！《楞严经》上讲见道之见，有四句话："见见之时，见非是见。见犹离见，见不能及。"

你看这个佛经，讨厌吧！都是什么见呀见的。第一个见，我们眼睛看见的见，心与眼看见。第二个是见道的见，换句话说，第一个见是所见之见，第二个是能见之见。我们眼睛看东西，这是所见，这是现象。所见回过来，自己能够见道，明心见性那个见，不是所见之见，不是眼睛能够看见一个现象，或者看见一个境界，那不是道啊！

所以"见见之时"，自己回转来看到见道之见，明心见性那个见的时候，"见非是见"。这个能见，见道的见，不是眼睛看东西所见的见，故说"见非是见"。那么能见道的见，难道还有一个境界吗？"见犹离见"。当眼睛也不看，耳朵也不听，一切皆空以后，说我见道了，有一个见存在，还是所见，这个见还是要拿掉，见犹离见，还要拿掉，空还要空下来。"见不能及"，真正明心见性的见，不是眼睛看见的见，不是心眼上有个所及，能见的见。说了一大堆的见，多么难懂啊！

告诉我们明心见性之见，可不是看山不是山，看水不是水，青蛙扑通一声跳进水……要一切见无所见，一切山河大地，宇宙万有，都虚空粉碎，大地平沉，那可以谈禅宗了，明心见性有点影子了。记着！还只是一点影子啊！

《楞严经》上也有几句很重要的话："知见立知，即无明本，知见无见，斯即涅槃。"知与见，后来是佛学一个专有名称，知就是知道，把佛经道理都懂了的这个知。见，也看到过这个现象、境界，就是知见。道理懂了，你去修行打坐，坐起来一切皆空，可是有知性，也知道自己坐在那里很清净。但是有一个清净在就不对了，"知见立知，即无明本"，就是无明的根本。有一个清净就会有一个不清净的力量含藏在里面，就有烦恼的力量在了，所以知见立知，即无明本。要"知见无见"，最后见到空，"斯即涅槃"，可以达到见的边缘了。

知即无明本

从前有好几位大法师就是看经典走禅宗的路线，后来就悟道了。

所以学禅不一定是打坐参禅,不一定要打坐参公案、参话头。宋朝温州瑞鹿寺有一位遇安禅师,天天看佛经念佛。他看到前面这一段,忽然心血来潮,把原来的句子"知见立知。即无明本。知见无见。斯即涅槃。"改了标点,变成"知见立。知即无明本。知见无。见斯即涅槃。"自己因而大彻大悟。后来他自称"破楞严",改了圈点破开来读以后,自己忽然开悟了,大彻大悟,明心见性。"知见立",有知有见,有个清净有个觉性,"知即无明本",这一知,本身就是无明本,就是烦恼。"知见无",一切皆空,理也空,念也空,空也空,"见斯即涅槃",见到这个就是悟道了。这是他悟了道,自己把楞严破句,就懂进去了。

现在我们说明了这个道理,说了半天,不要把话转开了,说我见、人见、众生见、寿者见;《金刚经》前面都提四相,我相、人相、众生相、寿者相,中间也提过,以色见我,以音声求我,是人行邪道,不能见如来。到这里,忽然一转,提出"见",不提出相。相是相,茶杯是现象,毛巾是现象,书本也是现象,我也是现象,他也是现象,你也是现象,山河大地一切房子都是现象,连虚空也是现象,清净也是现象,睡觉也是相,做梦也是相,醒了也是相,一切现象都是生灭变化。

所以有些人天天打坐,问他好吗?好啊!好清净。着相!着清净之相。相不是道,道不在相中。知见立,知即无明本,知见无,见斯即涅槃。你要立一个清净是道,再加上背上督脉通了,前面任脉通了,拿水龙头一开灌进去,都通了,那不是成道,那都是着相。一着相,知见立,知即无明本;要知见无,见斯即涅槃。

所以现在告诉你知见之见是什么,他告诉须菩提,假使有人说,我提出我见、人见、众生见、寿者见,你说说看,那人了解我所说的意思没有?他这个人还算真正学佛,懂了佛法吗?

不也。世尊。是人不解如来所说义。

须菩提说,那不对的,这个人虽然学佛,根本不通啊,不懂佛法的道理。

何以故。世尊。说我见人见众生见寿者见。即非我见人见众生见寿者见。是名我见人见众生见寿者见。

那么佛也跟着说,你现在提出来一个假定的问题问我,我见、人见、众生见、寿者见,见道之见,这只是一个讲话上的方便;假设有这么一个见处,一个明心见性,见道之见,那也只是一个表达的方法而已,一个揭穿真义的名词而已。实际上啊,明,无可明处;见,无可见处,所以叫作我见、人见、众生见、寿者见。

如是知见

须菩提。发阿耨多罗三藐三菩提心者。于一切法。应如是知。如是见。如是信解。不生法相。

佛告诉须菩提最后的结论,你要注意啊!真正学大乘佛法,发阿耨多罗三藐三菩提,想求得大彻大悟的人,于一切法,包括世间法、出世间法,应"如是知",要了解知道《金刚经》这些一层一层的道理。"如是见",要有这样一个见解,所以有知有见。

知见两个字,再加一个说明,一切大小乘的佛法,尤其是小乘的佛法,是戒、定、慧、解脱、解脱知见,五个次序。按次序来修行,先守戒,再修定,再由定发慧悟道。真的悟道了,解脱一切苦厄,但是解脱的最高程度,仍是物质世间一切的束缚。当这些欲界、色界一切的烦恼、情感都解脱光了以后,还有个东西就是心性的所知所见,这个知与见仍要解脱,最后要彻底的空。刚才举出来知见立,知即无明本，知见无，见斯即涅槃；这里也讲，发大乘心，想由凡夫修道而成佛，应该对一切法，"如是知，如是见"。

如是怎么知？怎么见呢？所谓佛法者，即非佛法，是名佛法；那么所谓外道者，即非外道，是名外道；所谓魔鬼者，即非魔鬼，是名魔鬼；所谓我者即非我，是名我。就是这一套！"一切"，整个归纳起来，空有都不住，无住、无著，所以一切法应如是知，如是见。

你理解了，也见到了这个道理，"如是信解"，理性上清楚了，才是不迷信。如果佛法的教理都没有弄清楚，情绪化跑来学佛参禅，全体是迷信！所以把知见搞清楚了，如是信，才是正信。如是解，正信以后，由这样去理解它，这才是理性的。学佛修道是理性的，不是情感的，不是盲目地迷信，是理性地如是信解。

我们自己的法相

为什么说"不生法相"？为什么不说不"用"法相，或者不"住"法相，不"著"法相，不"落"法相呢？这些字都不用，而用不"生"法相，这是有区别的。

首先我们要了解什么叫法相？一切的现象、观念都是现象，是意识思想构成的一个形态。每个人意识里都有自己一个构想、幻想；幻想久了，变成牢不可破的一个典型，自己就把它抓得牢牢的。这个就是意识思想境界里的形态，在佛学名词里叫作法。法包括了一切事、一切理、一切物、一切思想观念。

譬如大家认为大彻大悟，一片光明，都在清净光明中，在一般人心目中，下意识已经构成一个形态，认为悟了道打起坐来，大概内外一片光，连电力公司的发电机都可以不要了。把光明看成电灯光、太阳光、月亮光那样，下意识地构成法相，构成一个形态在那里。

又譬如说，悟道以后，大概什么都不要，什么也都不想干，一切一切都不管，跑到古庙深山，孤零零地坐在那里，就以为成佛了。如果成了这样的佛的话，世上多成一千个佛对我们也没有关系；山里早有得是佛，许多石头、泥巴摆在那里，从开天辟地到现在，都可以叫作佛。反正它们对一切事物、一切出世入世的一概不理。换句话说，那是绝对的自我，看起来很解脱，一切事物不着，实际上是自我，为了自我而已！认为我要这样，因为他下意识的意识形态有了这个法相。

一般人打坐入定什么都不知道了，那不是佛法，那是你的意识形态，是你造作了这个法相。乃至于说一切空了就是佛，空也是个法相，是个现象。有些人任督二脉打通了，奇经八脉打通了，河车大转，也都是法相。我经常问：你转河车，转到什么时候啊？不要把自己转昏了头。你转转……总有不转的时候吧？转到什么时候才不转呢？任督二脉打通了，通到哪里去呢？通到阴沟里去吗？还是通到电力公司？还是通到上帝菩萨那里？你都要搞清楚啊！可是我们许多人，不知不觉地都落在自我的法相里了。自我意识形成一个道的观念，一个道的样子，一个道的模型。

由此我们就明白，为什么世界上的宗教，因民族不同国家不同，所画的天堂也都不同。我们的天堂是穿大袍子古代帝王相的人，一切房子都是中国古时候的。西方人的天堂是洋房，他的神和上帝也是高鼻子蓝眼睛；阿拉伯人画的另有不同。所以说，天堂是根据自己的心理形态构成的，谁能去证明呢？这些都是自己心理下意识构成的法相。

佛教唯识宗也称为法相宗，法相宗是先从现象界开始分析研究，现象界也就是世间一切事，所谓的一切法；最后研究到心理状态，研究到心性的本来，以至于证到整个宇宙。也就是说，法相宗从现有的人生，现有的世界的相，加以分析，归之于心，然后返回到形而上的本体。如果套一句佛学的名词来讲，这是从自己的身心入手，进而打破了身心,证到形而上的本体。

华严宗不同于法相宗,是先从形而上的宇宙观开始,从大而无比的宇宙,慢慢收缩,最后会之于心,是使你由本体而了解自己。普通的佛学,是由你自己而了解了本体,这是两个不同的教育方法,我们必须要弄清楚。这些不同的路线不同的方法,佛学的名词就叫作法相,一切法相。

现在《金刚经》快要结束了,告诉我们一个道理,非常严重的道理,佛告诉须菩提,你想证得无上菩提大彻大悟而成佛,你应该这个样子知道,应该这样去看清楚,理解清楚,应该这样子相信,这样去理解。怎么理解呢?一句话,"不生法相",你心里不要造作一个东西,你的下意识中,不要生出来一个佛的样子。每个人心里所理解的佛,所理解的道,所理解清净涅槃的境界,都各不相同,为什么不同呢?是你唯心所造,你自己生出来的,是此心所生。

所以你不要自生法相,不要再去找,不要构成一个自我意识的观念。譬如我们上同样一个课,一百个同学中,各人理解的深浅程度都不相同,因为每人心里自生法相,自己构成一个现象,都非究竟。这就是佛经上说,众盲摸象,各执一端的道理。尽管瞎子摸象,各执一端,可是摸的那一端,也都是象的部分,并没有错。只能够说,每人抓到一点,合起来才是整个的象。要想完全了解整个大象的话,佛告诉我们的是"不生法相",一切不着。下面,佛又推翻了。

我要过去 你过来

　　须菩提。所言法相者。如来说。即非法相。是名法相。

佛经所说的法相,根本就不是法相,所以叫作法相。这个话在《金刚经》上常说。道理在哪里?那些都是教育上的方法。等于过河的船,目的是使你过河,已经过了河就不要把船背着走,要赶紧把船丢下,走自己的路。

佛经三藏十二部,各种各样的说法,有时候说空,有时候说有,有时候说非空非有,有时候又说即空即有,究竟哪一样对呢?哪一样都对都不对,要你自己不生法相。

讲一个法相,包括了各种现象,譬如唯识宗,除了把心的部分分成八个识来讲外,再把心理活动的现象,纲领原则性加以归纳,成为一百个法。如果详细分析起来,当然不止一百个;可是后世一般人研究唯识,就钻进去爬不出来了。这些人钻到什么境界里头了呢?钻到"有",钻到一切法"胜义有"的法相里去了。就像龙树菩萨讲般若拿空来比方,与法相唯识宗的教育方法不同,可是一般人研究般若,又落到"空"的法相里去了。所以说,任何法相都不能住,都不是。

佛最后告诉我们,所谓法相,"即非法相",那只是讲话的方便,机会的方便,教育上的方便,目的是使你懂得。如果这样不懂,他换另一个方法,总是想办法使我们懂得。可是后世的人,把他的教育方法记录下来以后,死死抓住他说过的那个空,或拼命抓个有,永远搞不清楚。事实上佛交代得很清楚,一切不落法相。不落法相以后,大家反而都说《金刚经》是说空的,前面我们已经说过,《金刚经》没有任何重点是教我们观空,《金刚经》都是遮法,挡住你不正确的说法,至于正确的是个什么东西,要你自己去找。

记得《金刚经》开始的时候,我曾经提到过禅宗的两个公案,一个是儿子跟父亲学小偷,对不对?还有一个是坐牢的那个公案,现在再说一个禅宗故事。有一个年轻人出家学佛求道,想要开悟,跟着师父几十年。这位师父总是对他非常严厉,生活、行为都管得非常严。但是一问到佛法,师父总不肯说。这个人就像我们现在青年人学佛一样,好像找到一位老师,马上就有妙诀告诉他,传你一个咒子啰,或者传你一个方法,今天一打坐,明天就会飞了,就成佛了;自己意识中构成了这样一个法相。这个人的心理也是如此。可是这个师父呢，问到他真正佛法时，就说：你自己参去，自己研究去！

他自己暗想，十二三岁出家，天天求佛道，搞了几十年，这个老师嘛！是天下有名的大老师，是有道之士，跟着他却辛苦得要命，佛法也没有传给他一点，心中真烦恼。有一天他想了一个办法，带了一把小刀上山，师父快要走这一条小路回来了，小路只能走一个人，他就站在路口等师父回来。那天下雨，山上路滑难走，他看见师父低着头，慢慢走到了。其实他师父大概早知道这家伙在那里，他以为师父不知道，看到师父过来了，就一把抓住师父说："师父啊，我告诉你，我几十年求法，你不肯告诉我，今天我不要命了。"说着就把刀拿出来，"你再不告诉我佛法的话，师父啊，我要杀了你。"这个师父很从容，手里还拿把雨伞，看他这个样子，就用手一把抓住他拿刀的手说："喂，路很窄，我要过去，你过来。"师父把他拉过来，自己就过去了。他听到"我要过去，你过来"，就忽然大彻大悟了。

我们大家参参看，"我要过去，你过来"，这一句话他就悟道了，这个理由在什么地方？这个就是所谓禅宗公案。现在大家很难找出答案，我说的也不是真的答案，只能打个比方给你听：我们大家学佛最困难，心中的烦恼，身体上的感觉，坐起来腿发麻，不坐时心里烦恼不断；很想求到清净，清净永远求不到。烦恼不断，自己问自己怎么办？你自己里面的师父一定告诉你："我要过去，你过来！"烦恼跑过了就是清净，过去心不可得，现在心不可得，未来心不可得；不生法相，应无所住而生其心，就那么简单。所以说，我要过去，你过来，这一条路根本是通的，烦恼即是菩提，哪里有个烦恼永远停留在心中呢！你要是去想办法把烦恼空掉，求个清净，你不就是那个师父跟徒弟永远堵在路上，走不过来了吗？

你看人家的教育法很简单，我要过去，你过来，也不理刀，也不理徒弟，这个徒弟就清楚了，就悟道了。可见他平常都在自生法相，都是着了一个佛的观念，着了一个道的观念。人生最怕是着魔，实际上，你学了佛法，学了道，把道跟佛法捆起来，你正是着魔了；着了佛魔，着了道魔，着了功夫魔，着了清净魔。

清净也是魔啊！所以禅宗祖师有几句话："起心动念是天魔"，什么是天魔？是你的起心动念而已，你自己生的法相。"不起心动念是阴魔"，大家注意啊！很多人都落在这个魔境，光想打起坐来什么都不知道，以为什么都不知道是入定，那个是不起心动念，不起心动念落在五阴境界，是阴魔。"倒起不起是烦恼魔"，有时候好像很清净，你觉得很清净吗？有时候又觉得心里头好像有一点游丝杂念，可是也不要紧，可是也迷迷糊糊，这个就是倒起不起烦恼魔，无明之魔。说什么走火入魔！魔从哪里来？魔完全是自心所造，没有其他的东西。"起心动念是天魔。不起心动念是阴魔。倒起不起是烦恼魔。"如此而已。

佛学把魔境分析得很清楚，禅宗的大师们是用归纳的方法，非常简单扼要告诉你。实际上，这些心理的状况，这些境界，都是自生法相。由此更进一步说，我们佛学越学多了，唯识研究到最后，佛经三藏十二部都学了，你越学得多，越被法相的绳子捆得紧，都是着了法相。所以在快要作结论的时候，佛告诉我们，不生法相才是最究竟。我们给它的结论偈子：

第三十一品偈颂

九霄鹤唳响无痕，泣血杜鹃落尽魂。
谱到狮弦声断续，为谁辛苦唱荒村。

这是一个感想，在座的人，要是到过西北和中国的高山，或到过青城山、峨眉山，可能会听到白鹤的叫声。中国文字很妙，鸡叫是啼，鸟叫是鸣，虎叫是啸，表示不同的声音形态；白鹤叫称为鹤唳。白鹤是在高空叫的，声音像打锣一样，传得很远，所以这个鸟与其他的鸟特别不同。

"九霄鹤唳响无痕",就是说,佛的说法像九重天上的白鹤,叫声响彻云霄,要叫醒世界上所有人的迷梦。但是,我们有没有被他叫醒呢?世界上许多人是叫不醒的,想一想真够伤心。结果千里迢迢去学佛,不论在家出家,都变成杜鹃鸟一样。

"泣血杜鹃落尽魂",据说杜鹃是上古一个因亡国而伤心到极点的帝子,因为天天哭,后来他的精魂变成杜鹃鸟,还在哭,哭到最后眼睛流血,滴在泥土上变成现在的杜鹃花。杜鹃另有很多的名字,也叫杜宇,也叫帝子,就是蜀国皇帝的儿子。我们后世学佛学道的都是杜鹃,抛家弃子专心学佛,到最后,道的影子都没有看到,只怪自己没有遇到明师,没有碰到佛,没有得到法。其实佛法是最平凡、最简单,佛在《金刚经》上都说完了。

"谱到狮弦声断续",《金刚经》等于狮子之弦,用狮子身上的筋作弦的琴,它发出的琴声,百兽听到都会头痛,再重一点,百兽听到脑子都裂了,因为狮子是百兽之王。佛说的法是哲学里的哲学,经典里的经典,世界上真正形而上的道法,直截了当,全部都告诉我们了,但是我们不知道。这个琴谱弹到狮子之弦,这个声音弹的《金刚经》也好,《法华经》也好,《华严经》也好,断断续续,都弹给我们听了,高明的歌曲统统唱给我们听了,我们还是不懂。等于一个叫花子沿门唱莲花落一样,唱了半天没有人理,人不觉得好听,"为谁辛苦唱荒村"啊!这是对释迦牟尼佛幽默一下。实际上,我真为释迦牟尼佛一洒同情之泪,他讲到三十一品了,快讲完了,有谁懂得他呢?他又何必在那里讲呢?为谁辛苦唱荒村啊?再唱一遍也没有用,因为知音难遇啊,永远不懂。实际上,他说得最亲切,最平凡。

我们现在再一次回过头来看,《金刚经》最开始,第一个重点是三个字——善护念。凡夫也好,成佛也好,只有一个法门,就是善护念。护什么念?无所住。怎么无所住?很简单,不生法相。成了佛的人怎么样呢？也是一样，也是吃饭穿衣，饭吃饱了，洗脚打坐，就是那么平凡。没有什么头上放光啦！心窝子放光啦！六种神通啦！都不来。吃饭穿衣敷座而坐。然后你问话，他答复，就是那么简单。《金刚经》就是平凡里头的真实，平凡里头的超脱。

第三十二品　应化非真分

　　须菩提。若有人以满无量阿僧祇世界七宝。持用布施。若有善男子。善女人。发菩提心者持于此经。乃至四句偈等。受持读诵。为人演说。其福胜彼。云何为人演说。不取于相。如如不动。何以故。一切有为法。如梦幻泡影。如露亦如电。应作如是观。佛说是经已。长老须菩提。及诸比丘。比丘尼。优婆塞。优婆夷。一切世间天人阿修罗。闻佛所说。皆大欢喜。信受奉行。

应化非真

　　昭明太子把最后一品标题"应化非真分"。佛说法四十九年，但在《金刚经》上却说没有说一个字。这个法不可说，说的都不是，因为说的都会住于法相，开口就不对。这个道理我们大家都晓得，大家闭起眼睛一想就懂，可是自己心里的思想，所想的东西，或一做事，开口一讲出来，就变成两回事了。譬如上街想买只手表，如果人家问你要什么手表，自己连画出来都不对，与你心里所想的完全两样。因此我们晓得，为什么许多人文章写不好？尽管你思想很美丽，一下笔写文章，就不是你原来那个美丽的思想了，结果自己越看越不对。文章是文章，思想是思想，反正不对！

　　其次，思想笔杆与说话速度不配合，思想来得快，尤其是聪明的人，思想来得更快，一秒钟同时好几件事情已经了解了，叫我们写出来的话，一秒钟思想写出来，起码要五六分钟。这五六分钟里有多少秒,又加上多少思想,最后都搞乱了。所以佛说的,他那个真正的佛法,他说他没有说,不可说,说的就不是,一开口就不是它了。

那么不开口怎么懂它呢?所以只好拈花微笑。这一笑比说话好得多了,你看,两个朋友要说笑话,要耻笑另外一个人,只要彼此看一眼就懂了,比说话快得多啦,对不对?尤其年轻人眉目传情,当着父母面前,两个人眼睛动都不动,只要对看一眼,他两个就通了,可见心理的思想与言语是两条路。所以佛说,一生说法,没有说一个字;换句话说,佛辛辛苦苦投生到这个世界来,为世人说法,来应化教化这个世界,谱到狮弦声断续,他老人家辛辛苦苦在那里唱歌,宣传了四十九年,为谁辛苦唱荒村?流传了两千多年,只看到处处的冷庙孤僧,一个庙子一个庵,凄凄凉凉的香火,木鱼在嘟啊嘟地敲,看到一个两个和尚啊,面有菜色,如此而已。我所以幽默他,为谁辛苦唱荒村。虽然幽默他,自己也有同感。

内圣外王菩提心

  须菩提。若有人以满无量阿僧祇世界七宝。持用布施。若有善男子。善女人。发菩提心者持于此经。乃至四句偈等。受持读诵。为人演说。其福胜彼。

他说假使世界上有人,用无量无数充满宇宙那么多的宝物布施,这个人当然功劳大,福德大。《金刚经》的文字是古朴,而不讲细致的。不论文章也好,一幅画也好,其他艺术品也好,越精致完美,那就完了。像那个殷商的古董,一块泥巴,但是你摆在那里越看越有趣,因为它是一块很古朴的东西。这样想也对,那样想也对,随你去想吧!现在的东西啊,精致完美,但是看了三天,就不要看了,讨厌了,再没得可看了。也等于我们现在穿衣服,为了表示曲线,肉也露出来，腰也露出来，看惯了以后，将来就不要看了。所以我说将来要剥皮才行，剥完了皮以后，又没得玩的了，一定又是多穿些衣服盖起来。佛经的文学是朴实宽松而不是精细的形态。有时它文字上没有作转折，但是一看就懂了。其实"若"字就是转折，若就是假使，假使有一个"善男子善女人，发菩提心者，持于此经，乃至四句偈等，受持读诵，为人演说，其福胜彼"。

所以我们可以说，满座都是有福人。但是，佛说的有个先决的条件，就是发菩提心。这可是很严重的了，什么叫菩提心？前面我们已经说过，现在再不厌其详地说说，加深大家的印象。菩提就是觉悟，不是我们中文讲的觉悟，是大彻大悟，般若波罗密多这个觉悟；是能超脱三界的这个觉悟。悟道就是菩提心的体，菩提心的相与用是大悲心，大慈大悲。真发了菩提心悟了道的人，你不必劝他发大慈大悲心，他已经自然发出大慈悲心了。

有许多朋友说：我啊，什么都信，就是有一点，发不起菩提心。我说：你观念不要搞错了，以为看见花掉下来，眼泪直流，看到一点点可怜事而心软，那个叫发菩提心吗？那是提菩心，不是菩提心。那是妇人之仁，是你神经不健全，肝气不充足，或者肾亏，所以容易悲观，容易掉眼泪，就是如此而已。真正发菩提心的人，菩萨低眉，金刚怒目，大慈悲，武王一怒而安天下，这些才是菩提心，大悲心。用仙家的道理来说，菩提心是内圣外王。体是内圣之学，用是外王之学。以佛家的道理来讲，菩提心的体，大彻大悟而成道，阿耨多罗三藐三菩提，般若波罗密多，形而上道，证道。菩提心的用是大慈大悲，爱一切众生，度一切众生，不是躲在冷庙的孤僧，或自命清高的隐士。所以说，发菩提心的人，重点是在这个地方受持《金刚经》的。

有人说念《金刚经》几十年了，自己也不晓得发的什么心！只想念经求福报，或求其他的什么，而且也有感应呀！不错，那有另外的解释，但是如果没有感应的话，那你就要注意自己有没有发心立志了。《金刚经》上说"若有善男子善女人，发菩提心者，持于此经"，意思是依教奉行，依他所教育的，老老实实地去体会，去修持。在行为上、做人上、打坐做功夫上，乃至做事上去修持。

学佛的懒人

有些人学佛以后，第一个毛病就是懒。学佛修道的人都很懒，看起来是万缘皆空的样子，实际上你研究他的心理行为，那是绝对的懒，空是假的，懒是真的。你说他空了，躺在那里，或坐在那里，妄想多得很，一点都没有空。可见他很忙啊！他愿意躺在那里坐在那里忙，叫他起而行之，他说学佛的人不来这个；实际上是懒。叫他发菩提心来利世利人，阿弥陀佛，我不是菩萨啊，要有菩萨心的人做啊，他自己懒，自私。你叫他起来做点小事，他就懒起来了，拿空来挡。根据我的经验，学佛修道的人，废物多，懒的多。佛叫你精进，你做不到，叫你诸恶莫作，众善奉行，你做不到。姑且不论诸恶莫作，一善都不行是真的，因为他懒嘛！这是我们要自我检讨的，非常严重的问题。《金刚经》最后叫你受持，你精进之心没有，利他之心没有，那是《金刚经》持你，不是你持《金刚经》。

"持于此经，乃至四句偈等"，依此修持，"受持读诵，为人演说"。演说不是指现在讲演，而是解释发挥这个道理，说给人家，使人了解。"其福胜彼"，他说那比你用三千大千世界珍宝布施还要厉害，因为这个是法布施。佛学认为法布施比财布施更重要。什么是法布施呢？就是精神的布施，为人类的智慧生命，文化全部的功德而作的布施。所以他说这个福德胜过财布施。

现在我们在座的人研究《金刚经》，又讲《金刚经》，那福气不是好得很吗？那当然好啊！坐在那里万事都不做，冷气吹着，又可以瞎想一顿，这两个钟头蛮舒服的嘛！这就是有福气了。什么是福？平安就是福，吕纯阳有一首诗描写福气：

> 一日清闲自在仙，六神和合报平安。
> 丹田有宝休寻道，对境无心莫问禅。

"一日清闲自在仙"，一个人有人间的清闲，就是神仙的境界，这一天当中不生病也没有痛苦，"六神和合报平安"就是福。"丹田有宝休寻道"，是指心田，心里清净就是修行，不必再去寻个什么。"对境无心莫问禅"，对境无心就是禅嘛！何必再问禅呢！所以啊，我们晓得平安就是福，六神和合报平安就是福。千万不要认为要给人家讲经念经才有福，那你又生法相了。下面所以告诉你：

> 云何为人演说。不取于相。如如不动。何以故。

不要着相，尽管在说佛法，始终没有一点佛味，不像那些佛油子，而是很平凡，很平静；尽管在讲《金刚经》，没有一点金刚钻的味道，如如不动。

什么是如如不动呢？不生法相，善护念，无所住。

离经的四句偈

怎么样叫作不取于相，如如不动呢？

> 一切有为法。如梦幻泡影。如露亦如电。应作如是观。

这是《金刚经》最后一个四句偈。《金刚经》有好几个四句的偈，"若以色见我。以音声求我。是人行邪道。不能见如来。"等等，共有两三处地方。所以有人提出来，《金刚经》中所说的四句偈，究竟指的是哪个四句偈？

哪四句都不是！这四句偈，离经而说是指空、有、非空非有、亦空亦有。假如一定要以偈子来讲，非要把它确定是哪四句不可的话，你就要注意《金刚经》所说的：不生法相，无所住。非要认定一个四句偈不可，就是自己生了法相！所以说都不是。这才是"不取于相，如如不动"，才能讲四句偈。

有为法与无为相对，无为就是涅槃道体，形而上道体。实相般若就是无为法，证到道的那个是无为，如如不动；有为的是形而下万有，有所作为。一切有为法如梦一样，如幻影一样，电影就是幻。泡是水上的泡沫，影指灯影、人影、树影等。佛经上譬喻很多，梦幻泡影、水月镜花、海市蜃楼、芭蕉，又如犍达婆城，就是海市蜃楼，如阳焰，太阳里的幻影等。

年轻的时候学佛，经常拿芭蕉来比，我说芭蕉怎么样？"雨打芭蕉，早也潇潇，晚也潇潇"，这是古人的一首诗，描写一个教书的人，追求一位小姐，这位小姐窗前种了芭蕉，这个教书的就在芭蕉叶上题诗说："是谁多事种芭蕉，早也潇潇，晚也潇潇。"

风吹芭蕉叶的声音，飒飒飒，吵得他睡不着，实际上，他是在想那位小姐。那位小姐懂了，拿起笔也在芭蕉叶上答复他："是君心绪太无聊，种了芭蕉，又怨芭蕉。"

是你自己心里作鬼太无聊，这个答复是对不住，拒绝往来。我们说芭蕉，难道佛也晓得这个故事吗？不是的，这是中国后来的文学，砍了一棵芭蕉，发现芭蕉的中心是空的，杭州话，空心大老倌，外表看起来很好看，中间没有东西。所以这十个譬喻梦幻泡影等都是讲空，佛告诉我们，世间一切事都像做梦一样，是幻影。

梦幻中如如不动

二十年前的事，现在我们回想一下，像一场梦一样，对不对？

对！梦有没有啊？不是没有，不过如做梦一样。当你在做梦的时候，梦是真的；等到梦醒了，眼睛张开，哎呀，做了一场梦！你要晓得，我们现在就在做梦啊！现在我们大家做听《金刚经》的梦！真的啊！你眼睛一闭，前面这个境界，这个梦境界就过了，究竟这个样子是醒还是梦？谁敢下结论？没有人可以下结论。你一下结论就错了，就着相了。

幻也不是没有，当幻存在的时候，幻就是真，这个世界也是这样。这个物理世界地球也是假的，它不过是存在几十万亿年而已！几千万亿年与一分一秒比起来，是觉得很长，如果拿宇宙时间来比，几千万亿年弹指就过去了，算不算长呢？也是幻呀！水上的泡泡是假的真的？有些泡泡还存在好几天呢！这个世界就是大海上面的水泡啊！我们这个地球也是水泡，你说它是假的吗？它还有原子、汽油从地下挖出来呢！那都是真的呀！你说它是真的吗？它又不真实永恒地存在！它仍是幻的。你说影子是真是假？电影就是影子，那个明星林黛已经死了，它再放出来一样的会唱歌会跳舞，李小龙一样打得劈里啪啦的。所以《金刚经》没有说世界是空的，可是它也没有告诉你是有的，空与有都是法相。

所以你研究了佛经，说《金刚经》是说空的，你早就错得一塌糊涂了，它没有告诉你一点是空的，它只告诉你"一切有为法，如梦幻泡影"。梦幻泡影是叫你不要执着，不住，并没有叫你空不空。你如果说空是没有，《金刚经》说："于法不说断灭相"，说一个空就是断灭相，同唯物的断见思想是一样的，那是错的。当梦幻来的时候，梦幻是真，当梦幻过去了，梦幻是不存在的；但是梦幻再来的时候，它又俨然是真的一样。只要认识清楚，现在都在梦幻中，此心不住，要在梦幻中不取于相，如如不动，重点在这里。

当你在梦中时要不着梦之相；当你做官的时候，不要被官相困住了；当你做生意的时候，不要被钞票困住了；当你要儿女的时候，这个叫爸爸，那个叫妈妈，不要被儿女骗住了；要不住于相，如如不动，一切如梦幻泡影。下面，"如露亦如电"，早晨的露水也是很短暂的，很偶然地凑合在一起，是因缘聚会，缘起性空。因为性空，才能生缘起，所以说如露亦如电。你说闪电是没有吗？最好不要碰，碰到它会触电，但是它闪一下就没有了。

很多人念完《金刚经》，木鱼一放，叹口气：哎！一切都是空的。告诉你吧！一切是有；不过"一切有为法，如梦幻泡影，如露亦如电，应作如是观"。这是方法，你应该这样去认识清楚，认识清楚以后怎么样呢？"不住于相，如如不动"。这才是真正学佛。所以，有许多年轻人打坐，有些境界发生，以为着魔了。没有什么魔不魔！都是你唯心作用，自生法相。你能不取于相，魔也是佛；着相了，佛也是魔。所以，一切有为法，如梦幻泡影，如露亦如电，应作如是观，这就是最好的说明，佛讲到这里，《金刚经》全部圆满。

> 佛说是经已。长老须菩提。及诸比丘。比丘尼。优婆塞。优婆夷。一切世间天人阿修罗。闻佛所说。皆大欢喜。信受奉行。

《金刚经》中对须菩提有三处不同称法，"善现须菩提""慧命须菩提"及"长老须菩提"。读书要留意，这三处是三个不同程序，指其所理解的、所悟到的程度不同，称呼也就不同。这时，长老须菩提及出家的男女两众，在家的男女两众，共称四众弟子，及一切世间的人、天上的神、阿修罗等，闻佛所说，皆大欢喜。相信了、接受了；依照这个方法，金刚般若波罗密去修行。本经圆满。我们的结论偈子：

第三十二品偈颂

衡阳归雁一声声，圣域贤关几度更。

>　蓑笠横挑烟雨散，苍茫云水漫闲行。

"衡阳归雁一声声"，到了秋天，雁由北方回来，到衡阳为止。就是说明人要找回自己生命的本来，所谓找回自己的明心见性，找自己父母未生以前的本来。"圣域贤关几度更"，圣人悟道成了佛，凡人没有什么，我要过去，你就过来；你要过去，我就过来；圣人、凡夫、一切众生等无差别。佛说了《金刚经》，许多人真悟到了这个道，反而出家了，偷懒去了。"蓑笠横挑烟雨散"，真悟道了，解脱了，把头剃光，穿个和尚衣服，穿个蓑笠戴个斗篷。横挑，拿个扁担挑个行李，横起来走，那个表示解脱了，无天无地，世界都可以横行。蓑笠横挑烟雨散，雨过天晴，了解了佛法如此，自己也成道了。

成道了怎么样？做个小乘人吗？"苍茫云水漫闲行"，再来到这个世界，菩萨再来，再来又怎么样？游戏人间，玩玩就走了，如此而已。此所谓解脱，一切皆是游戏，成了佛来说法四十九年，他老人家游戏了一场，游戏了四十多年，两眼一闭说再见，所作已办，他也走了。《金刚经》所告诉我们的是如此，这是全部《金刚经》，这一个课程今天就是圆满地结束了。

总结论

现在给大家再作一个总结，把《金刚经》的重点重复说一遍，希望大家注意！第二品"善现启请分"，重点在善护念，由凡夫到成道之路，圣人与凡夫同一个修持的方法，善护念，要善于护念。怎么护念？应无所住，不生法相，如如不动，不取于相，就是内心平静的这一念。

护个什么念？第三品"大乘正宗分"已经给我们说出来了，学佛就是证道，释迦牟尼佛及一切佛所证的，那个最高的境界叫涅槃。涅槃不是死亡，涅槃是圆满，不生也不死，不来也不去，永远是清净。纵然在动乱中，也在清净，如如不动。所以得道境界就叫作涅槃。第三品告诉我们，没有一个方法可使一切众生皆入涅槃中，因为自性自度，佛也不能度你。神仙与佛，不过是自度的过来人；一切明师只是把整个经过的经验告诉你。人毕竟要自度，一切众生皆要自度，所以涅槃无法。

晓得涅槃无法，那叫我怎么修行呢？善护念。不要忘记了，真正善护念，不住于相，就到达涅槃，此外别无他法。

第五品"如理实见分"，是见如来。怎么见呢？佛告诉大家，不要有一个身相，学佛最困难的就是离不开身相这个肉体，所有的功夫都在肉体上转，都是着相。所以说凡所有相，皆是虚妄，若见诸相非相，即见如来。首先要去身相，身相不去，就是我相不去；我相不去，有我就有你，有他就有人，人相不能去；人相不能去，寿者相不能去，众生相不能去。我们大家学佛就要反省反省，不要说四相，连一相都去不了！恐怕四相还会变八相，八相变十六相，相相皆全，然后变成众盲摸象！所以啊，要见如来先去身相，身相灭去了，即可见如来。

因此第六品告诉我们，身相去掉，然后再去心相。有心相就有法相，观念一搞不清楚，不管你打坐也好，做其他功夫也好，统统在心相上造一个法相，大家都在那里欺骗自己，以为在修道，做功夫，其实自己只不过都在心中制造意识法相而已！所以佛告诉我们，汝等比丘，知我说法如筏喻者，法尚应舍，何况非法。一切法皆不是法，我说的法就像过河的船，过了河，船要丢掉，还抓住一个佛法当作是正法，就是法不能舍。

接着第九品"一相无相分"，告诉我们真正的佛法，要能够去掉身相心相，不生法相，自己心里不制造出来一个法相，不造妖捏怪；像禅宗祖师骂人的话，自己画一个怪相，以为是道是佛。或者像丹经道书上说，得婴儿了，里头画一个小孩，等一下从顶上出来，一天到晚还要十月怀胎，多辛苦啊！或者是一颗明珠一颗丹，圆坨坨，光烁烁，那是医院里胃镜下去了，再不然就是得癌症啦！里头真有颗丹还得了吗？这些说法只不过是表达一个意思罢了，你千万不要着相。得道，得个什么？无所得！最难就是无所得，一切无所得，不住法相。

到了第十四品"离相寂灭分"，真正的学佛是高度的智慧，第一波罗密，至高无上的智慧。什么叫第一波罗密？真智慧无智慧，就是老子说的大智若愚，有个智慧的境界，那就糟了。真正的智慧也就是《大学》《中庸》，"上天之载，无声无臭，无思无虑"。没有思想没有忧虑，既无烦恼亦无悲，觉性清净，这是第一波罗密，真正第一等成就的最高智慧。智慧是成佛的方法、成佛的工具，《金刚经》所讲的，就是第一波罗密，成佛的工具。

然后到了第十七品"究竟无我分"。到了究竟无我这一分，他告诉我们真正成佛的工具是什么，世界上做任何一个东西，都要具备工具，我们要想成佛，工具是什么？智慧！第一波罗密，即非第一波罗密，是名第一波罗密。你说，我智慧很高，自恃聪明，那你就是第一等笨人。怎么样才是第一等智慧呢？言语道断，心行处灭，到这个境界无思无虑，是第一波罗密。以这个方法来求佛、学佛、成佛，就对了。

佛开始已经告诉我们应无所住，到了第十七品，佛再次提起来，第二种说法，又说无住无相。空，无住，无相，是般若的三法印，也就是空、无相、无愿，三个大要点。但是《金刚经》一字也不提空，既然无住无相了，自然空。空与不空，都是落两边的话，所以不提；只说无住无相。那么到了无住，再重复吩咐我们，人生修道、证道，为什么不能成佛？因为首先身见去不掉，总觉得有我，有这个身体，把身体看得很牢。去身见，去世间之见，把物质世界、空间的观念、身体、佛土观念，统统去掉。连西方极乐阿弥陀佛国土，东方药师如来国土，以及世间法构成的世间国土观念，统统去掉。换句话说，把所有时空的观念、身心的观念，统统放下，要这样来修持才行。

第十八品"一体同观分"，三心不可得。第二种方法当中告诉我们，你要从自己心理上检查，过去心不可得，现在心不可得，未来心不可得，不可得的也不可得，是名不可得，不可得就是不可得！

过去的已经过去，未来的还没有来，我们刚说现在心，我们心里想现在，已经没有了，过去了，如梦如幻；所以说，我们众生的烦恼，就是因为三心认不清楚。三心二意的，就像刚才我说在理发店那两个老头子，七十几岁，七七八八的，喔唷，我还只二十几岁，那早过去了。过去心不可得，他还要回想！

碰到老年人我是最怕的，只好静静地做听众。他说当年怎么样，过去怎么样怎么样，都是这样。越老越想起当年事，我当年怎么样威风，怎么漂亮，怎么了不起。今天说一遍，过几天来了他以为自己没有说过，说的又是这一套。所以年轻人碰到老年人，天呀，实在受不了啊！我都受不了，何况年轻人。

老年人要有自处之道，老年人最大的毛病，思想上困在一个法相，只想当年，因为他不敢想明天，明天靠不住嘛！年轻人绝不想当年，只想明天，明天又想明天。所以老年人跟年轻人坐在一起，一个光想过去，一个光想未来，怎么能合得拢呢？所以我们修道的老年朋友们，年纪到了光想明天好了，明天没有地方去，就去西方极乐世界嘛！永远有明天，不要想过去，过去心不可得。

年轻人也要注意，未来心也不可得啊！你将来如何如何，你将来怎么样！你将来跟我一样，也是老头子！你将来难道不变成老头子吗？那你就很惨了，短命而去对不对？你要活久一点就一样变成老头子，一样老太太。那个未来心不可得，不要去想它啦！

所以真正的佛法最现实，只有现在、现实，现在心不可得，心安理得，此心清净得很，这就是佛法。三心不可得，随时研究清楚，过去已过去，未来且莫算，刚说现在，现在已没有了，那就很好嘛！

你们诸位打坐，说坐不下来，那才奇怪；两腿没有盘以前过去了，两腿盘了以后，管它气脉通不通，未来心不可得，现在就是盘腿，现在心不可得就好了，不就安下来了吗？可是大家打坐修道，贪心大得很哪！专想那个未来不可得的，硬想得到它！想自己的脸要像阿弥陀佛那样面如满月，头顶放光，这里长个眼睛，三千大千世界都看得到，都是在那里幻想！这不是自找麻烦吗？

青年同学注意！我一听到你们年轻人学佛，我头就大了，先学做人，能把儒家"四书五经"做人之理通达了，成功了，学佛一定成功。像盖房子一样，先把基础打好。人都没有做好，你要学佛，你成了佛，我成什么？要注意啊！要先学做人，人成了，就是成佛。佛法告诉你的就是这个道理，我所说的，可没有违背《金刚经》任何要点。

三心不可得方法讲清楚了，到了第二十二品"无法可得分"，无法可得，又对你重复说一道，不住一切法相，你有法可得，住于法相，已经不是道了。是无法无得！

第二十六品"法身非相分"，告诉你色相空。佛说一个偈子，若以色见我，以音声求我，是人行邪道，不能见如来。他严重地指出来，一般学佛修道的大毛病，不是以色求道，就是以音声求道。佛告诉你这种观念，这种方法都是邪道，不能见如来，永远不能成就。

接着就是第二十七品"无断无灭分"，佛法没有说空，也没有说断灭见的空，所以，空观与断灭见都不是。发阿耨多罗三藐三菩提，于法不说断灭相。

然后最重要的到了，就是第三十品"一合理相分"，如来本体，体相用，成佛之道，法身、报身、化身的道理，一合相的道理。佛固然并不说断灭相的空，但是，他也不说世间相的有，有是幻有，空是真空。真空不是没有，因其真空，所以能起幻有世界，是偶然暂时存在的世界。一切有是暂时的，并不是没有，但不是毕竟，而是"毕竟空，胜义有"，并没有说毕竟有，胜义空。空是一个境界，一个作用。

佛开始就讲，一个人学佛发愿，使一切众生皆入涅槃，度一切众生，实在没有一个众生可度的。为什么？众生自性自度，所以，一切有为法，如梦幻泡影，如露亦如电，应作如是观。如如不动。不住法相。他为什么说众生没有一个是所度，都是靠自性自度的呢？你教书久了就了解，教千千万万个学生，哪一个学生将来学问好，都是他自性自度的，你教他不过是刺激他一下，使他自己的智慧打开而已。千万不要以为是老师那里传了一个咒子，就像针灸的那一针，穴道扎对，就不痛了。他不痛不是你那个针多么灵光，而是他的气血走通了，他自己的气血。所以，那是智慧的传授，佛说没有度人；度尽一切众生，他说没有一个众生是他度的，自性自度，个个都是佛，只要你平实地去做。

怎么样平实地去做呢？《金刚经》开始就告诉你，怎么样叫修行？不要忘记了开头，第一品穿衣、吃饭、洗脚、睡觉，就是规规矩矩做人，老老实实做事，诸恶莫作，众善奉行，都说完了。他开头自己摆一个榜样给你看，他自己穿上衣服，化缘、吃饭，吃完了，洗了泥巴脚，敷座而坐。也没有一个学生把他位置铺好，是他自己来安置，弄弄好，敷座，把位置拍拍平，然后自己上去坐。刚刚弄好，吃饱了想休息，那个学生须菩提不让他休息，就来问问题了。他肚子还没有消化，只好开始说法，说到今天晚上，总算说完了，这一本《金刚经》就圆满了。

后　记

　　有机缘整理怀师所讲的《金刚经》，是我一生中最大的幸事，自己获益之多，真是不可说，不可说。

　　很多年前，在一个十多人的社会贤达聚会场合，怀师也讲过《金刚经》；当时由李淑君同学记录整理，发表于《人文世界》，后来又集印出版，书名是"金刚经别讲"。

　　这本《金刚经别讲》出版后，怀师曾嘱老古公司的负责人，不可再印；但是由于此书颇受青年人的欢迎，所以又一直印了不少次。那时，怀师人在国外（由此也看出做老师的无奈）。

　　严格说来，那本《别讲》不能算是怀师的讲经记录，应该是李淑君同学听怀师讲《金刚经》的心得著述。改一下书名，改一下作者的名字，一切就对了。

　　为了这个原因，重新整理怀师的《金刚经》讲记，成为近年来推动的计划。要整理出怀师所讲的才对，没有他人的意见。

　　袁居士、王居士等，先后曾有整理的心愿，他们文笔都好，又是怀师二十多年的常随众，结果都因故而作罢，当时古国治同学正在忙于《圆觉经》的整理，周勋男同学忙着《宗镜录》及其他几本书；还有些同修同学们，也各自忙着，无法抽暇；最后，只好由我滥竽充数了。

　　那段时间，为了老古公司文字的事，我经常来往于海峡两岸；也从一年多前，行囊中就开始带着这些稿子，旅途倒也颇不寂寞。客次夜深人静时，灯下翻阅，真是一服清凉剂，洗刷了白天事务上的烦扰；那个滋味是很难描述的，境界却是充满了欢喜赞叹的！

今年的三月，终于完工了；整理告一段落，行囊也轻了。四月初我再往北京，在港停留的机缘，我就将此事禀报怀师。当时我不停地说着整理这本讲记的感受，自己又是多么的受益……我更不断地赞叹着：讲得多么好、多么好、多么好！

我之所以不停地唠叨，是有原因的；因为怀师对于出版他的讲演记录，一向并不积极；有时甚至还打破锣！关于这个情况，接近怀师周围的人都很知道。怀师常说，三藏十二部佛都讲完了，还说什么？都是多余！既说了也就过去了，还出什么书！

大概我来来去去不断唠叨这件事，使怀师心有不忍；也许是他对我的啰啰嗦嗦心生怜悯；总之，这一次怀师听到我的啰嗦，忽然很意外地提出来一个书名"金刚经说什么"！

啊！怀师终于答应出版了！我当时真是兴奋莫名！

接着，一件极不平常的事发生了，使我对《金刚经》有些体会。

四月二十七日下午三点多钟，我从北京搭机到了香港，由停机坪坐巴士到机场大楼，再乘扶手电梯预备入境通关。正当电梯行进时，上面突然有人大喊："下去下去，人太多了！"于是人群开始往下走，刹那间，我被人群挤倒了。

当我明白过来的时候，发现自己坐在已经静止的电梯台阶上。我闭着眼，浑身并无痛楚，想着我大概是死了吧！也好！死了就死了，心中好像也没有什么。

这时忽然听到有人说："她在流血呢！"同时我也感到手帕在我胸前擦拭。

我微睁了一下眼，看见血从颈上流到胸前；我又闭上了眼，不去理睬，空掉这一切的事，空掉身体。我为什么要这样？自己并不知道，好像只是顺应自然而已。

那时，我心中清清楚楚，平平静静，"善护念"在脑海中闪了一下，就这样护持着吧！管它是不是护持着呢！我照样回答他们的问题，告诉他们香港素美的电话……有人用轮椅推我出关，取行李，去医务室包扎，再到伊丽莎白医院急救……我随意护持着心念不动，不去想任何事，或任何问题，既无欢喜也无悲，平平淡淡……

难怪血流如注！原来头破了，幸未伤及头骨，医生说要缝五针，又说头上不能打麻药针，就是这样缝！

一针扎到头皮伤口上，我突然痛得大叫起来，心中刮起了狂风巨浪，原来我是一个不折不扣的凡夫，原来真刀真枪时，我是一个真凡夫！

"医生啊，"我喊道，"你的针一定生锈了，请你先把针磨一磨吧！"

缝我的人不理我的话，站在我前面的一位男护士，扶着我的头，用广东国语说："你现在还开玩笑啊！我们的针很好呢，缝针的小姐手术也高明哩！你不去想就不痛了嘛！"

一句话点醒了我，想起来《金刚经》中佛被歌利王割截身体的时候，无我相，无人相……佛对害他的人尚且如此慈悲，现在缝我的人是救我啊！也不过是针扎而已啊！快丢掉一切相吧！

我不知道自己丢掉了多少，反正，后来缝的四针就没有那么痛了，也许是……那个针已经磨得光滑锋利了吧！

这件事过去一个多月了，不管它是否已完全过去，反正人的一生都是大苦不断，小苦连连。人生的苦，也许只有在苦中解脱；古来禅师们所说，必定要大死一番才行，大约也是从苦中才能明白的意思。所以，没有苦又怎么去解脱苦？没有苦又怎么能离苦得乐呢？

怀师在书中说：不苦就是乐。

刘雨虹　记
一九九二年六月三日台北

南怀瑾先生著述目录

1. 禅海蠡测　（一九五五）
2. 楞严大义今释　（一九六〇）
3. 楞伽大义今释　（一九六五）
4. 禅与道概论　（一九六八）
5. 维摩精舍丛书　（一九七〇）
6. 静坐修道与长生不老　（一九七三）
7. 禅话　（一九七三）
8. 习禅录影　（一九七六）
9. 论语别裁（上）　（一九七六）
10. 论语别裁（下）　（一九七六）
11. 新旧的一代　（一九七七）
12. 定慧初修　（一九八三）
13. 金粟轩诗词楹联诗话合编　（一九八四）
14. 孟子旁通　（一九八四）
15. 历史的经验　（一九八五）
16. 道家密宗与东方神秘学　（一九八五）
17. 习禅散记　（一九八六）
18. 中国文化泛言（原名"序集"）　（一九八六）
19. 一个学佛者的基本信念　（一九八六）
20. 禅观正脉研究　（一九八六）
21. 老子他说　（一九八七）
22. 易经杂说　（一九八七）

23. 中国佛教发展史略述　（一九八七）

24. 中国道教发展史略述　（一九八七）

25. 金粟轩纪年诗初集　（一九八七）

26. 如何修证佛法　（一九八九）

27. 易经系传别讲（上传）　（一九九一）

28. 易经系传别讲（下传）　（一九九一）

29. 圆觉经略说　（一九九二）

30. 金刚经说什么　（一九九二）

31. 药师经的济世观　（一九九五）

32. 原本大学微言（上）　（一九九八）

33. 原本大学微言（下）　（一九九八）

34. 现代学佛者修证对话（上）　（二〇〇三）

35. 现代学佛者修证对话（下）　（二〇〇四）

36. 花雨满天　维摩说法（上下册）　（二〇〇五）

37. 庄子諵譁（上下册）　（二〇〇六）

38. 南怀瑾与彼得·圣吉　（二〇〇六）

39. 南怀瑾讲演录二〇〇四—二〇〇六　（二〇〇七）

40. 与国际跨领域领导人谈话　（二〇〇七）

41. 人生的起点和终站　（二〇〇七）

42. 答问青壮年参禅者　（二〇〇七）

43. 小言黄帝内经与生命科学　（二〇〇八）

44. 禅与生命的认知初讲　（二〇〇八）

45. 漫谈中国文化　（二〇〇八）

46. 我说参同契（上册）　（二〇〇九）

47. 我说参同契（中册）　（二〇〇九）

48. 我说参同契（下册）　（二〇〇九）

49. 老子他说续集　（二〇〇九）

50. 列子臆说（上册）　（二〇一〇）

51. 列子臆说（中册）　（二〇一〇）

52. 列子臆说（下册）　（二〇一〇）

53. 孟子与公孙丑　（二〇一一）

54. 瑜伽师地论　声闻地讲录（上册）　（二〇一二）

55. 瑜伽师地论　声闻地讲录（下册）　（二〇一二）

56. 廿一世纪初的前言后语（上册）　（二〇一二）

57. 廿一世纪初的前言后语（下册）　（二〇一二）

58. 孟子与离娄　（二〇一二）

59. 孟子与万章　（二〇一二）

60. 宗镜录略讲（卷一至五）　（二〇一三至二〇一五）

61. 南怀瑾禅学讲座（上）　（二〇一七）

62. 南怀瑾禅学讲座（下）　（二〇一七）

打开微信,扫码听南怀瑾著作有声书

《如何修证佛法》有声书

《瑜伽师地论 声闻地讲录》
有声书

购买南怀瑾先生纸质图书,请打开淘宝,扫码登陆复旦大学出版社天猫旗舰店

打开微信，扫码看南怀瑾著作电子书

《静坐修道与长生不老》
电子书

《宗镜录略讲（卷一）》电子书

购买南怀瑾先生纸质图书，请打开淘宝，扫码登陆复旦大学出版社天猫旗舰店

打开微信,扫码观看
《复旦大学出版社南怀瑾著作出版纪程》视频

打开微信,扫码观看
南怀瑾先生授课原声视频

图书在版编目(CIP)数据

金刚经说什么/南怀瑾著述.—3版.—上海：复旦大学出版社,2016.3(2025.4重印)
ISBN 978-7-309-11613-7

Ⅰ.金… Ⅱ.南… Ⅲ.①佛经②《金刚经》-研究 Ⅳ.B942.1

中国版本图书馆 CIP 数据核字(2015)第 157896 号

金刚经说什么
南怀瑾　著述
出　品　人/严　峰
策划创意/南怀瑾项目组
编辑统筹/南怀瑾项目组
责任编辑/张旭辉　邵　丹

复旦大学出版社有限公司出版发行
上海市国权路 579 号　邮编：200433
网址：fupnet@fudanpress.com　http://www.fudanpress.com
门市零售：86-21-65102580　团体订购：86-21-65104505
出版部电话：86-21-65642845
常熟市华顺印刷有限公司

开本 787 毫米×960 毫米　1/16　印张 23　字数 273 千字
2016 年 3 月第 3 版
2025 年 4 月第 3 版第 22 次印刷

ISBN 978-7-309-11613-7/B・549
定价：42.00 元

如有印装质量问题，请向复旦大学出版社有限公司出版部调换。
版权所有　　侵权必究